Die große Sinnsuche

Margit Eckholt / Roman A. Siebenrock /
Verena Wodtke-Werner (Hg.)

Die große Sinnsuche

Ausdrucksformen und Räume heutiger Spiritualität

Matthias Grünewald Verlag

VERLAGSGRUPPE PATMOS

PATMOS
ESCHBACH
GRÜNEWALD
THORBECKE
SCHWABEN

Die Verlagsgruppe
mit Sinn für das Leben

Für die Schwabenverlag AG ist Nachhaltigkeit ein wichtiger Maßstab ihres Handelns. Wir achten daher auf den Einsatz umweltschonender Ressourcen und Materialien.

Bibliografische Information der Deutschen Nationalbibliothek
Die Deutsche Nationalbibliothek verzeichnet diese Publikation in der Deutschen Nationalbibliografie; detaillierte bibliografische Daten sind im Internet über http://dnb.d-nb.de abrufbar.

Umschlagabbildung: Leiterskizze der Performancekünstlerin Gabi Erne, fotografiert auf der Tagung „Der Christ der Zukunft wird ein Mystiker sein ..." (Karl Rahner), welche vom 21.– 23. Mai 2015 in Stuttgart-Hohenheim stattfand. © Akademie der Diözese Rottenburg-Stuttgart

Umschlaggestaltung: Finken & Bumiller, Stuttgart
Druck: CPI – buchbücher.de, Birkach
Hergestellt in Deutschland
ISBN 978-3-7867-3074-3

Inhalt

III Räume der Spiritualität

IV Spiritualität im Alltag

Vorwort

Religiosität und Spiritualität sind „en vogue", für viele Menschen scheinen sie Glaube, Kirche und Religion abzulösen. Ein Blick in aktuelle religions-soziologische Arbeiten scheint die These zu bestätigen, es „boomt" an „neuen Spiritualitäten" in und außerhalb der Kirchen, und interessant ist, dass der Begriff „Spiritualität" – ursprünglich biblischen und geistlichen Traditionen erwachsen – sich immer mehr auch in der säkularen Gesellschaft verankert. „Spiritualität" auch ohne Gott, das wird immer mehr zur Selbstverständlichkeit.

In den westlichen Gesellschaften steht die neue Religiosität und Spiritualität in Verbindung mit weiter zunehmenden Individualisierungstendenzen, es ist eine eher „frei flottierende" Religiosität und Spiritualität. Die christlichen Kirchen, in der Geschichte Europas als die Träger und Tradentinnen dieser Spiritualität anerkannt, verlieren als Institutionen immer mehr an Akzeptanz. In den westlichen Gesellschaften ist diese neue „Spiritualität" bzw. „Religiosität" individuell auf eigene Lebenssituationen zugeschnitten, mit Wellness, Psychotherapie, einem „Mix" verschiedener, nicht mehr an eine Religion gebundener Spiritualitäten verbunden. Oftmals scheint dies eine „Spiritualität light" zu sein, die kaum mehr mit der Lebensgestaltung zu tun hat.

Auch im kirchlichen Kontext macht sich dies bemerkbar. In der von Misereor und dem BDKJ im Jahr 2012 herausgegebenen Jugendstudie „Wie Jugendliche ticken" wird die neue „Innerlichkeit" der religiösen Jugendkultur herausgestellt, gefühlsbetonte Formen des Gebetes und der Meditation, Gesang, das Spiel mit Licht und Dunkel, die Betonung der Sinnlichkeit durch Farben und Düfte haben wieder Einzug gehalten. Im Vergleich zu den 70er und 80er Jahren des vergangenen Jahrhunderts, in denen Glaube und Praxis, soziales und politisches Engagement groß geschrieben waren, Jugendkultur und Friedensbewegung, Befreiungstheologie und Feminismus in Verbindung standen, greift der Glaube der jungen (und alten) Menschen auf alte Formen von Gebet und Liturgie zurück, religiöses Gefühl und Erfahrung sind angesagt. Das Ergötzen an der Schönheit der Form stellt die Auseinandersetzung mit dem Inhalt in den Hintergrund. Schält sich also eine „neue" Gestalt des Glaubens heraus, gefühls- und formbetont, individualistisch, losgelöst von dogmatischen und kirchlichen Vorgaben, eine Gestalt des Glaubens, die scheinbar keiner rationalen Begründung bedarf?

Im Blick auf diese religiösen Transformationen tut „Unterscheidung der Geister" not: die Erinnerung an den im Theologiebegriff grundgelegten Zusammenhang von Glauben, Erfahrung, „Spiritualität" und Reflexion und das Austasten von neuen Wegen ihrer Verhältnisbestimmung im Zeichen einer Theologie im Diskurs der Kulturwissenschaften.

Vorliegende Publikation setzt sich das Ziel dieser „Unterscheidung der Geister" in einer weiten, Wissenschaft und Praxis verbindenden, interdisziplinären, theologischen und kulturwissenschaftlichen Reflexion. Die Beiträge sind auf dem Hintergrund von zwei Tagungen an der Akademie der Diözese Rottenburg-Stuttgart in Zusammenarbeit mit der Diözese Rottenburg-Stuttgart und den beiden systematisch-theologischen Lehrstühlen der Universitäten Osnabrück und Innsbruck erwachsen, die sich den neuen Herausforderungen von Theologie und Spiritualität gestellt haben: *Sehnsucht – Der Anfang von Allem. Herausforderung christlicher Spiritualität angesichts des Markes religiöser Möglichkeiten*, 17.–18.11.14 sowie *Der Christ der Zukunft wird ein Mystiker sein … (Karl Rahner)*, 21.–23.05.15. Zu den beiden Tagungen war besonders das pastorale Personal der Diözesen sowie Studierende der beteiligten und umliegenden süddeutschen Universitäten eingeladen. Wir danken allen Autorinnen und Autoren der vorliegenden Publikation, dass sie ihre Beiträge den Herausgebern zur Verfügung gestellt haben.

Für das Interesse des Matthias Grünewald Verlags an der Herausgabe des Bandes und für die gute und unkomplizierte Zusammenarbeit mit dem Verlag danken wir. Ohne das Engagement von Frau Christina Weick und ihre kompetente Begleitung des Entstehungsprozesses dieser Publikation wäre dieses Buch nicht entstanden.

Für Korrekturen, Lektorat und Erstellung der Druckvorlage danken wir Frau Corinna Schneider und Christa Wassermann, die sich mit großer Sorgfalt um diesen Band verdient gemacht haben.

Die Herausgeber hoffen, dass die vorliegende Publikation zur „Unterscheidung der Geister" im Blick auf das Verhältnis von Theologie und Spiritualität und die neuen Wege von Spiritualität in und außerhalb der Kirche beitragen kann.

Innsbruck / Osnabrück / Stuttgart, im Dezember 2015

Margit Eckholt

Roman A. Siebenrock

Verena Wodtke-Werner

Die große Sinnsuche

Ausdrucksformen und Räume heutiger Spiritualität

Verena Wodtke-Werner

„Religiöse Vielfalt ist Teil unserer heutigen Lebenswirklichkeit. Anhänger verschiedener Religionen und zahlreiche Konfessionslose leben in Deutschland zusammen. Religion ist ein wesentlicher Faktor für das Denken und Handeln der Menschen und eine bedeutsame soziale Wirkkraft. Es ist eine der zentralen Herausforderungen moderner Gesellschaften, ein friedliches Miteinander der Menschen mit unterschiedlichen kulturellen und religiösen Hintergründen zu ermöglichen."[1]

Diese Formulierung der Bertelsmann-Stiftung, die nicht oder nur sehr wage zwischen Religion und Spiritualität unterscheidet, findet man zu Beginn ihrer Präsentation der beiden Religionsmonitore, die sie 2007 zum ersten Mal vorstellte und die weltweite Beachtung in Wissenschaft und Gesellschaft fanden. Es wird hiermit prägnant eine Aussage getroffen, die sich global in ihrer Gültigkeit bestätigt: In Gesellschaften und dazu gehört Deutschland zuvorderst, die Religion und Staat deutlich in ihren Kompetenzen trennen, aber Religionen in ihrem gesellschaftlichen Engagement als sinnstiftende und soziale Kraft ernst nehmen, gelingt ein friedliches Miteinander der Kulturen und Religionen.[2]

International sehen wir dagegen am Anfang des 21. Jahrhunderts, dass Gesellschaften aus den Fugen geraten und in kriegerische Konflikte entgleisen, in denen Religion entweder ganz unterdrückt oder der Respekt voreinander durch Dominanzstreben einzelner religiöser oder weltanschaulicher Gruppen gebrochen wird und Staat und Religion nicht getrennt werden. Jeder Gottesstaat ist theologisch und gesellschaftlich zum Scheitern verurteilt.

Schaut man sich die Studienergebnisse der Religionsmonitore genauer an, so kann man feststellen, dass Religion und Spiritualität häufig von den Befragten vermischt oder gleichgesetzt werden.

Diese diffuse Mischung von Religion und Spiritualität gilt es besser zu verstehen: es bedarf einer Unterscheidung oder Präzisierung, wie sie diese Publikation leisten will. Dafür ist es heute aber nicht mehr ausreichend, nur

---

[1] http://www.bertelsmann-stiftung.de/de/unsere-projekte/religionsmonitor/ueber-die-studie/ (Zugriff am 09.11.2015).
[2] Vgl. *Kretschmann/Wodtke-Werner*, Religion.

die Zunft der Theologie zu befragen. Ein gesellschaftliches Phänomen kann nur interdisziplinär begriffen werden. Insofern war es folgerichtig, dass die Herausgeber Soziologie, Religionssoziologie, Pädagogik, Praxis und Kulturwissenschaft beteiligten. Schon daran wird deutlich: die Kirchen und auch die Theologien haben ihre Definitionshoheit zu Religion und Spiritualität Zug um Zug seit den 50er Jahren des 20. Jahrhunderts verloren (vgl. Gärtner in diesem Band).

Wir wollten sowohl den Ursachen nachgehen, warum die Kirchen dieses Monopol in Europa eingebüßt haben, als auch die Entstehung einer frei flotierenden Spiritualität beschreiben und verstehen, was für Menschen des 21. Jahrhunderts daran so attraktiv und wertgebend ist.

Uns interessierte, welche gemeinschaftsbildenden Kräfte in der gegenwärtigen Spiritualität gesehen werden können; ganz im Sinne des eingangs wiedergegebenen Zitates. Aber wir wollten auch der Verunsicherung nachgehen, die wir bei den Hauptamtlichen der Kirchen spüren und die wir in den Theologien erkennen, die dem Phänomen der Spiritualität tatsächlich und meistens reflexiv einfach ausweichen. Theologie könnte sich, so unser Wunsch, selbst im Licht dieses Phänomens reflektieren, ihre eigenen spirituellen Herkünfte neu anschauen und das eigene Selbstverständnis überprüfen.

Dabei war es uns wichtig, Erkennungsmarker oder Kriterien zu formulieren, die eine christliche Spiritualität ausmachen müssen, wenn sie diesen Namen denn tragen möchte. Damit sollte keine einseitige Wertung, sondern eine Differenzierung ins Feld geführt werden.

Das Phänomen Spiritualität in schillernden Gestalten

Der Religionsmonitor lässt in den Interviews mit den Befragten eine Entwicklung erkennen, die als ein relativ junger Prozess der Entkirchlichung in der europäischen Moderne zu Beginn des 20. Jahrhunderts beschrieben wird. Christel Gärtner bringt dieses Phänomen der Entkirchlichung in seiner Folge für den Einzelnen griffig auf den Punkt: es ist die Veränderung „vom Gottvertrauen zum Selbstvertrauen". Der Entkirchlichungsprozess geht schleichend voran. Er nimmt seinen Ausgang bei den intellektuellen Eliten der Gesellschaft und der Politik und erfasst auch einige Teile der Arbeiterschaft. Anfang des 20. Jahrhunderts waren noch 98 % der Bevölkerung in Deutschland in den Volkskirchen zu Hause, heute sind es noch etwa 30 % in jeder der beiden Großkirchen. Mit dem Individualisierungsprozess der Moderne und der steigenden Ausdifferenzierung der Gesellschaft verlieren auch kirchliche Institutionen das Monopol zur Sinnstiftung.

Der Markt der Sinnstifter wird pluraler, die Anthroposophie, asiatische Religionen und diverse Versatzstücke stehen mit Angeboten ebenso als Heilsmedien zur Verfügung wie säkulare Sinngebungen aus Kunst, Kultur, Familie und Politik. Trotzdem stimmt die ursprüngliche Annahme der Soziologen nicht mehr, dass mit zunehmender Modernität Gesellschaften an Säkularität zunehmen. Jürgen Habermas hat als prominentester Vertreter 2003 diese Theorie selbst revidiert. Die Pluralisierung der religiösen und spirituellen Angebote hat zugenommen und der Druck auf das Individuum, sich hier ohne Autorität der alten Volkskirche selbst zu Recht zu finden, ist die moderne Folge davon. Das führt auch bisweilen zur Überforderung des Einzelnen.

Was ist das für eine Form der Frömmigkeit. Sie ist sehr vielfältig, ja diffus, mischt dieses und jenes. Seit den 80er Jahren des letzten Jahrhunderts ist mit Esoterik, *New Age* und asiatisch-religiösen Versatzstücken ein tatsächlicher Markt der Möglichkeiten entstanden, auf dem viel Umsatz gemacht wird. Reinhard Hempelmann erkennt als typisches Kennzeichen populärer Spiritualität eine Sinnsuche jenseits von Institution und Dogma. Das Interesse an Gemeinschaft und Vergemeinschaftung von Regeln und Ritualen ist zeitlich sehr begrenzt.

Der moderne Zeitgenosse hat sich auch religiös dem Individualisierungsprozess insofern angepasst, als es ihm und ihr mehr um Events und Szenenkultur geht, die man vagabundierend nur für eine bestimmte Zeit und Lebenssituation nutzt und vor allem nur für sich nutzt.

Ein wesentlicher Zug ist die magische Lebensbewältigung, die so ganz gegen ein exaktes Weltbild zu verstoßen scheint. Das Göttliche soll nicht in erster Linie geglaubt werden, sondern sinnlich mit Haut und Haaren erfahren werden. Die Suche nach ganzheitlicher Heilung, nach Integrität, ist deshalb eine zentrale Kraft, die besonders in den asiatischen Versatzstücken gesucht wird. Problematisch sind die stark gnostischen Einfärbungen deshalb, weil viele spirituelle Richtungen, wie Hempelmann ausführt, dem eigenen Geist eine heilende aber auch pathologisierende Fähigkeit zu schreiben. „Mens sana in corpore sano" (nach Juvenal) gilt leider auch umgekehrt. Menschen mit Leid, Krankheit und Schuld finden hier keinen Platz mehr. Ihr Leiden ist ein eigenes mentales Produkt.

„Vatican II opened up the Church ... and people got out"

Der Cartoon mit dem vollständigen englischen Zitat: „50 Years ago Vatican II opened up the Church ... and people got out"[3], den Michael Schüßler in der Süddeutschen Zeitung fand, beschreibt sehr treffend, wie die katholische Kirche sich zu Beginn der 60er Jahre schon selbst mitten in der Moderne vorfindet.

Sie konnte gar nicht mehr anders als die Türen und Fenster zu öffnen. Aber es bleibt nicht bei der modernen Belüftung, wie sie noch hofft, sondern die Menschen gehen hinaus und verlassen die Kirchen in Scharen. Die Kirche hat ihren Einfluss auf die Lebens- und Sinngestaltung der Menschen in großen Teilen – zumindest in Europa – verloren und sie ist auch kein monopolitischer Anbieter mehr von Kernelementen des Christlichen, wie Schüßler zeigt.

Gerade gläubige Menschen in den Kirchen fragen sich, was jene suchen, die eine frei *flowtenden* Spiritualität leben. Den meisten von ihnen geht es durchaus darum, das Leben zu „entbanalisieren" wie Schüßler konstatiert, aber neudeutsch gesprochen ‚ticken' sie anders. Zur Religion dagegen gehört Vergemeinschaftung, Institutionalisierung, Ritualisierung, ein verbindlicher Verhaltenskodex und eine gewisse Dauerhaftigkeit. Genau das entspricht aber nicht dem modernen Gefühl, das Schüßler im „Ereignis-Dispositiv" charakterisiert sieht und den Sinnsucher so von Event zu Event *flowten* lässt, der darin wirkliche Tankstellen im Alltag sucht und findet. Darin steckt eine völlig andere Art, Identität zu finden.

Der Franziskaner Helmut Schlegel konnte hierzu Anschauliches und Erhellendes aus seiner Arbeit in der Mainmetropole Frankfurt im Zentrum für christliche Meditation und Spiritualität berichten. In einer nicht mehr benötigten Kirche befindet sich heute ein spirituelles Zentrum als Themenkirche. Pater Schlegel stellt fest, dass die meisten Besucher keine Spiritualität jenseits des Alltags suchen, sondern spirituelle Elemente im Alltag antreffen möchten – es geht ihnen manchmal nur um einen neuen Blick auf ein vertrautes Setting. Wenn z. B. Pater Schlegel eine normale Frankfurter U-Bahn mietet und als „*Tram in Silence*" etikettiert, indem sie Menschen als Schweigende durch Frankfurt fährt, so ist das zwar ein Verkehrsmittel, das dieses Klientel täglich nutzt, aber sie fahren in einer anderen Haltung und ohne konkretes Ziel durch ihre Stadt. Verwandelt als „*Tram in Silence*" wird in dieser U-Bahnfahrt die eigentlich bekannte Stadt und das tägliche Verkehrsmittel neu erfahren. Eine solche Fahrt kann die Menschen selbst und ihren Blick auf die Umgebung verändern.

---

[3] Vgl. Karikatur von Chappatte aus der SZ vom 22.10.2012, 244, 15.

Wichtig ist für ihn, dass Spiritualität im Alltag nie ihren experimentellen Charakter verliert und sich immer wieder ändert. Warum? Es ist genau das, was Kirche und Theologie so häufig kritisieren. Aber für Schlegel ist genau das ein wichtiges Merkmal für die Erdung: Spiritualität ist nie „weltfrei" und will es nicht sein, sondern ihre „Alltagstauglichkeit" und Sinnlichkeit machen sie zum Baustein persönlicher Lebensführung.

Für den Franziskaner wird das Christliche damit ganz und gar nicht aufgegeben, vielmehr lässt es sich im Sinne der Inkarnation immer wieder auf die Welt ein, so, wie sie ist, ohne mit einer dogmatischen Brille vorzuschreiben, wie man die Welt zu sehen hat. Im Exerzitium lässt sich der Mensch ganz wörtlich darauf ein, die Burg, den Schutz zu verlassen und sich der Welt auszusetzen.

Die Stuben, Praxen und Wellnesstempel wurden für viele zu Stätten der Seelsorge und Lebensberatung, zu Therapie -und Sinngebungsorten. All das haben die Kirchen vielleicht versäumt so anzubieten, wie es den Menschen zum Leben hilft, so dass die Sucher lieber den Ort gewechselt haben und dort dann oft weit mehr investieren als in der alten Volkskirche. Dies gilt für die katholische wie evangelische Kirche in gleichem Maße, wenngleich aus anderen Gründen. Nicole Grochowina lenkt den Blick auf die evangelische Theologie und Kirche, die sie als „spirituell ausgedörrten Normalprotestantismus" beschreibt, der sich zwar in den 70er Jahren mit der Entstehung der evangelischen Ordensgemeinschaften so etwas wie „Gnadenorte" geschaffen hat, die aber die Theologie und Kirche wieder entlasten, sich selbst mit dem Existentiellen des Glaubens befassen zu müssen. Obwohl, so Grochowina, nach Martin Luther „erst die Erfahrung … aus dem Christen also einen rechtschaffenden und vollkommenen Menschen [mache]".

... mit allen Sinnen (Gabi Erne ...)

Ein wesentliches Kennzeichen der Moderne ist die Individualisierung und Segmentierung der Gesellschaft, aber – dazu streng genommen gegensätzlich – auch der Wunsch des Einzelnen nach Ganzheitlichkeit und Sinnlichkeit. Auf den Tagungen haben wir Letzterem dergestalt nachzukommen versucht, indem wir mit der Performenceküstlerin Gabi Erne das Thema Spiritualität sinnlich erarbeitet haben. Die Bilder und Wortzeugnisse in diesem Band vermitteln einen kleinen Eindruck dieses bunten Experimentes, das großen Anklang fand.

Die populären Spiritualitäten sind also geradezu eine Umkehrung zur Moderne. Wie Polak und Hempelmann herausstellen geht es ihnen um Ganzheitlichkeit, um Integration aller Lebens- und Denkbereiche und um

Gestalt und erfahrbare körperliche Sinnlichkeit; es geht um Heilwerden im umfassenden Sinn. Soziologisch gesprochen, so Regina Polak, versucht diese Form der Spiritualität die Segmentierung und Ausdifferenzierung gerade wieder zu überwinden und kehrt ein rationalistisches Weltbild im Privatbereich um, das man eventuell als Ingenieur oder sonstiger mathematisch-naturwissenschaftlicher Berufsvertreter im Alltag ablehnt. Die Du-Erfahrung und das Verschmelzen mit und in dem Einen sind für Polak wesentliche Attribute. Dabei wird kombiniert, was zur Verfügung steht. Die „GlaubenskomponistInnen" bilden nach Polak die Mehrheit der Gläubigen in Europa. Die Soziologen klassifizieren deshalb Spiritualität als eigenständige Sozialform neben der Religion. Im Religionsmonitor scheinen hier eher Identifikationen zwischen religiös und spirituell vorzuliegen.

Mehr Spiritualität für ein friedliches Miteinander?

Natürlich kann man diese glaubenskompositorischen Haltungen meiden, kritisieren und ablehnen, aber man kann auch versuchen, zu verstehen, welchen Möglichkeiten darin liegen, friedvoller zusammen zu leben.

Ulrike Graf verweist in ihrem Beitrag auf Untersuchungen, dass die beschriebenen populären Spiritualitätsformen mit ihrem Wunsch nach „Einssein mit Allem", mit ihrem Absehen von aller Banalität und Selbstbezogenheit und dem Wunsch, sich und das eigene Leben in seinem woher, wozu und wohin jenseits funktionaler Zusammenhänge zu deuten, ein enormes Heterogenitätspotential bergen, weil man von sich oder einem starren Dogma absieht und anderes zulassen kann. In diesem Sinn vertritt Graf die Auffassung, dass Spiritualität auch ein wertvoller Bildungsgehalt ist, der nichts mit Religion zu tun haben muss, aber für die Entwicklung der Gesamtpersönlichkeit förderlich ist, um sich mit den menschlichen Grundfragen auseinanderzusetzen. Die Studierenden ihres Seminars in Pädagogik, die aus unterschiedlichen Fachrichtungen religiös gebunden oder ungebunden sind, erfahren wie wesentlich diese Ebene der Selbstwahrnehmung ist und zwar nicht nur für sich, sondern auch in der Weitergabe an zukünftige Schüler und Schülerinnen. Dankbarkeit ist nach Graf z. B. ein Beispiel für gelungene spirituelle Praxis, weil sie eine relationale Größe ist, die über sich hinaus auf den Anderen verweist; ja von sich absieht.

Es gibt aber bei vielen Studierenden eine klare Skepsis gegenüber der Rationalität im Zusammenhang mit Spiritualität. Denken und Spiritualität widersprechen sich für viele junge Menschen, weil sie die Erfahrungen und das sinnliche Erleben dadurch behindert sehen.[4]

Die Forschungen geben Graf recht, dass Spiritualität, die ja auch in atheistischen Kreisen durchaus gepflegt wird, tatsächlich ein Potential birgt, nicht nur die eigenen Lebensfragen besser beantworten zu können, sondern laut Polak auch grade in der Mélangereligiosität die Chance liegt, drängende gesellschaftliche Probleme aktiv anzugehen. Religionen haben, so Schlegel, im Bereich der Meditation, Kontemplation und Mystik viel mehr Gemeinsames als Trennendes.

Spuren zur theologischen Reflektion christlicher Spiritualität

„Kein Mensch muss glauben, um von Gott geliebt zu werden", denn „[w]enn jemand glaubt, er sei Gott mit absoluter Sicherheit begegnet und nicht berührt wird von einem Schatten der Unsicherheit, dann läuft" nach Papst Franziskus „etwas schief" (Schüßler in diesem Band). Es gibt also keinen sicheren Topos, keinen 100 % für uns erkennbaren locus theologicus, an dem wir Gott sicher erfahren oder erkennen können. Damit gilt auch die Umkehrung, dass kein Ort unmöglich ist, an dem sich Gott nicht zeigen könnte.

Gerade das Christentum bietet nach Schüßler im Unterschied zu Atheismus, religiösem Fundamentalismus oder naivem religiösen Enthusiasmus kein sanftes Ruhekissen, mit dem sich alle Fragen des Lebens ein für alle Mal klären lassen.

Der Glaube ist vielmehr die Kunst, mit den Paradoxien des Lebens leben zu können und sie nicht endgültig auflösen zu wollen und zu können. Dabei wird der Ereignishorizont offen gehalten, Gott kann sich auch an Unorten zeigen. Das korrespondiert für Schüßler mit der Unverfügbarkeit Gottes.

In gewisser Weise sind der christliche Glaube und seine Spiritualität ziemlich sperrig und knüpfen in vielem laut Polak an alte Formen und Modelle der Volksfrömmigkeit an. Ein spirituelles *flowting* ist für Christen eigentlich nicht möglich, weil die Paradoxien eben nicht aufgelöst werden können. Das verheimlicht das Christentum gerade nicht. Leid, Sterben, Tod und Zweifel sind nicht auflösbar, sondern gehören zum Leben dazu (vgl. Schüßler in diesem Band). Zur christlichen Spiritualität gehört die Interpersonalität, die Relationalität zu Gott, zur Welt und zu den Mitmenschen. Zentral ist für den Christenmenschen Jesus Christus selbst, in dessen Leben und Sterben sich alles ereignet hat, was für die christliche Spiritualität Bedeutung hat.

---

[4] vgl. *Meesmann*, Leben.

Auch die christliche Spiritualität ist folglich kein intellektuelles Experiment, mit dem die Gleichung des Lebens gelöst werden kann. Haben die Studierenden also doch Recht, wenn sie Erkennen und Fühlen, „Denken und Lieben", so der Beitrag von Roman A. Siebenrock, entgegen setzen? Für Siebenrock gehört die *Agape* so wesentlich zum Kern des Christlichen, dass sie auch die Erkenntnis durchdringen muss. Erkennen und Lieben sind deshalb keine Gegensätze. Wie auch andere Beiträge hält Siebenrock die Selbstreflexion, die mich immer zu den letzten Fragen führt, für den Probierstein aller Erkenntnis und aller Spiritualität. Es geht ihm nicht darum, einen deduktiven Gottesbeweis zu führen, sondern sich in einen Prozess der Wahrnehmung von Ereignissen und Zusammenhängen zu begeben, indem sich etwas zeigt, was sehr emotional sein kann, ja auch körperlich sein kann und über mich hinaus weist. Gott-Sagen ist für ihn eine semantische Übung aufgrund von Erfahrungen, die ich bedenke. Denken und Lieben sind also Paare und kein Gegensatz. Theologie, Gott-Denken, ist ein offener Suchbegriff.

Anders als die Studierenden konstatiert Siebenrock, dass „Denken unser Schicksal [ist]"[5]. Auch die Theologen, so Siebenrock, sagen viel zu wenig ICH d. h. sie reflektieren viel zu wenig auf die eigenen persönlichen Erfahrungen, die auch für ihre Theologie ein wesentlicher Erkenntnisort sein sollten.: „Ein spiritueller Mensch fragt sich, wer er einmal gewesen sein möchte"[6]. Wie Graf geht ihm es darum, dass spirituelle Menschen Selbsterkenntnis, Selbstreflexion und Selbstvision (Ethik) zu ihrer Lebensaufgabe machen und damit der Lebensbanalität den Rücken kehren. Nicht die Fragen und Antworten, so Siebenrock, prägen und kennzeichnen eine Kultur, sondern die Art und Weise, wie Menschen mit diesen umgehen.

Wenn Siebenrock bemängelt, dass die Theologie-Treibenden, von den eigenen Erfahrungen immer dann absehen, wenn sie Theologie verfassen, dann will Margit Eckholt diese Ebene wieder ins Zentrum holen. Sie möchte jedoch nicht „eine Theologie der Spiritualität" schreiben, sondern die Theologie selbst so verändern, dass die „Praktiken der Spiritualität" in die Theologie geholt werden und eine Gestalt annehmen. Es geht darum, „die Praktiken der Spiritualität im *intellectus fidei* selbst zu verankern". Aber das bedeutet, sich auf das Leben oder die Welt in ihrer Dynamik, Fragilität und Veränderbarkeit immer wieder einzulassen und zu versuchen, diesem Moment eine Form zu geben. Glaube hat zu tun mit Erschütterung und mit Gestaltung, also mit einer Ausdrucksform und damit mit Ästhetik. Dennoch: „der Geist weht, wo er will" (Joh 3,8). Eckholt und Schlegel verweisen

---

[5] Siebenrock in: *Meesmann*, Leben, 35.
[6] Siebenrock in: *Meesmann*, Leben, 36.

genau darauf in ihrem jeweiligen Kontext, weil die Gestalt mich überraschen und der Mensch sich darauf einlassen sollte.

Teresa Peter berichtet aus ihrem Forschungsprojekt *Doing Spiritual Theology*, in dem sie wertvolle Erkenntnisse über die epistemologische Bedeutung spiritueller Praxis gewonnen hat. Anhand von Interviews mit spirituell praktizierenden Buddhisten und Christen kommt sie einerseits zu einer interessanten Differenzierung von geistigen und intellektuellen Prozessen und kann zudem belegbare Einsichten vortragen, dass spirituelle Praxis nicht intellektueller Beschäftigung zuwider läuft, sondern diese erweitert und vertieft. Peter ist es wichtig, den Geist selbst, seine Bewegungen und nicht dessen Inhalte zu verstehen. Anschaulich wird dies in bekannten „Aha-Erlebnissen" in denen wir uns mit einem konkreten Inhalt oft schon lange befassen, der durchaus intellektuell sein kann und plötzlich eröffnet sich eine völlig neue Sichtweise darauf, die uns völlig überrascht. Wir spüren, dass wir sie nicht selbst geschaffen haben. Trotzdem kann Peter anhand zahlreicher Beobachtungen meditationsgeübter Menschen belegen, dass man in sich solche eröffnenden Haltungen befördern oder verhindern kann, in denen sich Momente überraschend lichten.

Mit den vorliegenden Beiträgen der Autorinnen und Autoren versuchen wir zu zeigen, dass sich Spiritualität und theologische Reflexion keinesfalls ausschließen, sondern sich zutiefst ergänzen können ohne vermischt zu werden. Mit dem genauen Blick unserer Autorinnen und Autoren rückt das Phänomen der Spiritualität hoffentlich aus der Diffusität etwas in die Zone des Lichts.

I Spiritualitäten – aus theologischer Perspektive

Differenzen der Spiritualität – praktisch-theologisch beobachtet

Michael Schüßler

1. Grundsätzliches: Respekt und Aufmerksamkeit für die Sinnsuche der Gegenwart

Spiritualität? Eigentlich ist dieses Wort etwas aus der Mode gekommen. Vielen geht es wie Fulbert Steffensky, der es überhaupt nicht mehr hören kann.[1] Ein Unbehagen macht sich breit und es ist wohl das Unbehagen der Inflation. Alles Mögliche wird mit Spiritualität in Verbindung gebracht: die Auszeit im Kloster genauso wie west-östliche Meditationsformen, die esoterische Schwitzhütte, in der Männer den Krieger in sich entdecken (sollen), oder rituelle Frömmigkeitsübungen aus dem mittelalterlichen Katholizismus. Spiritualität, das kann alles sein, was einem irgendwie guttut, was das Leben intensiviert und ein Feeling von Sinn und Tiefe vermittelt. Spätestens an diesem Punkt der Beschreibung ist allerdings pastoraltheologische Vorsicht geboten. Zu nahe liegt es, das alles abzuwerten oder ins Lächerliche zu ziehen – als obskure Esoterik, als „Wellness-Religion" oder als „spirituelle Fast-Food-Angebote".[2] Dies wäre ein Leichtes – aber irgendwie viel zu einfach. Praktische Theologie darf sich solche aburteilende Hybris überhaupt nie leisten. Vor allem, wenn sie selbst pastoral sein will, also solidarisch mit der Sinn- und Lebenssehnsucht in der Gegenwart (*Gaudium et spes* (*GS*) 1).

Ich gehe davon aus, dass „Spiritualität" zunächst einfach das Gespür bezeichnet, dass es im Leben „mehr als Alles" geben muss, wie es Steffenskys verstorbene Frau Dorothee Sölle einmal formuliert hat.[3] Es geht darum, das Leben zu entbanalisieren. Also dem Alltag wenigstens punktuell eine Dimension abzuringen, von der man ahnt, dass es sie tatsächlich geben könnte. Dann dreht es sich um die uralten Fragen: Wofür stehe ich im Hier und Heute? Worauf hin lebe ich? Wie werde ich all den anderen Menschen und Dingen gerecht, mit und von denen ich lebe? Und wie kommt man damit zurecht, dass man an all diesen großen Fragen unserer kleinen Existenz

---

[1] Vgl. *Steffensky,* Spiritualität.
[2] *Steffensky,* Spiritualität, 42.
[3] Diese Formulierung kenne ich durch den gleichnamigen Buchtitel von Dorothee Sölle. Sie findet sich aber auch in dem Kinderbuch-Klassiker „Higgelti Piggelti Pop" (1967) von Maurice Dendak, in dem der Terrier „Jennie" sein Rund-um-sorglos-zu-Hause verlässt und in die Welt zieht.

offenbar nur schlechter oder besser scheitern kann? Diese immer wieder aufblitzende Sehnsucht nach „mehr als Allem" verdient höchsten Respekt und echte theologische Aufmerksamkeit.

Erstens höchsten Respekt, weil diese Sehnsucht selbst meist nicht banal ist: nämlich „sich in etwas hineinzubegeben oder zu verwurzeln, das größer ist als ich und das mich trägt, das mir Kraft gibt"[4].

Und zweitens ist theologische Aufmerksamkeit notwendig, weil man mit diesen Fragen heute eben zwangsläufig auf dem bunten Markt der kirchlichen, religiösen und spirituellen Sinn- und Ritenangebote landet. Aufmerksamkeit unterstellt schon, dass es dort etwas zu entdecken gibt. Es wird also etwas komplizierter werden, als einfach alles, was nicht in den kirchlich vertrauten Bahnen läuft, als grundsätzlich defizitär einzustufen.

Das hat einen einfachen Grund, den man etwa von Jon Sobrino lernen kann, dem jesuitischen Befreiungstheologen aus El Salvador. Wer nach Spiritualität fragt, stellt nämlich zunächst eine säkulare, aber existenzielle Frage: Aus welchem Geist lebt jemand sein Leben? „Jeder Mensch hat ein ‚spirituelles Leben', denn, ob er will oder nicht, ob er es weiß oder nicht, er kann nicht umhin, sich mit der Realität auseinanderzusetzen, und er ist mit der Fähigkeit ausgestattet, mit letzter Verbindlichkeit auf sie zu reagieren. ‚Geistliches Leben' ist von daher eine Tautologie, denn jedes menschliche Leben lebt sein Leben mit Geist. Mit welchem Geist, das ist natürlich eine andere Frage, aber daß er mit Geist lebt, ist unbestreitbar."[5]

Spiritualität meint hier ganz grundlegend den „Spirit", mit dem jemand sein Leben lebt. Es ist die Frage nach der Haltung, mit der wir der Wirklichkeit begegnen – oder in der Sprache des operativen Konstruktivismus, die Praktiken, mit denen aus der Welt die eigene Wirklichkeit gemacht wird. Deshalb kann im Grund jeder Mensch als spirituell bezeichnet werden. Niemand kommt darum herum, sich irgendwie zu seinem Leben und zu seiner Mitwelt zu verhalten.

Erst jetzt lässt sich fragen, welche Unterschiede hier das christliche Erbe wohl machen könnte. Damit ist klar: Es geht darum, „christliche Spiritualität nicht zu verstehen als etwas, das dem Menschlichen noch hinzugefügt wird, sondern als eine Vertiefung des Menschlichen, so wie es in dem *homo verus*, in Christus, geschehen ist"[6]. Die Suche nach dem ganz Anderen, die Sehnsucht nach der Erfahrung des Ewigen und Absoluten führt aus christlicher Perspektive jedenfalls nicht nur über diese Welt hinaus, sondern zugleich immer tiefer in die Gründe und Abgründe des Lebens hinein. Sobrino nennt

---

[4] *Fuchs*, Es geht nichts verloren, 152.
[5] *Sobrino*, Spiritualität, 1090.
[6] Ebd.

das die christliche „Redlichkeit gegenüber dem Realen"[7]. Der Geist des Gottes Jesu kann nur um den Preis seiner Selbstverstümmelung in die Form der Weltflucht gebracht werden, denn er ist im Letzten bestimmt durch Weltloyalität. Und Weltloyalität heißt, auch im Glauben vor nichts auszuweichen.

2. Analytisches: Verflüssigte Religionspräsenz im Ereignis-Dispositiv

Christel Gärtner zeigt in ihren soziologischen Analysen, wie vielfältig und selbstbestimmt Menschen heute mit Religion umgehen.

Wer an den pastoralen Orten der Kirche arbeitet und dort die Gegenwart selbstbestimmter Optionsvielfalt mit der historischen Öffnung des Zweiten Vatikanischen Konzils zusammendenken will, macht oft diese Erfahrung:

Abb. 1: „Vor 50 Jahren öffnete das Zweite Vatikanische Konzil die Kirche ..." – „... und die Leute entkamen." Karikatur von Chappatte aus der SZ vom 22.10.2012, Nr. 244,15.

Trotz aller vom Zweiten Vatikanischen Konzil angestoßenen Modernisierungen ist die Ex-Kulturation des kirchlichen Christentums in unseren europäischen Breiten scheinbar nicht aufzuhalten. Wie auch immer man diese Formation nennt, konstantinisches Christentum oder ‚Lebendige Gemeinde', eines scheint klar: Die Phase der Kirchengeschichte ist zu Ende, so Bucher, „in der die Kirche über reale Sanktionsmacht religiöser ... und

---

[7] Ebd., 1091.

gesellschaftlicher Art verfügte und ihre Sozialformen daher ... als selbstverständliche Institutionen entwarf"[8]. Den meisten institutionellen Arrangements kirchlicher Religionspraxis geht es wie dem Pfarrer in der Karikatur: Die Leute sind weg, und wenn sie mal da sind, dann wollen sie oft etwas anderes als das, was angeboten wird.

Stellt sich nur die Frage: Was machen die Menschen eigentlich außerhalb der Kirchenmauern? Sie suchen und finden „Sinnstiftung jenseits kirchlichdogmatischer Vorgaben", so der treffende Titel von Gärtner in diesem Band. Das Feld der Religion ist nicht verschwunden, es hat sich nur weiter verflüssigt. Es scheint mit Bucher heute zugleich säkular, individualisiert und postsäkular zu sein.[9]

Säkular, weil heute niemand an Gott glauben muss. Der Atheismus, also die Existenz ohne religiösen Baldachin, ist eine mögliche und realistische Option. Und sie führt nicht automatisch zu Beliebigkeit und Moralverlust, sondern ist oft selbst Ausdruck von moralischer Verpflichtung und einem humanistischen Wertebezug.[10]

Individualisiert ist das religiöse Feld, denn anders als früher entscheiden die Menschen selbst, aus welchen Traditionen und Sinn-Angeboten sie die Bausteine für ihre existenzielle Bleibe hernehmen – und welche sie ablehnen. Das heißt: Es gibt eine unhintergehbare Freiheit des Einzelnen in Fragen des Glaubens, die nicht allein in Relativismus und Beliebigkeit enden muss, sondern auch „kontingente(r) Gewissheit"[11] ermöglicht.

Weil diese Freiheit aber religiöse Entdeckungen weiter zulässt und Glaube eine (auch vernünftige) Option bleibt, ist die Gegenwart drittens *postsäkular*. Man muss nicht mehr automatisch mit Gott, mit Engeln und Teufeln oder der heilenden Kraft religiöser Rituale rechnen, aber man kann, wenn es passt. Denn, wie Carolin Emcke in der Süddeutschen Zeitung geschrieben hat, „Aufklärung bedeutet ja nicht Zwangs-Atheismus"[12].

In den Tagungsgesprächen[13] hat sich gezeigt, wie sich diese drei Möglichkeiten nicht nur durch die Gesellschaft ziehen, sondern quer durch die Vollzüge unserer biographischen Existenz hindurchlaufen. Ein Teilnehmer erzählte, dass er in der Katholischen Arbeitnehmerbewegung mit einem Kollegen sehr kollegial und engagiert bei den sozialpolitischen Optionen zusammenarbeitet. Irgendwann hat sich dann zufällig herausgestellt, dass

---

[8] *Bucher*, Zukunft, 198.
[9] Ebd., 29 ff.
[10] Vgl. dazu *Joas*, Glaube, 43 ff.
[11] Ebd., 148.
[12] *Emcke*, Eigene, 5.
[13] Sehnsucht – Der Anfang von Allem, 17.–18. November 2014, Tagung der Akademie der Diözese Rottenburg-Stuttgart.

dieser Kollege regelmäßig mit einer Gebetsgruppe in den Marien-Wall-fahrtsort Međugorje fährt. Beide Anteile gehören offenbar aktuell zu seiner Person und er scheint sie dort ganz gut vereinbaren zu können. Solche Beispiele waren es wohl, die sogar den bekannten Säkularisie-rungstheoretiker Peter L. Berger in seiner Grundthese umgestimmt haben, aufgeklärte Modernisierung bedeute zwangsläufig das Verschwinden sichtbarer Religiosität. „Im Nachhinein denke ich, dass wir einen Katego-rienfehler gemacht haben. Wir haben Säkularisierung mit Pluralisierung verwechselt."[14] Das heißt: Auch Religion formiert sich in alltagsweltlicher Diversität. Wer da noch mit (modernen) Einheits- und Kohärenzkonzepten arbeitet, macht Fehler.

„Ich denke, dass ich von der irreführenden Vorstellung irgendeiner Form einheitlichen Bewusstseins ausgegangen bin: entweder religiös oder säkular. Dabei hatte ich die … Möglichkeit übersehen, dass ein Individuum sowohl religiös als auch säkular sein kann …. Da ist zum einen ein schwedischer Soziologieprofessor, der die stille Überzeugung hat, dass jede Religion eine Illusion ist, solange er es sich leisten kann, den wenigen religiösen Menschen, die seinen Weg kreuzen, auf gönnerhafte Weise tolerant gegenüberzutreten. Einige Straßen von dem Büro des Professors entfernt befindet sich eine pfingstlerische Gemeinde afrikanischer Asylsuchender, deren Prediger jeden Tag Wunderheilungen vollbringt. Bei genauerer Betrachtung können wir feststellen, dass der Professor regelmäßig tantrische Meditationen prakti-ziert, während sich der Prediger in seinem Umgang mit dem skandinavi-schen Wohlfahrtsstaat einer sehr säkularen Rationalität bedient."[15]

Es gibt also ganz individuelle Collagen von säkularem Leben, bestimmten Frömmigkeitspraktiken und persönlichem Transzendenzbezug. Die we-nigsten Menschen sind ganz säkular oder ganz religiös und vor allem nicht immer und an jedem Ort.

Jenseits der individuellen Absichten korrespondiert das mit einer recht grundsätzlichen Verflüssigung gegenwärtiger Zeit- und Sozialstruktur. Die historische Entwicklung wie auch die eigenen Biographien sind immer weniger als lineare und kontrollierbare Erzählung erfahrbar. Mit jedem Ereignis kann sich biographisch und gesellschaftlich die ganze Welt verän-dern, man weiß nur nicht so genau wohin. Jeder und jede muss sich heute zwischen Optionen entscheiden, ohne Auswirkungen und Folgen wirklich einschätzen, geschweige denn kontrollieren zu können. Das Erleben von

---

[14] *Berger*, Niedergang, 2.
[15] Ebd., 3.

Welt funktioniert eben immer weniger wie das lineare Lesen eines Buches, sondern wie das Hin- und Herwischen der Hand auf einem Touch-Pad, bei dem Vielfältiges gleichzeitig im Blick sein kann. Prägend sind nicht mehr Muster einer kontinuierlichen Geschichte mit kohärenter Identität, sondern die situative Drift von Ereignis zu Ereignis. Mit diesem „Ereignis-Dispositiv"[16], das nicht mehr auf die Figur des Neuen, sondern einfach des Nächsten geeicht ist[17], hat sich der Entdeckungshorizont des Evangeliums erneut verflüssigt. Auch das war auf der Tagung[18] allgegenwärtig. Die dichotome Konstellation Kirche versus Esoterik aus den 1980er und 1990er Jahren ist in einem noch vielfältigeren spirituellen Markt der Möglichkeiten aufgegangen. Man kann auch in religiösen Dingen leichter die „Szene" wechseln und damit Anteile der eigenen Identität.

Kurz: Das kommende Ereignis, der jeweils nächste Schritt in einem unsicheren Gelände, wird zum neuen Inkulturationsort des Evangeliums. In einem der Workshops wurde berichtet, dass die religionsdistanzierte Tochter sich plötzlich intensiv für die christliche Tradition interessiert. Sie war nämlich in eine heftige Debatte mit ihren muslimischen Mitschülerinnen verstrickt und brauchte „theologisches Argumentationsfutter". Oder es kann sein, dass Jugendliche über ein kirchlich getragenes Sozialprojekt in den ärmeren Staaten der EU-Osterweiterung ihre eigenen Sinnfragen bearbeiten und quasi beiläufig auch religiös neu entdecken, worauf es ihnen im Leben ankommt.[19]

Blickt man aus dieser Gegenwart noch einmal auf die obige Karikatur, kann man Neues entdecken. Die grimmige Enttäuschung im Gesicht des Pfarrers ist verständlich, aber unbegründet. Er müsste nur hinausgehen zu den Menschen oder die Kirchentüren ganz weit aufmachen. Genau diese Konsequenz für die Organisation Kirche empfiehlt Papst Franziskus. Seine Worte beim Vor-Konklave klingen wie ein Kommentar zur „People-got-out-Karikatur".

> „Wenn die Kirche nicht aus sich selbst herausgeht, um zu evangelisieren, bleibt sie nur bei sich selbst und wird krank. … In der Offenbarung sagt Jesus, er stehe vor der Tür und klopfe an. … ich denke jetzt an jene Momente, in denen Jesus von innen klopft, damit wir ihn hinausgehen lassen. Die

---

[16] Vgl. zu dieser Diagnose und ihren Folgen für die Pastoral der Kirche ausführlicher *Schüßler*, Gott.
[17] Vgl. dazu *Baecker*, Studien.
[18] Vgl. Anm. 14.
[19] Vgl. dazu den Beitrag von *Christel Gärtner* in diesem Band.

selbstreferenzielle Kirche will Jesus in ihren eigenen Reihen festhalten und nicht hinausgehen lassen."[20]

Genau das trifft die Situation einer verflüssigten Gegenwart: Jesus ist bereits draußen in den kleinen und großen Tragödien des Lebens. Das heißt aber auch: Was die Begriffe und Symbole aus dem Archiv der Tradition zu sagen haben, das können die herkömmlichen Orte immer weniger aus sich selbst heraus festlegen. Sie müssen es im Kontakt mit dem Außen ihrer selbst entdecken, es sich von der Sehnsucht der Anderen sagen lassen. Genau das meint Franziskus mit seiner Ermutigung, die Kirche müsse an „die geographischen" und „an die existenziellen Peripherien … an die Peripherie des Denkens und allen Elends gehen." Und zwar nicht, um zu belehren, sondern um die Vitalität der christlichen Tradition in den Lebensproblemen der Menschen zu entdecken und zu bezeugen. Daraus ergeben sich die folgenden Thesen zum „Open-Source-Modus" des Glaubens.

1. Der christliche Quellcode der Tradition ist heute unhintergehbar freigegeben.[21] Der Zugriff auf die Archivbestände des Glaubens wurde von seinen sozialen Nutzungsbedingungen her auf „open source" umgestellt. Jeder kann sich heute potenziell auf Kernelemente des Christlichen beziehen, ohne dass eine ekklesiale Kontrollinstanz dazwischen geschaltet wäre. Die Kirchen haben als ehemalige Monopolisten ihre hegemonialen Rechte verloren. Der christliche Quellcode wird situativ und existenziell weiter nachgefragt, aber der institutionelle Urheberschutz scheint ausgelaufen.

2. Für die Kirche als ehemals mächtige Religionsgemeinschaft ist das eine tiefe Kränkung, denn ihre Botschaft ist frei gegeben. Es gibt keine soziale Kontrolle mehr über den „richtigen" Glauben. Doch wenn „Sehnsucht tatsächlich der Anfang von allem ist" und Menschen in ihrer Suche anlassbezogen auch auf Archivbestände des kirchlich tradierten Christentums zurückgreifen, dann zeigt sich: Das Evangelium ist ein „Erbe der Menschheit … und kein Tafelsilber der Kirche"[22]. Menschen außerhalb kirchlich organisierter Bereiche sind oft genauso vom Geist Jesu beseelt. Und umgekehrt ist die organisierte Kirche wie jede_r Christ_in dazu aufgefordert, immer neu zur Botschaft vom Gott Jesu umzukehren. Der *Kairos* der Gegenwart lautet: Man müsste das Frei-Geben der Botschaft auch aus Sicht der real-existierenden Kirche als eine erfreuliche Nach-

[20] *Spadaro,* Interview.
[21] Vgl. dazu *Feiter/Müller,* Impulse, sowie *Schüßler,* Kirche.
[22] *Sander,* Sklavenhäusern, 322.

richt interpretieren. Denn es ergeben sich Spielräume für normativ unfestgestellte und damit echt neue Entdeckungen im Glauben.[23]

3. Zu diesem Ergebnis kommt auch die ganz säkulare Soziologie, wie jüngst der Luhmann-Schüler Dirk Baecker. „Die Transzendenz lauert in der Netzwerkgesellschaft hinter jedem Kontakt, dessen man sich gerade noch sicher glaubte. ... Für die Kirche ist dies eine Chance. Sie ist zwar nicht mehr auf den einzigen Felsen gebaut, den die Welt kennt. Aber sie ... kann ... in jedem ihrer Vertreter, Priester wie Laien, Zeugnis für das Risiko des Menschlichen ablegen und sich so in die Verhältnisse der Welt einmischen."[24] Wie kann das aussehen? „Die Figur des Zeugnisses ist zentral. ... Da helfen kein lateinisches Gemurmel und keine fromme Innerlichkeit. Es muss gezeigt und bewiesen werden, demütig, kämpferisch und individuell."[25] Das heißt: Die säkulare Gegenwart drängt die Kirche in eine Richtung, die ihr vom Konzil längst aufgeben ist. „Dabei bestimmt die Kirche kein irdischer Machtwille, sondern nur dies eine: ... der Wahrheit Zeugnis zu geben; zu retten, nicht zu richten; zu dienen, nicht sich bedienen zu lassen." (GS 3)

4. Die Unterscheidung der Geister läuft nicht mehr über die Gegnerschaft zum Atheismus, nicht mehr als die Verteidigung von Religion überhaupt. Viel wichtiger werden die kriteriologischen Fragen, also die Art und Weise, *wie* Transzendenzbezug und immanente Lebensgestaltung miteinander ins Verhältnis gesetzt werden. Die entscheidenden Auseinandersetzungen drehen sich nicht mehr darum, ob es Gott „gibt" oder ob Glaube vernünftig sei, sondern um die operative Frage, wie ein Verhältnis zum Heiligen formatiert werden sollte und welche praktischen Folgen sich dann zeigen – für die Gesellschaft, das Leben der Anderen – und für einen selbst. Zwei aktuelle Beispiele aus 2014. Was bringt auf der einen Seite junge Frauen und Männer aus Europa nur dazu, in den Nahen Osten zu reisen und sich den islamistischen Netzwerken IS oder Al-Quaida anzuschließen? Hochmoderne digitale Propaganda entwirft offenbar eine attraktive Oberfläche für die Sehnsucht nach klaren Zugehörigkeiten und Identitäten – bis hin zu totalitärem Terror. Und umgekehrt: Was bringt junge Ärztinnen und Pfleger dazu, nach Afrika zu reisen, um Ebola-infizierte Menschen zu behandeln und sich selbst diesem tödlichen Risiko auszusetzen? Was von außen säkular und ganz weltlich aussieht, ist manchmal mit der größten Barmherzig-

---

[23] Siehe dazu *Schüßler*, Liquid Church.
[24] *Baecker*, Leben, 18, 20 f.
[25] Ebd., 19.

keit und Hingabe an das nackte Leben von Fremden gemacht. Genau das also, was die Quintessenz des Evangeliums meint.

5. Religion hat das Potenzial zu beiden Radikalisierungen, die der machtvollen Gewalt und die der ohnmächtigen Hingabe – auch das Christentum. Der theologische Streit ist deshalb zurück in den Arenen der Weltgesellschaft, weil sich an ihm wieder etwas entscheidet. Der Anlass ist leider oft die fanatisierende Radikalisierungspotenz von Transzendenzbezügen, das Ziel wäre ihre alle Ausgrenzungen überschreitende Solidarisierungspotenz. Wenn Kirche und christliche Theologie allerdings immer noch so tun, als stehen sie über diesen Konflikten und können sie höchstlehramtlich entscheiden, nehmen sie sich quasi selbst aus dem Spiel. Nur wenn sie ihr Erbe[26] innerhalb der widerstreitenden Positionen und Erfahrungen theologisch verantwortet und existenziell geerdet vertreten, werden jene Unterschiede glaubhaft, die für andere tatsächlich einen Leben ermöglichenden Unterschied machen.

3. Kriteriologisches: Differenzen christlicher Spiritualität

3.1 Anstiftungen zum angstfreien Umgang mit Unsicherheiten und Paradoxien

Den befreienden Gehalt christlicher Spiritualität wird man umso mehr entdecken, als man ihn aus der Hand gibt. Dazu eine kurze Begebenheit aus einer Woche Straßenexerzitien in einer deutschen Metropole.[27] Es geht dabei nicht um Sozialarbeit. Man soll vielmehr offen werden für Gottes Spuren im urbanen öffentlichen Raum. Ein junger, sozial engagierter Teilnehmer will auf der Straße dennoch unbedingt Kontakt zu Obdachlosen aufnehmen. Trotz aller Anstrengungen hat sich nichts ergeben: Er erlebte Distanz, niemand wollte näher ins Gespräch kommen. Der junge Mann gibt erschöpft auf und setzt sich enttäuscht einfach in die nächste Kirche. Ist jetzt ja auch schon egal. In diesem Moment des „Sein-Lassens" spricht ihn paradoxerweise ein Obdachloser an, der auch gerade in der Kirche sitzt. Es ereignet sich die erhoffte Begegnung.

Christliche Spiritualität könnte vor allem darauf hinauslaufen, ein Verhältnis zu Paradoxien und Kontingenzen zuzulassen, das nicht verkrampft,

---

[26] Vgl. dazu etwa das Themenheft von Concilium 2/2009 „Die Zukunft des religiösen Erbes".
[27] Die Erzählung stammt von Michael Schindler. In seiner Dissertation erforscht er diese recht junge Variante geistlicher Übungen in urbaner Unruhe.

sondern die Ereignishorizonte offen hält.[28] Das geht meist nur, wenn die letzte Gewissheit darin besteht, dass die letzte Gewissheit offen bleibt. Insofern geht es um vorläufige Gewissheiten[29], die das wirklich „Letzte" Gott überlassen.

Es wären Glaubensformen und entsprechende Praktiken im Volk Gottes zu stärken, in denen sich die befreienden Optionen des Evangeliums mit dem Wissen um die Kontingenz allen Daseins verbinden – auch mit dem Wissen um die Kontingenz der eigenen spirituellen Erfahrungen. Weil wir in der Spur Jesu einen Gott bezeugen, der letztlich alle Menschen in sein Heil aufnehmen wird, aber auf Wegen, die wir nur erahnen. In diesem Sinne besteht christliche Spiritualität vor allem in Übungen zum angstfreien Umgang mit den Paradoxien von Gott und Welt.[30]

Darauf macht heute vor allem Tomáš Halík[31] aufmerksam. Ihn interessiert die Frage nach dem Christentum in einer säkularen Gesellschaft. Könnte der Atheismus nicht selbst eine offenbarungsrelevante Qualität besitzen? Er schreibt: „Selten weist etwas auf Gott so stark hin und ruft so dringend nach Gott wie gerade das Erleben seiner Abwesenheit."[32] In Kontakt mit seiner glaubensdistanzierten tschechischen Heimat entwickelt er eine sehr sensible und kontingenzempfindliche Theologie.

Nicht erst seit dem Terroranschlag auf das Pariser Satire-Magazin „Charlie Hebdo" schaukeln sich religiöser Terror und aggressiver Atheismus gegenseitig auf. Gibt es eine Alternative zu dieser gegenseitigen Radikalisierung, und zwar womöglich in den Religionen selbst?[33] Für den eigenen christlichen Bereich schreibt Halík: „Die Brücke, die wir bauen können, heißt Demut. Lasst uns vom Glauben keine bequeme Gewissheit erwarten,

---

[28] Vgl. zu den erkenntnistheoretischen Hintergründen *Schüßler*, Land.

[29] In genau diese Richtung denkt auch Hans Joas. Glaube laufe nicht einfach darauf hinaus, die Unsicherheiten des Lebens mit religiösen Sicherheiten abzufedern. Das war die Kritik von Marx: Opium fürs Volk. Konservative Kontingenzbewältigung, damit alles so bleibt, wie es ist. Doch das muss nicht so sein. Joas hat Recht, wenn er diese Alternative beschreibt: „Für mich stellt der Glaube keine Kontingenzbewältigungstechnik dar, sondern die Voraussetzung für einen spezifischen Umgang mit Kontingenz; unter Bedingungen hoher Kontingenz kann es … sehr wohl zu festen Bindungen an Personen und Werte kommen, es ändert sich nur die Art dieser Bindung; und nicht Relativismus ist das Resultat von Kontingenzsensibilität, sondern ‚kontingente Gewissheit', eine Gewissheit, die sich der Kontingenz ihrer Entstehung bewusst ist" (*Joas*, Glaube, 126).

[30] Siehe dazu die ebenso wichtigen wie kompakten Überlegungen von *Bauer*, Paradoxalität.

[31] Tomáš Halík ist 1948 in Prag geboren. Er ist Soziologe, Psychotherapeut und wurde 1978 von der damaligen Untergrundkirche im sozialistischen Staat zum Priester geweiht. Nach der Wende hat er ein theologisches Studium nachgeholt. Er arbeitet heute als Professor in Prag und ist in päpstlichen Räten aktiv.

[32] *Halík*, Geduld, 14.

[33] Siehe dazu *Fuchs*, Religionskritik.

sondern aus ihm den Mut zum Betreten der Wolke des Geheimnisses schöpfen. Der Glaube ist die Kunst, mit dem Geheimnis und mit den Paradoxien des Lebens zu leben."[34] Mit Paradoxien leben heißt, die Spannung zwischen den Gegensätzen der Existenz nicht einseitig aufzulösen. Mit Gott zu rechnen, kann eine Ressource sein, um auf Unsicherheiten nicht mit totalitärer Gewalt oder nihilistischer Ohnmacht zu reagieren. Doch dann darf nicht einfach auf die „Cancel-Taste" gedrückt werden, wenn es um die Unbegreifbarkeit Gottes geht. Halík beschreibt jene problematischen Optionen, die eine zu starre Sicherheit verheißen:

> „Nicht selten ist der Mensch in der Welt sowie in seinem Inneren dem Schweigen Gottes ausgeliefert. … Der Atheismus deutet Gottes Schweigen als Beweis, dass Gott gestorben ist oder nie existiert hat; der oberflächliche Glaube unterbricht Gottes Schweigen mit seinen eigenen Antworten; der Fundamentalismus rezitiert seine erlernten ‚ewigen Wahrheiten'; der pietistische Enthusiasmus suggeriert sich fromme Gemütsverfassungen und Gefühle."[35]

Allen fehlt, so Halíks zentraler Buchtitel, die „Geduld mit Gott". Der entscheidende Unterschied verläuft auch hier nicht zwischen religiös und atheistisch, sondern ob jemand wirklich geduldig mit der Unverfügbarkeit menschlicher Existenz rechnet oder nicht. „Atheismus, religiöser Fundamentalismus und leichtgläubiger religiöser Enthusiasmus sind sich auffallend ähnlich in dem, wie schnell sie fertig sind mit dem Geheimnis, das wir Gott nennen – und eben deshalb sind alle diese drei Positionen für mich in gleichem Maße unannehmbar."[36] In diesem Sinne hält christliche Spiritualität keine fertigen Antworten bereit, sondern: Übungen zum angstfreien Umgang mit den Paradoxien von Gott und Welt. „Wir sind nicht in die Welt gesandt worden, um sie für Christus zu erobern, um ‚Kulturkriege' gegen Nichtgläubige zu führen oder die Engel des jüngsten Gerichts zu spielen und ungeduldig oder stolz zu versuchen, den Weizen vom Unkraut zu trennen. Wir wurden in die Welt gesandt, um Nutzen zu bringen."[37] Worin besteht der spezifische Beitrag der christlichen Tradition? „Das Christentum ist eine Religion des Paradoxen. Wenn wir von den großen Mystikern des Christentums lernen, in unserer Theologie, Spiritualität und Seelsorgepraxis keine

---

[34] Halík, SpielArten, 287.
[35] Halík, SpielArten, 287 f.
[36] Halík, Geduld, 9.
[37] Halík, SpielArten, 288.

Angst vor Paradoxien zu haben, dann können wir der Kirche sowie der gegenwärtigen Welt etwas sehr Wertvolles bieten."[38]

Kurz: Es kommt darauf an, bei allem, was wir von Gott wissen und erfahren, nie seine unverfügbare Geheimnishaftigkeit zu vergessen, indem man sie mit den eigenen Projektionen ausfüllt. Das Evangelium ist kein sanftes Ruhekissen. Es fordert dazu auf, sich vom Risiko und den Gefährdungen des Lebens beunruhigen zu lassen. Drei kriteriologische Spuren scheinen mir heute jeweils Unterschiede zu markieren, die wirklich einen Unterschied machen.

3.2 Kriteriologische Spuren: Unverfügbarkeit, Ausgesetztheit, Anonymität

Unverfügbarkeit Gottes: „Man muss Platz für den Herrn lassen" (Papst Franziskus)

Ich möchte mit dem beginnen, was Gotthard Fuchs in seinem Vortrag[39] ganz zum Schluss noch nachgeschoben, und damit dann doch auch besonders betont, gesagt hat. Dass nämlich alle Aussagen über Gott immer im Rahmen negativer Theologie erfolgen – zumindest in der christlichen Spur: Gott ist in allen Dingen – aber nichts in der Welt ist Gott. In der Tat: Solche Paradoxien muss man theologisch denken und pastoral für das Leben aufschließen können. Dass Gott für uns Menschen nicht verfügbar ist, darin liegt, glaube ich, großes, religionskritisches Gewicht. Der von der christlichen Tradition bezeugte Glaube hat immer etwas von einem freimütigen Risiko auf eine Wahrheit zu setzen, die uns letztlich entzogen bleibt. Er ist das „Vielleicht" einer Hoffnung auf Rettung, auf gelingendes Leben. Eine letzte Glaubens-Sicherheit kann es in unseren Gefilden nicht geben. Aber genau darin kommt Gott uns mit seiner Treue als der immer ganz Andere entgegen. Papst Franziskus hat das zu Beginn seines Pontifikats unglaublich treffend gesagt:

> „Wenn jemand behauptet, er sei Gott mit absoluter Sicherheit begegnet, und nicht berührt ist von einem Schatten der Unsicherheit, dann läuft etwas schief. ... Wenn einer Antworten auf alle Fragen hat, dann ist das Beweis

---

[38] Ebd.
[39] Siehe Anm. 14.

dafür, dass Gott nicht mit ihm ist. … Man muss Platz für den Herrn lassen, nicht für unsere Sicherheiten."[40]

Vom verletzbaren Leben berührt und verändert werden

Der zweite Aspekt liegt in der Verletzbarkeit der menschlichen Existenz[41], der sich Gott selbst in Jesus aus Nazareth bis in den Tod hinein ausgesetzt hat. Es geht im Christentum nicht primär um Glauben als exklusives religiöses Besserwissen, sondern um die befreiende Erfahrung des Neubeginns, um das, was sich von Gott her hier und jetzt an Horizonten auftut, auch wenn es nicht so benannt wird. Vom biblischen Zeugnis her gibt es eigentlich keine Kirchenbildung um des religiösen Erlebnisses willen, sondern um der Lebensmöglichkeiten des je anderen Menschen willen. Das ist die Pointe der Reich-Gottes-Botschaft Jesu. Das Evangelium stellt keine zusätzlichen, religiösen Forderungen an uns. Es geht allein um das Wagnis, sich vom verwundeten Leben des Anderen mit all seinen Abgründen bis in den Kern des Glaubens und der eigenen personalen und sozialen Existenz hinein berühren zu lassen: „Blinde sehen wieder, und Lahme gehen … und den Armen wird das Evangelium verkündet" (Mt 11,5). Denn genau darin liegt doch der immer wieder aufbrechende heiße Kern biblischer Traditionen: einen Gott zu bezeugen, der bis in all unsere Verletzungen, in all unsere Existenzängste und Glaubenszweifel hinein ein letztlich befreiendes Ereignis gewesen sein wird.

Von Beginn an verweisen die großen spirituellen Traditionen auf diese ganz einfache Lebenspraxis, die Umkehr zum verletzbaren Leben der Anderen. Bei dem Mystiker Aphrahat (gest. 345), dem ältesten syrisch-persischen Kirchenvater, kann man lesen: „Begnüg dich nicht mit dem ‚Vergib mir!', sondern erquicke die Zerschlagenen, besuch die Kranken, versorg die Armen! Das ist Gebet!"[42]

Anonymität: kein Zwang zur religiösen Ausdrücklichkeit

Die einzige Forderung des Evangeliums ist damit ein Zum-Leben-Kommen des jeweils Anderen, ohne ihn intentional zu verändern, also weder in eine Gemeinde noch in ein religiöses Bekenntnis hineinzumanövrieren. Ottmar Fuchs formuliert das sehr treffend:

---

[40] *Spadaro*, Interview.
[41] Vgl. dazu *Hoyer*, Seelsorge, sowie *Keul*, Inkarnation.
[42] Fontes Christiana 5,1, Aphr. Demonstr. 4, 14, zitiert nach *Budde*, Tagzeiten, 43.

„Es muss nicht sein, Gott in religiösen Sprachspielen thematisiert zu haben, und es muss auch nicht sein, an Gott zu glauben. … Christen und Christinnen zeigen, dass es … guttut, dass es Ressourcen und Kräfte schenkt … an einen solchen Gott glauben zu dürfen. … Aber es gibt keine nötigenden … Gründe, glauben zu müssen, um das Heil zu erlangen. Kein Mensch muss glauben, um von Gott geliebt zu werden, dies ist ohnehin der Fall. Der Glaube ist nicht die Bedingung der Liebe Gottes, sondern der Beginn ihres Bewusst- und Innewerdens. … Deshalb sind weder die Kirchen- noch die Glaubensgrenzen mit den Heilsgrenzen identisch. Genau das ist ein unveräußerlicher Inhalt des christlichen Glaubens selber, dass Gott alle Menschen unerschöpflich in sein Heil aufnimmt."[43]

Mit der Wirklichkeit Gottes ist nicht nur dort zu rechnen, wo er explizit benannt und wo ausdrücklich an ihn geglaubt wird. Die Art seines Erscheinens ist nicht die sichere Identifizierung, sondern die überraschende Entdeckung. Spirituell wird es deshalb darauf ankommen, einem pastoralen Ereignis des Evangeliums, wo auch immer es denn passiert, wirklich zu trauen. Und zwar auch dann, wenn damit kein Gemeindemitglied gewonnen wird und man nicht weiß, ob eine Geschichte mit Gott gerade begonnen, fortgesetzt oder unterbrochen wurde.

4. Exemplarisches

4.1 Lebenswendenfeiern

Das säkulare Leben ist eine Option, von der Gotthard Fuchs zu Recht sagt, dass sie von Gott her ausdrücklich gewollt sei. In Ostdeutschland ist sie breite Realität. Und das hat mehr mit der pastoralen Wirklichkeit in den alten Bundesländern zu tun, als man dort meist glaubt. Es gibt sogar Dinge zu entdecken. Man könnte sagen, im atheistischen Ostdeutschland zeigt sich in struktureller Sichtbarkeit zugespitzt der säkulare Rahmen aller Pastoral, wie er in der westdeutschen Klage sichtbar wird: „Die jungen Leute wissen ja gar nichts mehr vom Glauben." Zumindest nicht so, wie man es in Kirchen lange Zeit lernen sollte. Christel Gärtner hat hier deutlich gemacht, dass umgekehrt Deutungsoffenheit zur Voraussetzung religiöser Bildungsprozesse geworden ist. Es darf nicht immer alles schon klar sein. Erst dann kann man sich mit seiner eigenen Biographie quasi einklinken. Wenn zu viel Bedeutung schon festgelegt ist, dann ereignet sich nichts mehr.

---

[43] *Fuchs*, Wer's glaubt, wird selig, 119 f.

Seit 1998 gibt es in Erfurt die „Feier der Lebenswende" für konfessionslose Jugendliche.[44] Diese rituelle Innovation entstand aus dem Bedürfnis ostdeutscher Jugendlicher nach einer sichtbaren Zäsur an der Wende vom Jugend- ins Erwachsenenalter. Weder die kirchlichen Binnenriten (Firmung/Konfirmation) noch die sozialistische Jugendweihe waren für diese Jugendlichen irgendwie passend. Also hat man etwas Neues erfunden, ohne gleich zu wissen, was es bedeutet.

> „Auf der Grundlage christlicher Literatur wird bei den Vorbereitungstreffen über die Lebenswende vom Kind zum Jugendlichen und Erwachsenen nachgedacht. Mit dem Erfurter Dom erhielt diese Feier einen Ort, der zur Besinnung, Feier und Freude über den bewußten Schritt in einen neuen Lebensabschnitt einlädt. … Außerdem gestaltet jeder Jugendliche als Symbol seines Lebensweges ein langes, farbiges Seidentuch in seinen Lieblingsfarben. Das Tuch wird von den Eltern zu Beginn der Feier auf den Altarstufen ausgebreitet. Während der Feier sprechen die Jugendlichen von ihrem Lebensweg. Als Zeichen der Hoffnung auf eine gute Zukunft erhalten die Jugendlichen am Schluss der Feier eine Kerze. Die Feier schließt mit der Bitte um Segen für die Jugendlichen und ihre Familien."[45]

Aus der Perspektive der pfarrlichen Kirchen-Struktur, die in konzentrischen Kreisen um ein (gemeindlich-liturgisches) Zentrum herum gebaut ist, löst das vor allem Verwunderung aus. „Wie kann man glaubenslose Menschen in einen Dom hineinlassen, um dort eine Art heiliger Anonymität zur Aufführung zu bringen, ohne damit ein missionarisches Defizit am expliziten Glauben zum Ausdruck zu bringen."[46] Der wirkliche und richtige Glaube werde überhaupt nicht thematisiert.

Andererseits lassen sich hier genau jene Kategorien entdecken, die einer verflüssigten und ereignisoffenen Kirchenbildung entsprechen: mögliche Anonymität, Gastfreundschaft und Verzicht auf religiöse Biographieprägemacht. Kirche stellt aus der eigenen Tradition heraus ein Setting zur Verfügung, ohne sozial oder auf andere Art intentional genau bestimmen zu können, was für die Menschen darin letztlich passiert. Für Hans-Joachim Sander sind „Lebenswendenfeiern ein niederschwelliges Angebot … so etwas wie ein *rite de passage* … (der) … den Übergang vom Raum des

---

[44] Vgl. dazu online: http://www.bistum-erfurt.de/front_content.php?idcat=1966 (Zugriff am 05.08.2015).

[45] Dieser Text findet sich auf der Homepage unter: http://www.bistum-erfurt.de/front_content.php?idcat=1966 (Zugriff am 24.01.2015).

[46] *Sander*, Gott , 284.

Glaubens in den Raum des Lebens fließend macht ..."[47]. Und diese Verflüssigung ist ein Gewinn, kein Ausverkauf. Das ist erklärungsbedürftig.

Wer Kirche als Vergemeinschaftung um ein heiliges Zentrum versteht, erkennt in den Lebenswendenfeiern nur eine ungenügende Defizitform, die man aus missionarischer Not anbietet, um Menschen neugierig zu machen auf das eindeutige Mehr des Zentrums. Kritiker sagen, man verkaufe nur eine leere Brotbox, die billig zu haben sei. Auch hier sieht man mehr und anderes, wenn man sich auf Paradoxien einlässt. Denn im säkularen Zeitalter[48] kann sich oft erst in diesen fließenden, etwas unbestimmten Situationen Entscheidendes vom Evangelium ereignen.

> „Für den Glauben des Konzils reicht es einfach nicht aus, Menschen gefüllte Brotdosen zu überreichen; das respektiert zu wenig, was sie in ihrem Leben als eine Erfüllung finden werden, die nicht schon mit der Glaubensbotschaft gegeben ist. Die leere Brotdose ... muss jeweils eigens in den Stationen des Lebens gefüllt werden."[49]

Das Zerfließen der Innen/Außen-Grenze, sowohl was die Sozialform Kirche als auch was die Eindeutigkeit der Glaubenssprache angeht, gibt das Evangelium erst dafür frei, dass es im Leben von Menschen präsent werden kann: Ihre Sehnsucht bekommt einen hinreichend unfestgelegten Ort.

> „Dann sind die Lebenswendenfeiern die Öffnung des Glaubens auf humane und gesellschaftliche Problemstellungen, denen dieser Glaube um des Heiles willen ausgesetzt ist, das er zur Sprache bringt. Hier wird kein Defizit wahrgenommen, sondern eine Aussetzung ..."[50]

So entsteht etwas Nächstes, nämlich die Umkehrung der alten sakramentenpastoralen Devise „Vertrauen ist gut, Kontrolle ist besser", nach der bis heute Kommunion- und Firmkatechese abläuft. Wenn in einer säkularen Liturgie die Anonymität Gottes als präsent vermutet wird, dann lautet das Prinzip: „Auf Kontrolle wird verzichtet, denn Vertrauen ist besser." Ver-

---

[47] *Sander*, Gott, 284. Ottmar Fuchs plädiert nicht nur für neue rituelle Formen, sondern für die soziale Entgrenzung der bekannten Sakramente selbst, für ihren gnadentheologisch begründeten „Ausverkauf" an alle, die nach Gottes Zuspruch für ihr Leben verlangen. Von daher schreibt Fuchs: „Es gibt eben nichts Niederschwelligeres als die Sakramente selbst" (*Fuchs*, Wir müssen gar nichts tun).

[48] Vgl. *Taylor*, Zeitalter.

[49] *Sander*, Gott, 282.

[50] Ebd., 281.

trauen in die beteiligten Menschen und zugleich Vertrauen auf Gottes anonyme Wege in unser aller Leben.

4.2 „Thank you for chosing catholic church?" Theologische Fragen an eine Selbstökonomisierung der Pastoral

Sie kennen sicher den Satz, mit dem sich die Bahn auch bei den englischsprachigen Fahrgästen bedankt: *„Thank you for chosing Deutsche Bahn today."* Die Bahn ist wirklich dankbar, denn sie steht in unmittelbarer Konkurrenz zu den Fluglinien, die ebenfalls von München nach Berlin transportieren und aus deren internationaler Mobilitätskultur die Wendung auch entlehnt ist. Neuerdings kommen auch noch die Fernbuslinien dazu. Der Satz zeigt: Die Bahn ist auf dem Markt. Und auf dem Markt ist der Kunde König, denn der hat die Wahlfreiheit. Man ist also dankbar, denn er hätte sich auch gegen die Deutsche Bahn entscheiden können. Müssten sich die Kirchen heute nicht ebenfalls bei ihren Gläubigen bedanken, dass sie gerade diese Glaubensoption gewählt haben: „Thank you for chosing catholic church?"

Es scheint so. Kirche ist Akteur auf dem Markt der Religionsanbieter und verhält sich eben genau so, wie sich auch andere Organisationen unter Konkurrenzbedingungen verhalten. Sie kämpft um Marktanteile, indem das eigene Profil umso klarer gegen andere Anbieter herausgestellt wird: das religiöse Profil gegen den Atheismus, das christliche Profil gegen andere Religionen, das katholische Profil gegen andere Spielarten des Christentums.

Nach dem bisher Gesagten beschleicht einen allerdings der Zweifel, ob diese exklusiven Identitäten wirklich zur inhaltlichen Profilierung im Sinne des Evangeliums beitragen. Kommt es nicht auch zu Rückkopplungseffekten der Marktlogik in den eigenen Bereich, zu einer schleichenden Selbstökonomisierung der religiösen und spirituellen Praktiken in der kirchlichen Pastoral? Damit ist gemeint, dass die Logik von Wettbewerb und Wachstum, das Ringen um Marktanteile, die Profilsehnsucht und Marketingorientierung das überformen, wenn nicht sogar ablösen, was die Identität der christlichen Überlieferung ausmacht. Es geht mir hier nicht um generelle Wirtschaftsfeindlichkeit. Man kann froh sein, wenn Kirchen solide und transparent wirtschaften und damit entsprechende institutionelle Ressourcen für Seelsorge und Diakonie zur Verfügung stehen. Doch die Sphären verschwimmen. Schon länger beobachten Soziologen eine Ökonomisierung des Sozialen.[51] Und im Bereich der Politikwissenschaften spricht Colin Crouch von Postdemokratie, weil die ökonomieförmige Vermarktung von Politik schleichend den demokratischen Diskurs überformt. Das erhöht die Sensibilität für den eigenen pastoralen Bereich. Wenn eine marktorientierte Gestaltung kirchlich gebundener Religiosität schleichend theologische Inhalte überlagert, könnte man dann nicht analog von „posttheologischen Praktiken" in der verfassten Kirche sprechen?

Das Tagungs-Motto „Sehnsucht" scheint da ein treffendes Stichwort. Und zwar nicht nur bei den Menschen, für deren Sehnsucht man da sein will, sondern auch im pastoralen Dienst selbst. In Zeiten, in denen das kirchliche Christentum weiter unter Druck ist, in denen sich die alten Festkörper der konstantinischen Formation weiter verflüssigen, flackert die Sehnsucht auf nach alter Größe und neuen Erfolgen auf dem Religionsmarkt. Deshalb tut es oft so gut, wenn die altvertrauten Angebote doch noch einmal funktionieren, wenn man von großen Zahlen berichten kann, 70 Kommunionkinder, 80 Firmlinge, 90 Anmeldungen für die Sehnsuchts-Tagung, Tausende am Weltjugendtag.

Doch was, wenn diese Sehnsucht nach dem Erfolg der eigenen Religionsgemeinschaft größer wird als die Sehnsucht danach, dass der je Andere auf eine vielleicht ganz fremde Art und Weise zum Leben kommt? Spiritualität heißt praktisch-theologisch eben vor allem: Welchen Gott bezeugt man in seinem Handeln? Was passiert theologisch, wenn sich pastorale Praxis vor allem an spirituellem und organisationskirchlichem Marketing orientiert? Wenn man vielleicht so begeistert ist, über die wirksame Herstellbarkeit religiöser Erlebnisse und kirchlicher Angebote, dass diese Begeisterung womöglich jede Ereignishaftigkeit und Unverfügbarkeit vom Anderen her schluckt – und damit eine entscheidende Spur des Gottes Jesu? Die Vermutung lautet: Weil man in bester Absicht versucht, auf dem Markt eine beliebige Verwechselbarkeit zu vermeiden, wird unter der Hand der profilierte Markterfolg zum entscheidenden Kriterium für das eigene pastorale Handeln. Dann wäre allerdings genau das passiert, wovor Bucher warnt: Kirche verfällt den Mechanismen des Marktes. „Denn dann holt einen ein, was damit verbunden ist: der religiöse Substanzverlust, der Verlust des Wissens, warum es einen gibt, unabhängig davon, welchen Erfolg man hat."[52] Vor allem aber bleibt dann der entscheidende Aspekt des christlichen Gottesbegriffs auf der Strecke, nämlich seine unverzweckbare Unverfügbarkeit jenseits von Markterfolg und Milieurückeroberung.

---

[51] Dazu etwa von Foucault her gedacht *Bröckling/Krasmann/Lemke*, Gouvernementalität.
[52] *Bucher*, Zukunft, 37.

Von der hier vorgeschlagenen Kriteriologie her würde das heißen: Sieht man der Rede von Gott und den geistlichen Praktiken an, dass sie über ihren Gegenstand nicht verfügen können? Das ist gar nicht so einfach, wenn das zugespitzte Profil gefragt ist. Da soll man genau wissen, wovon man redet, und eindeutig sagen, wofür man steht. Gerade von „Berufschristen" scheint diese Art von Glaubensgewissheit ja erwartet zu werden, egal ob in der Schule oder in der Predigt. Wie also vom Gott Jesu reden, wenn man den Druck zur eigenen, möglichst klaren Positionierung verspürt? Auch hier kann man unterscheiden. Als Erwartung an die Glaubwürdigkeit des eigenen Zeugnisses ist das völlig in Ordnung. Aber man darf wohl versuchen, darauf nicht unterhalb dessen zu reagieren, wofür man steht. Theologisch ist die treffende Orientierung eben oft gerade das geduldige Offenhalten einer eindeutigen Antwort … das Offen-halten auf Gott als das letzte Geheimnis unserer Existenz hin.[53] Wer zu schnell, zu sicher, zu überzeugt von Gott spricht, der verfehlt ihn wohl. Wem in seinem Reden und Handeln die Scheu noch anzumerken ist, dass man eigentlich nicht so von Gott reden kann, als sei es das Selbstverständlichste auf der Welt, nimmt den wirklich ernst, von dem er redet.

Ich plädiere sehr für die Ausweitung des pastoralen Möglichkeitssinns, aber nicht nach primär instrumentellen Erfolgskriterien, sondern entlang der eigenen Botschaft. Diese Botschaft vom Gott Jesu verwirklicht sich paradoxerweise besonders an *Orten des Umsonst*, die organisationskirchlich wenig „bringen", an denen lediglich punktuell alte Grenzziehungen zwischen Menschen ihre Bedeutung verlieren. Wenn etwa der muslimische Jugendliche in der katholischen Nachmittagsbetreuung so stabil und engagiert begleitet wird, dass er einen Ausbildungsplatz findet, verweist das auf jenen Samaritaner, der als Fremder mit anderem Glauben biblisch das Vorbild für die Nachfolge Jesu ist. Was sich bei Jesus zeigt, liegt eben manchmal quer zu einer „gesunden" ökonomischen Eigenlogik. Er heilt und befreit Menschen, die ihm begegnen, ohne sie zu Jüngern seiner religiösen Überzeugung zu machen.

> „Darin liegt etwas Ungeheures. Jesus bezeugt einen immensen Respekt vor der Freiheit jedes Einzelnen und davor, was seine einzigartige Begabung ist. Er verweist lediglich auf die Wahrheit seiner Existenz: ‚Steh auf, nimm deine Tragbahre und geh in dein Haus', sagt er zu dem Gelähmten." (Mk 2,11)[54]

Oder in der fast mystischen Sprache Michel de Certeaus:

---

[53] Vgl. dazu *Halík*, Geduld.
[54] *Bacq*, Erneuerung, 52.

„Glauben heißt … seinen Ort verlassen, … mithin auf Besitz und Erbe verzichten, um der Stimme des Anderen ausgeliefert und … von seiner Antwort anhängig zu sein. Derart vom Anderen den Tod und das Leben zu erwarten … – das ist es, was der gläubige Schnitt … ins Funktionieren jedes Systems einführt, was mit Glaube und Liebe auch gemeint ist oder was repräsentiert wird durch die Gestalt des wandernden, nackten und ausgelieferten Jesus, der ohne Ort, ohne Macht … ist, … verwundet vom Fremden, konvertiert zum Anderen, ohne von diesem gehalten zu werden."[55]

Die entscheidende biblische Botschaft lautet: Wichtig ist nicht, welche religiöse Beziehung *wir* zu Gott aufbauen, nicht was *wir* alles für Gott tun, wie viele Menschen wir zu Anhängern der eigenen Religion machen! Vom christlichen Glaubenshorizont her müssen wir uns unser Ansehen nicht durch besondere spirituelle Übungen erarbeiten, durch keine Missionserfolge und kein religiöses Marketing. Das alles kann man tun. Aber entscheidend dabei ist, was Gott als das letzte Geheimnis unser aller Existenz für eine Beziehung *zu uns* aufgebaut hat.[56] Dass wir nämlich von ihm her nie unser Gesicht verlieren können. Dass Gott treu ist, auch wenn wir untreu sind (2 Tim 2,13). Dass jeder Mensch von Gott her bedingungslos angenommen und geliebt ist.

„Wer etwas wagt, den enttäuscht der Herr nicht, und wenn jemand einen kleinen Schritt auf Jesus zu macht, entdeckt er, dass dieser bereits mit offenen Armen auf sein Kommen wartet …. Ein ums andere Mal lädt er uns wieder auf seine Schultern" (Evangelii gaudium 3).

---

[55] *de Certeau*, GlaubensSchwachheit, 241 f.
[56] Zur erkenntnistheoretischen Begründung dieser Position vgl. *Schüßler*, Realismus.

Denken und Lieben

Zum Verhältnis von Spiritualität und theologischer Erkenntnislehre

Roman A. Siebenrock

> „In diesem Sinn will ich diesen Satz von der Einladung zu dem Versuch, Gott zu denken, jetzt korrigieren und sagen: Ich lade ein, Gott zu lieben."[1]

In Erinnerung an die biblische Erfahrungsgestalt, in der ‚erkennen' und ‚lieben', bzw. ‚sexuell begegnen' mit demselben Wort benannt werden, interpretiert Dorothee Sölle das philosophische Denken wortwörtlich: Liebe zur Weisheit. Doch diese Liebe, wie jede wahre, war und ist anspruchsvoll. Die frühen christlichen Schriftsteller, Apologeten und Kirchenväter haben den epochalen, bis heute wirksamen Schritt gewagt, die eigene Glaubensüberzeugung der religionskritischsten Strömung der Antike auszusetzen[2] – eben jener Philosophie, die in ihrer philosophischen Theologie seit Platon den ‚Theologen' als ‚Gottes-Schwätzer' nicht trauten. Sie würden aus opportunistischen Gründen lügen, weil sie die Rede von Gott anderen Interessen bewusst auslieferten. In der Philosophie, der Liebe zur Wahrheit, hingegen, ginge es allein um die Wahrheit der Dinge, die mit radikaler Exklusivität zu suchen sei. Daher müsse für alle Gottrede gelten:

> „Wie Gott ist seinem Wesen nach, so muß er auch immer dargestellt werden, mag einer im Epos von ihm dichten oder in Liedern oder in der Tragödie. So muß es sein. Nun ist doch Gott wesentlich gut und auch so darzustellen …"[3].

---

[1] *Sölle*, Gott, 10–11; unmittelbar davor steht der Satz: „Vielleicht müssen wir zugeben, daß es zwei Arten von Erkenntnis gibt: die eine ist kognitiv und bedient sich des Logos, die andere folgt der Bedeutung, die das Wort ‚erkennen' im Hebräischen hat, wenn es zum Beispiel heißt: ‚Und Adam erkannte sein Weib Eva, und sie ward schwanger' (Gen 4,1) – sie entsteht durch Vereinigung mit dem zu Erkennenden".

[2] Diese Entscheidung ist die Grundlage für das Vernunft-Plädoyer von Joseph Ratzinger, Papst Benedikt XVI., das das ganze Werk wie ein roter Faden durchzieht (siehe seine Antrittsvorlesung: *Ratzinger/Benedikt XVI.*, Gott).

[3] *Platon*, Politeia, 379c. Nach der Überlieferung des Heiligen Augustinus hat Varro, ein Stoiker des ersten Jahrhunderts, eine dreifache Form der „Gott-Reden", also der „Theo-logien" vorgestellt. Das *genus fabulosum* der Dichter wie auch das *genus civile* der Staatsleute dienen der Unterhaltung und dem Nutzen. Aus diesem Grunde kann ihnen prinzipiell nicht getraut werden. Allein die Philosophen mühen sich im *genus naturale* um die Wahrheit Gottes, weil es in dieser Gestalt um die *natura*, d. h. um das Wesen Gottes geht (siehe: *Augustinus*, civitate, VI, 5–10).

So führt die Liebe zur Weisheit, d. h. die durch nichts irritierbare Suche nach der Wahrheit, fast mit innerer geschichtlicher Notwendigkeit in die Kritik an den Gewohnheiten der Gesellschaft. Und diese Gesellschaft reagierte schon damals höchst ungehalten.[4]

1. ‚Der Gott der Religion' in der Kritik der Philosophie und des Evangeliums

‚Kritik' als Unterscheidung ist das Herz jenes Unternehmens, das sich als ‚Freundschaft zur Weisheit' (‚Philo-sophie') versteht. Ihr Amt ist es, auf eigenes Risiko alle Erfahrung und jegliche Meinung auf ihre Bedeutung hin zu prüfen; und dabei sich selbst ebenfalls zu bemessen. Philosophie in diesem Sinne wird durch ihr Wagnis selbstreflexiver Kritik der Motor dessen, was wir europäische Aufklärung in all ihren Facetten nennen – und zu der immer auch die Kritik an der Aufklärung selbst mit den Mitteln des Arguments und der Erfahrung gehört. Auf diese intellektuelle Richtung im antiken Religionsdiskurs haben sich also die ersten christlichen Autoren, die öffentlich Rechenschaft über ihren Glauben ablegten, vorrangig eingelassen. Nicht die Dichtung, nicht die Staatsreligion, auch nicht primär die Mysterienreligionen wurden zum Maßstab, sondern die religionskritische Philosophie, die als Maßstab für jede Rede von Gott das Kriterium einführte: *agathos*/gut – und zwar als Vernunftkriterium. So wie Gott seinem Wesen nach sei, gut also, so müsse von ihm auch gesprochen werden. Die christlichen Vertreter der Heiligen Lehre, ‚Theologie' klang damals ja nach unterhaltsamer Dichtung und funktionaler Staatstauglichkeit, waren bereit, sich auf dieses Wagnis einzulassen, ja mehr noch: sie beanspruchten sogar, die ‚wahre Philosophie' zu verkünden. Dadurch aber kommt es zu einer impliziten und expliziten Rivalität zwischen beiden Ansprüchen. Der Philosophie ist es eigen, mit dem Licht der Vernunft die Schatten und Meinungen zu vertreiben. Dadurch geschieht ‚Aufklärung', ‚Illumination'. Der Glaube steht ebenfalls im Prozess der Aufklärung, insofern er meint, aus einer göttlichen Offenbarung (*apokalypse*/Aufdeckung; *revelatio*/Enthüllung) einen Blick auf die Welt und das menschliche Leben eröffnet bekommen zu haben, der alle menschlichen Möglichkeiten noch einmal in ein neues Licht setzt. Der Glaube übersteigt zwar die Vernunft, doch wird sie dadurch nicht zerstört. Vielmehr: Offenbarung klärt die Aufklärung über

---

[4] Als philosophischer Märtyrer überstrahlt der Lehrer Platons, Sokrates, der der Gottlosigkeit angeklagt wird, diesen Einsatz. Aristoteles, den das gleiche Urteil traf, zog es vor, zu emigrieren.

sich selbst auf. Aber die Vernunft wiederum klärt die Glaubenden bezüglich ihrer eigenen ‚Un-vernunft‘ auf. Nur in dieser doppelten Inklusion ist die eigentümlich Unruhe der europäischen Geistesgeschichte auszulegen. Ein solches Wagnis aber, wie könnte es anders sein, sind also die frühen Christen in mitunter heftigsten Auseinandersetzungen eingegangen.

Zwei Gründe scheinen dieses theologische Wagnis vor allem zu rechtfertigen. Das Projekt ‚Philosophie‘ trägt es in seinem eigenen Namen: Liebe und Wahrheit, bzw. Weisheit. Die freundschaftliche Liebe[5] besitzt nicht den anderen, sondern schenkt sich ihm ganz und steht in der Erfahrung, vom anderen selbst bereichert zu werden. Das philosophische Denken strebt nach der Weisheit, besitzt sie nicht. Die Liebe, jetzt als *Agape* ausgelegt, benennt nun aber auch das Herz des christlichen Glaubens. Auch diese Liebe besitzt nicht den anderen. Doch ist sie vom Geliebten deshalb erfüllt, weil diese Liebe aus der Erfahrung unverdienter Gabe lebt. Der erste Johannesbrief fasst die Dynamik von Glauben, in Gott sein, von seinem Geist beseelt sein und Lieben unübertreffbar zusammen (1Joh 4,5–21). Die *Agape* durchdringt die ganze christliche Existenz. Deshalb muss dieser Geist auch die theologische Erkenntnislehre inspirieren. Dann wäre vielleicht sogar im strengen Sinne theologische Erkenntnis, also die Erkenntnis Gottes, nur in der Form der Liebe möglich; und das ‚Göttliche‘ wäre nicht nur das ‚Gute‘, sondern zudem oder darin ‚das nicht zu überbietende Liebenswerte‘. Auch die Glaubwürdigkeit der Theologie, des ‚Sprechens von Gott‘, wäre daran zu messen. Denn an diesem Kriterium unterscheidet der Johannesbrief den Geist der Wahrheit vom Geist des Irrtums. Nur wer liebt, erkennt Gott, und nur an der Liebe ist Gott erkennbar; ja auch an der konkreten Liebe zum Nächsten, die sogar das Kriterium der Gottesliebe in der Differenz von Sichtbarkeit und Unsichtbarkeit darstellt (1Joh 4,20). Die *Agape* ist also in doppelter Perspektive das Kriterium Gottes in der Welt: sowohl in der Erkennbarkeit nach außen, als auch in der tätigen Liebe zum Nächsten als Glaubwürdigkeit der eigenen Liebe zu Gott. Diese *Agape* klärt uns also über die Wahrheit unseres eigenen Glaubens auf.

Die hier gemeinte Liebe ist kein reziprokes Verhältnis, also kein ‚wie Du mir, so ich Dir‘ im Sinne der keinesfalls nur altrömischen Religionslogik: *do ut des*. Diese *Agape* ist von der Priorität des ‚zuerst‘ bestimmt. Denn Gott hat uns zuerst geliebt. Diese vorausgehende Liebe Gottes zu uns ist sichtbar und

---

[5] In der griechischen Sprache konnten drei Formen der ‚Liebe‘ begrifflich unterschieden werden. Als *Eros* wurde die bedürftige, auch stark sexuell geprägte ‚Liebe‘ bezeichnet. *Philia* bezeichnet die ‚Liebe‘ als Freundschaft, die das Moment der Bedürftigkeit im Lebensteilen zwischen Menschen aufhebt, weil die *Philia* das Wohl des Anderen sucht. Die *Agape* schließlich ist jene Form der Liebe, die in radikaler Hingabe das Wohl des anderen in radikaler ‚Selbstvergessenheit‘ sucht. Sie ist reine Hingabe.

greifbarer geworden in unserer Geschichte in der Hingabe des Sohnes, in dem Gott bleibt und der in Gott bleibt, zu unserer Versöhnung. In dieser Liebe zu bleiben wäre unsere Vollkommenheit, die allein durch den Geist realisiert wird. Daher, so die Verse, bleibt der in der Liebe, der in Gott bleibt – und wer so liebt, ist in Gott. Damit gibt es einen kleinen, aber markanten Unterschied zur ‚Philosophie‘, oder vielleicht zu einer bestimmten Auffassung von Philosophie. Beide sind Suchende, doch Glaubende suchen das Glück als Gefundene.[6]

2. Fides et ratio – caritate formata als Strukturprinzipien einer theologischen Erkenntnislehre

Damit kann die genaue Fragestellung dieses kleinen Beitrags präzisiert werden. Das Glauben und Vernunft in der katholischen Tradition im theologischen Erkennen konvergieren, gehört zu jenen Selbstverständlichkeiten, die wohl in Erinnerung gerufen, aber nicht eigens benannt werden müssen. Am Beginn des 21. Jahrhunderts, da uns die Pathologien der Religion und der Vernunft in den Knochen stecken, kann diese Aussage nicht mehr naiv wiederholt werden, sie muss präzisiert werden. Mein Vorschlag lautet: ‚Glauben und Vernunft – in der Liebe geformt‘! Deshalb ist nun die Konvergenz von der philosophischen Freundschaftsliebe zur Weisheit, die dem *Eros* der Wahrheit entspringt, zu der Gabe der *Agape* des neuen Seins in Christus zu erkunden. Deshalb frage ich nicht nach einer Ethik in der Erkenntnislehre, sondern nach den Voraussetzungen einer Erkenntnis (und damit auch jeder Reflexion auf Sollensurteile), die in sich selbst die Spuren jener Liebe zu zeigen vermag, die anderen als göttliche Spur aufzugehen vermag. Gibt es eine Erkenntnis, an der allein schon die göttliche Gegenwart abzulesen ist? Gibt es ein Sprechen und Handeln, an dem die Gegenwart Gottes aufgeht?[7] Ein solches Zeigen der Wahrheit, ich suche tastend nach einer ersten Orientierung in der christlichen Tradition, müsste jenen Merkmalen entsprechen, die der Gestalt der Liebe Gottes unter uns ent-

---

[6] Im Gedenken an seine Frau Dorothee Sölle zitiert Fulbert Steffensky eine Aussage aus ihrem letzten Vortrag: „Wir beginnen den Weg zum Glück nicht als Suchende, sondern als schon Gefundene. Das ist die köstliche Formulierung dessen, was wir Gnade nennen" (*Steffensky*, Nachwort, 107 f.). Auch Karl Rahner nannte den Menschen „das Gefundene", weil in ihm verborgen Gott lebt (*Rahner*, Not, 71).

[7] Schon der Traktat Ludwig Wittgensteins wird durch die eigentümliche Spannung von Sagen und Zeigen bestimmt. Was sich nicht sagen lässt, zeigt sich aber durch dieses Sagen. Im Traktat hat diese Unterscheidung den Sinn, die Grenzen des Sinns nicht mit den Grenzen empirischen Wissens zu identifizieren, weil die Feststellung dieser Grenzen selbst nicht empirisch sein kann (*Glock*, Art. Sagen/Zeigen, 310).

sprechen, Jesus von Nazareth, als dem Gekreuzigten, der lebt. Eine solche Wahrheit müsste versöhnend jeden Bruder, jede Schwester umfassen, denen die Hingabe Christi gegolten hat. Und jene Wahrheit dürfte jener Gestalt nicht unähnlich sein, die noch als Toter die Kirche aus Wasser und Blut gebar. Die gesuchte Wahrheitsgestalt müsste an sich selber die Spuren der letzten und bleibenden Macht in Welt und Geschichte tragen – die Spuren des Gekreuzigten am verklärten Leib des Auferstandenen. Und dennoch müsste diese Wahrheit so als die letzte Macht des vollkommenen Lebens in unserer Zeit aufleuchten können, dass sie es wert wäre, frei auf ewig gewollt zu werden, um in ihr vollendet zu werden. Nur so ließe sich dieses vorläufige Zeichen der Vollendung als mögliches letztes Ziel aller Geschöpfe erhoffen.[8]

Das christliche Denken kann sich auf eine Philosophie, als Liebe zur Wahrheit, auch deshalb einlassen, weil die Glaubenden davon überzeugt sein können, in jenem Sinne die wahre Philosophie zu vermitteln, als sie die Wahrheit über Gott und den Menschen in seiner Herkunft und letzten Bestimmung, sowie über die Wege der Vollkommenheit in der Verwirklichung des Menschseins zu bezeugen wagen.[9] Damit weiß sie sich mit der Philosophie im Suchen nach der Wahrheit verbunden, rivalisierend und befruchtend wie die Geschichte es in reichem Maße zeigt.[10] Auf der anderen Seite weiß der Glauben auch, dass alle Menschen, die die Wahrheit mit ganzem Herzen suchen, Gott suchen; ob sie es wissen oder nicht.[11]

Während die Philosophie aus Erfahrung und eigenem Denken allein diese Wahrheit sucht, sucht der Glaubende als eine Person, die der Über-

---

[8] Das formale Kriterium verbindet also die Wirklichkeit Gottes mit einem möglichen unbedingten Ziel des Menschen. Das Kriterium ‚Leben' wird schon von Boethius als Bestimmung der Ewigkeit in Anspruch genommen: „Ewigkeit ist des nicht-endenden Lebens ganzer und zugleich vollkommener Besitz (*aeternitas est interminabilis vitae tota simul et perfecta possessio*)" (*Boethius*, Trost, V, 6).

[9] Die überkommene Rede von der *vera religio*, der ‚wahren Religion' ist nicht nur epistemologisch, sondern vor allem pragmatisch zu erneuern. Denn die ‚wahre Religion' entscheidet sich in der Geschichte weniger an ihren Behauptungen, sondern an ihrer inneren Stimmigkeit in der Konvergenz von Überzeugungsanspruch und Zeugnisgestalt. Die ‚wahre Religion' ist als solche zu suchen, die die endgültige Wahrheit in Anerkennung der Würde und Freiheit aller Menschen mit dem Einsatz für Gerechtigkeit und Frieden so verbindet, dass in ihr Gottes Gabe als letzte Macht im Zeichen seiner gewaltfreien ZeugInnen aufzuleuchten vermag. Das ist gewiss ein Kriterium, das dem Evangelium abgelesen worden ist. Gibt es ein angemesseneres?

[10] Als einführende Überblicke siehe: *Pannenberg*, Theologie.

[11] Was nach Karl Rahner klingt, und auf Augustinus zurückweist, hat Edith Stein zum Tode Ihres Lehrers Edmund Husserl einer Mitschwester geschrieben: „Um meinen lieben Meister habe ich keine Sorgen. Es hat mir immer sehr fern gelegen zu denken, daß Gottes Barmherzigkeit sich an die Grenzen der sichtbaren Kirche binde. Gott ist die Wahrheit. Wer die Wahrheit sucht, der sucht Gott, ob ihm klar ist oder nicht." *Stein*, Selbstbildnis, 300 (Brief 542 vom 23.03.1938).

zeugung sein darf, nicht nur von Gott bereits gefunden, sondern in der Taufe schon durch Christus in Gott hinein verwandelt zu sein, wenn auch in unserer Pilgerzeit dieses Leben mit Christus in Gott verborgen ist (Kol 3,3). Auch Glaubende sind daher immer pilgernd unterwegs als Suchende. Die Weise des Suchens also unterscheidet sie von der Philosophie. Weil aber dieses sie prägende ‚Gefundensein‘, dessen sakramentaler Ausdruck die Taufe ist, sie bewusst und ausdrücklich prägt, eignet diesem Suchen eine vorwegnehmende Orientierung am Beispiel Jesu Christi. Insofern aber wiederum jedes glaubende Suchen im Pilgerstand immer in ‚Schatten und Bildern‘, noch nicht im Schauen sich vollzieht[12], bleibt es immer auch auf eine endgültige Erfüllung ausgerichtet. Philosophie und Glauben haben daher nicht die Wahrheit, auch wenn sie in unterschiedlicher Weise, als liebende und als bezeugende Suchende, auf sie hin unterwegs sind; und nur in der Gestalt von Pilgerinnen[13] auf sie verweisen.

Ein Ausdruck, vielleicht sogar *der* Ausdruck dieses Suchens, sowohl des Denkens als auch des Glaubens, kann in dem gefunden werden, was wir wohl unvermeidbar vage als ‚Spiritualität‘ bezeichnen. Wenn ich also der Frage von Lieben und Erkennen im Kontext der Erkundungen in der spirituellen Landschaft heute nachgehe, bin ich sofort in die Vorfragen allen Erkennens und Lebens, in die Gestimmtheit unserer Herzen- und Seelenlandschaften verwiesen, die zu erkunden den größten Mut verlangt. Denn wirkliche Aufklärung beginnt erst dort, wo sie sich auf den Aufklärer selbst zurückwendet und nicht in Polemik gegen andere ergeht. Das *Sapere aude*, das Kant vorzugsweise auf Religionsangelegenheiten angewandt wissen wollte[14], muss vom Ursprung aller Aufklärung her heute neu ausgerichtet werden. Dieser Ursprung stand am Apollo-Tempel zu Dephi: „Erkenne Dich selbst! (Γνῶθι σεαυτόν)“. Insofern meine ich, dass eine ehrliche und offene Selbsterkenntnis heute der Probierstein aller Aufklärung ist. Dazu aber ist Spiritualität unerlässlich. Nur, welche?

---

[12] So Paulus in 1 Kor 13. Dieses Lied kann auch als Lobpreis eines Suchens verstanden werden, das unterwegs bleibt, auch wenn es gefunden worden ist. Das Kardinalsmotto von John Henry Newman fasst diesen Wegcharakter menschlicher Existenz in das Wort *ex umbris et imaginibus in veritatem* (siehe zu Newmans Lebenszeugnis die Biographie im Jahr seiner Seligsprechung: *Beaumont*, John Henry Newman; in deutscher Sprache das umfassende Lebensbild: *Biemer*, Wahrheit.

[13] Papst Benedikt XVI. hat 2011 nach Assisi auch Nicht-Glaubende unter dem Leitwort eingeladen: „Pilger der Wahrheit, Pilger des Friedens" (siehe: *Siebenrock/Tück*, Frieden).

[14] Siehe: *Kant*, Beantwortung, 60 f.

3. Das Fundament aller theologischen Erkenntnislehre: Was bedeutet das Wort ‚G.O.T.T.'?

Wenn nun das Verhältnis von Denken und Lieben, von rationalem Denken, geschichtlicher Vorgabe und emotional-gemüthafter Tiefenprägung der Erkenntnissubjekte erkundet werden soll, kann das hier nur exemplarisch geschehen. Ich wähle aber ein Beispiel, das sich durch alle Erkenntnisansprüche der Theologie deshalb hindurchzieht, weil alle Aussagen der Theologie mit Gott zu tun haben. Aber was bedeutet dieses Wort ‚Gott'? In einer Zeit, in der vor allem der Sinn des Grundwortes einer Wissenschaft fraglich geworden ist, ist die Besinnung auf die Voraussetzung aller unserer Glaubensrede dringlicher als alles andere. Nie war sie deshalb wichtiger denn heute: eine radikale, an die Wurzeln rührende Theologie. Doch was ist nun wiederum mit dem Wort ‚Theologie' gemeint?

Theologie als methodisch reflektierte Aufgabe, unser alltägliches Sprechen von, über und zu Gott zu reflektieren, ist getragen von der Hoffnung, dass in diesem unserem menschlichen Reden Gott so zu Wort kommen kann, dass in unserer Rede Gottes ureigenes Wort zum Ausdruck kommt, ja sich vielleicht sogar ereignet.[15] Die theologische Erkenntnislehre ist deshalb die Lehre von den Regeln, Vorgehensweisen und Quellen, die ein solches Reden ermöglicht und als begründet bzw. gerechtfertigt ausweist. Ausgangspunkt einer solchen Regelkunst sind die unterschiedlichsten Behauptungen und Überzeugungen, die insofern als Glaubensüberzeugungen angesprochen werden müssen, weil sie sich auf die verschiedensten Weisen durch Gott ermöglicht oder gar autorisiert ausgeben. Die klassischen Orte, Quellen zuerst genannt, für solche Begründungen bilden heute drei unterschiedliche, aber immer wieder miteinander vermittelte Autoritätsfelder im christlichen Bereich: die Heilige Schrift, die eigene Erfahrung und das kirchliche Lehramt, die in spannungsreicher Beziehung zu prinzipiell allen stehen, die zur Erkenntnis des Menschen und unserer Welt beitragen. Die weitere Differenzierung dieser Orientierung wird seit Melchior Cano (†1560) in der theologischen Topologie, den *Loci theologici* dargelegt, die mit und nach dem Zweiten Vatikanischen Konzil erheblich erweitert und neu strukturiert worden ist.[16] Diese Orte werden dann, wie könnte es heute

---

[15] „Prüfstein einer großen Theologie oder eines großen Theologen und von Theologie überhaupt ist deshalb letztlich weder im Grad der Wissenschaftlichkeit noch in der Art des theologischen Diskurses zu suchen, sondern darin, ob und wie es gelingt, die Wirklichkeit Gottes angemessen zur Sprache zu bringen." (*Seckler*, Theologie, 180).

[16] Eine Übersicht über diese Entwicklung bei: *Körner*, Melchior Cano. Zur neueren Entwicklung sei verwiesen im Blick auf das Konzil auf: *Hünermann*, Prinzipienlehre und *Körner*, Orte.

anders sein, pluralisiert und nicht nur auf ihre Aussagen, sondern auch auf ihre vielfältigen Lebensformen hin befragt.

3.1 ‚G.O.T.T.': eine theologisch-semantische Übung

Weil unter solchen Voraussetzungen immer eine Pluralität von hinreichend gerechtfertigten Theologien generiert wird, stellt sich die Frage, ob nicht eine formale und integrierende Bestimmung dessen möglich sei, was in den so verschiedenen Zeichen, Orten und Reden, die ja immer aus dem Leben- und Zeichenkontext einer bestimmten geschichtlichen Kultur schöpfen, nur sehr plural und heterogen zum Ausdruck kommen kann. Dieses Anliegen soll hier mit der Frage eingeleitet werden: „Was meine ich, wenn ich sage ‚Gott'?" Diese Frage aber muss heute verfremdet werden. Diese Verfremdung zeige ich hier mit dem Platzhalter ‚G.O.T.T.' an. Deshalb müssen wir zuerst danach fragen, was denn das für ein Wort sei. Mit solchem Fragen ist das Eingeständnis verbunden, dass das Wort ‚Gott' in höchstem Maß missbraucht worden ist. Es ist nach Rahner „ein erblindetes Antlitz"[17] geworden und nach Buber in einem Meer von Blut ertrunken.[18] Und diese Zeiten sind wieder gekommen. Was wird denn gerade heute nicht alles mit diesem Namen gerechtfertigt! Deshalb ist es heute der Theologie nachdrücklich aufgetragen, zur Kultivierung des Gebrauchs des Wortes ‚Gott' beizutragen. Auch, um diese prekäre Lage anzuzeigen, verwende ich die Chiffre ‚G.O.T.T.'. Wenn dies englisch ausgesprochen wird ‚Tschi – au – ti – ti' dann klingt es wie eine Marke oder wie ein Rätsel. Das ist beabsichtigt. Diese Verfremdung will aber auch darauf aufmerksam machen, dass dieses Wort etwas anzeigt, was gar nicht mit unseren alltäglichen Benennungen in eins kommt. Was auch immer unter diesem Wort verstanden werden mag, es passt nicht in unsere ‚normale' Alltagssprache. Deshalb muss unsere kleine semantische Einübung drei Schritte umfassen. Im ersten Schritt bestimmen wir die Wortart. Im zweiten Schritt suchen wir nach einer formal-offenen Explikation, die hinreichend klar ist, um die verschiedensten Ansprüche und Erfahrungen zu durchmustern. Im dritten Schritt wollen wir diese Musterung an einigen Beispielen durchführen. Erst dann kann verdeutlicht werden, welche Bedeutung der ‚Spiritualität' in der theologischen Erkenntnislehre zukommt – und zwar grundlegend.

---

[17] *Rahner*, Grundkurs, 50.
[18] *Buber*, Gottesfinsternis, 508–510.

3.1.1 Was ist das für ein Wort: ‚G.O.T.T.'?

Für die Bestimmung des Wortes gibt es derzeit drei möglich Kandidaten. Das Wort ‚G.O.T.T' könnte wie ein Eigenname gebraucht werden. Wenn ich näher darüber Auskunft geben sollte, was oder wer mit einem ‚Eigennamen' gemeint sei, dann muss ich auf Erfahrungen und Geschichten rekurrieren, in denen mir eine Begegnung mit dieser Wirklichkeit zuteil geworden ist, wenigstens dem Anspruch nach. Diese Verwendung wird in den heiligen Schriften der monotheistischen Tradition bevorzugt verwendet. Daher wird die Wirklichkeit Gottes mit Menschen und deren Geschichte verbunden: ‚Der Gott Abrahams, Isaaks und Jakobs'. In einer solchen Verwendung ist die Vorstellung von Gott als einer Person mitgegeben, weil Akte der Begegnung und des Sprechen in aktiver und passiver Weise unlösbar mit dieser Bestimmung verbunden sind. Die Bestimmung als Eigenname lässt sowohl die Bildlosigkeit Gottes zu als auch das Verbot, den Namen direkt auszusprechen. Gerade durch solche Unterbrechungen wird der besondere Charakter der Wirklichkeit Gottes verstärkt.[19]

‚G.O.T.T.' kann zweitens als identifizierende Beschreibung oder als Prädikation verwendet werden. Der daraus sich ergebende ‚G-Begriff' kann zunächst als Qualifikation von Ereignissen und Zusammenhängen gedeutet werden, die einer anderen Mächtigkeit entspringen und die uns ergreifen, in der Natur und in unserem Inneren. So lässt sich das Göttliche in der griechischen Poetik bei Homer z. B. als Mächtigkeit im Ausbrechen des Krieges als ‚Mars' identifizieren oder als uns ergreifender Affekt, wie im Ereignis plötzlichen Verliebtseins, das dann als ‚Amors Pfeil' illustriert wird.[20] Wenn, wie im Monotheismus, als mögliche Wirklichkeit nur eine in Frage kommen kann, dann liegt die Aufgabe darin, eine solche individuelle Wirklichkeit mit den notwendigen und hinreichenden Prädikaten zu bestimmen.[21]

Als dritte Möglichkeit wird diskutiert, ob das Wort ein synkategorematischer Ausdruck sein könnte; also ein Indexical, das seine Bedeutung immer nur durch den Gesamtzusammenhang eines Sprechaktes gewinnt

---

[19] Siehe: *Dalferth*, Gott.

[20] „So habe ich mich entschlossen, statt von ‚Göttern' lieber von ‚Mächten' zu sprechen. Alles, was mächtig ist, tragend, fruchtbar, groß, in das unser Leben eingeordnet ist und das als Macht auch gefährlich sein kann – all das sind ‚Götter'. … Aber diese Mächte leben nicht nur in den Gewalten der Natur, sondern auch gleichzeitig in uns selbst, als Leidenschaften, Affekte, wie Liebe, Haß u. a., die ja nicht bloß Affekte sind, sondern Mächte, und die als wirkende Mächte für den Menschen jener Zeit auch göttliche Wesen sind" (*Schadewaldt*, Anfänge, 88). Schadewaldt weist dann darauf hin, dass die Griechen diese Mächtigkeit nicht als Magie, sondern als dem Seienden innewohnend verstanden hätten, also als Potenzen der Wirklichkeit.

[21] Siehe hierfür: *Kreiner*, Antlitz.

und das selbst diesen Kontext verändernd prägt. Dann könnte das Wort nur im Kontext von anderen Ausdrücken verwendet werden, weil es immer eben diesen Zusammenhang neu bestimmt; sowohl sprachlich als auch lebensweltlich. In der neueren Theologie wurde ‚Freiheit' oder ‚Zukunft' damit verbunden. Klaus Müller konnotiert damit „Selbstbewusstsein".[22] Papst Franziskus prägt hierfür die Haltung ein: „Barmherzigkeit". Die Bibel scheint mit diesem Wort Rettung, Friede und Gerechtigkeit (*shalom*) zu verbinden.

In meinem Vorschlag, zur Kultivierung des Wortes ‚G.O.T.T.' beizutragen, sollen diese drei Möglichkeiten miteinander vermittelt werden, indem der ersten und zweiten Bedeutung eine gewisse Priorität eingeräumt wird. Wir machen auch im Alltag oft die Erfahrung, dass die Gegenwart eines Menschen alles irgendwie verändert und unter einem bestimmten Licht erscheinen lässt. So scheint mir auch der Name der letzten Wirklichkeit alle Sprech- und Lebenszusammenhänge mit einem bestimmten ‚Geschmack' zu versehen. Und umgekehrt kann von diesem ‚Geschmack', von einer bestimmten ‚Erfahrungsqualität' her dann auch auf die Wirklichkeit zurückgeschlossen werden. Erst so können dann Eigenschaften und bestimmte qualifizierende Bestimmungen verbunden werden. Dass wir ‚G.O.T.T.' nicht definieren können, müsste selbstevident sein. Defnitionen sind nur in einem gegebenen Kategoriensystem möglich. Schon Aristoteles führt aus, dass die Prinzipien des Denkens selbst deshalb nicht bewiesen werden können, sie sind „einzusehen" durch die Unmöglichkeit ihres kontradiktorischen Gegenteils.[23] Was ist aber zu tun, wenn wir eine Wirklichkeit anzusagen versuchen, die selbst diesen Prinzipien als Bedingung der Möglichkeit aller denkenden Orientierung vorausliegt? Ich schlage einen Explikationsvorschlag vor, der als formal-offener Suchbegriff[24] dazu dienen soll, auf Gott hin zu denken.[25]

---

[22] *Müller*, Gottes Dasein, 171 f.

[23] Schon Aristoteles erklärte: „Einen Beweis schlechthin gibt es also von diesen Sätzen nicht, wohl aber eine Widerlegung dessen, der das Gegenteil aufstellt" (*Aristoteles*, Metaphysik, 6: XI, 5 [1062 a, 4], 227).

[24] Dazu ausführlich und im Detail: *Muck*, Rationalität.

[25] Siehe: *Weß*, Glaube. Paul Weß entwickelt seit seiner Dissertation das Projekt einer „nach-idealistischen Theologie", die davon überzeugt ist, dass wir immer nur auf Gott hin denken können, weil seine Wirklichkeit über alle Möglichkeiten unserer vermeintlichen Unendlichkeit erhaben ist. Als Kriterium, das hier ergänzend eingeführt werden könnte, verweist er auf die gemeinsame Praxis der Glaubenden. Insofern entscheidet sich die Frage nach Gott in ihrer primären Glaubwürdigkeit an jenen, die als „Licht der Welt" sich ausgeben.

3.1.2 Was meine ich, wenn ich sage: ‚G.O.T.T.'? Ein Explikationsvorschlag

Mein Vorschlag lautet: Die Wirklichkeit, die wir ‚G.O.T.T.' nennen, ist unter allen möglichen sprachlichen oder symbolischen Anzeigen im Spiel,
– wenn ich nach dem Ganzen der Welt und meiner selbst frage und zwar in wechselseitig unlösbarer Verschränkung;
– wenn dies implizit oder explizit im Wissen um das prinzipielle Scheitern meiner selbst, ja von allen und allem im Tod und Vergehen, geschieht;
– wenn sich dennoch darin eine unverwüstliche, sich immer wieder meldenden Erfahrung einer unabweisbaren Hoffnung und Sehnsucht nach Heil und geretteten Leben zeigt.

Mit dieser Explikation[26] sind bereits einige Klärungen implizit verbunden. Das Wort meint keinen Gegenstand in der Weite aller Wirklichkeit und sprengt selbstverständlich unsere üblichen Sprachkategorien, auch wenn wir das Wort so gebrauchen wie einen Eigennamen oder ein qualifizierendes Substantiv.[27] Wenn ich selber diese Frage stellen will, und nicht über die Antworten der anderen nur nachdenken möchte, muss ich mich selber ins Spiel bringen. In dieser Frage gibt es nur die ‚Objektivität' persönlichen Involviert-Seins in engagierter Stellungnahme. Dies hat Einfluss auf die Vielfalt möglicher Antworten. Die Unbedingtheit einer ‚Ersten-Person-Perspektive' erklärt auch vielleicht die oftmals feststellbare Emotionalität der Debatte. In diesen Überzeugungen rühren wir an die Grundauffassungen unseres Lebens, Handelns und Fühlens. Das ist nicht so einzigartig, wie es sich vielleicht anhören könnte. Auch über eine Wirklichkeit wie Musik oder Liebe kann ich nur sprechen, wenn ich selber Musik gehört habe. Und wohl alle Menschen haben eine Ahnung von Musik, insofern sie einen Körper und eine Stimme haben – und damit sich selber ihr erstes Instrument sind. Und wohl nur wenige Menschen bleiben unberührt in der Frage, ob sie geliebt werden oder liebenswert sind.

Die Involvierung der Person führt zum Kontext dieser Frage, die immer in einer tiefen Verlegenheit angesiedelt ist. Die Frage ist nie neutral. Sie weiß um die scheinbare Gewissheit letzten Scheiterns aller unserer Werte, Träu-

---

[26] In wesentlichen Aspekten greife ich zurück auf Rahners „Meditation über das Wort Gott" zu Beginn des zweiten Ganges des ‚Grundkurses' (*Rahner*, Grundkurs, 48–55).

[27] Aus diesem Grunde müsste es seit Platon und Aristoteles selbstverständlich sein, dass Vorstellungen wie ‚Russels Teekanne' oder ‚das Spagettimonster' im Grunde absurd sind und von einer erstaunlichen Ignoranz Zeugnis geben. Daher geht es in der Frage nach Gott nicht um den Beweis einer zusätzlich vielleicht existierenden Wirklichkeit, sondern um die Gesamtdeutung unserer gesamten Wirklichkeit. Aus diesem Grunde liegt der Konflikt zwischen christlichem Glauben und den Naturwissenschaften präzise in der Auslegung von naturwissenschaftlicher Forschung und bestimmten Glaubensüberzeugungen.

me, Kämpfe und Hoffnungen. Was ist denn unsere Erde im weiten Raum des Universums? Und was sind wir, ja sogar ich in dieser schwindelerregenden und immer noch expandierenden Wirklichkeit? Ein Nanosekundennichts – und noch viel weniger. Ist das ganze Universum vielleicht letztlich doch nur ein gigantisches Theater der Absurdität?[28] Können uns Wissen und Wissenschaft wirklich darüber hinwegtrösten oder auch nur ablenken?[29] Die Frage ist aber gerade in dieser Unvorstellbarkeit immer auch getragen von jener Macht im Menschen, die sich nicht abgibt mit dieser scheinbaren Absurdität. Sie wirkt sich auch darin aus, diese Welt zu gestalten und lebensfähiger zu machen. Darin mag sich eine letztlich absurde Suggestion der eigenen Bedeutsamkeit und Wichtigkeit verbergen, die wir aber alle benötigen, um leben zu können. Wer kann schon leben ohne Anerkennung, Bejahung und der Erfahrung, ganz gewollt zu sein? Diese Hoffnung aber weitet sich entschieden auf alle Wirklichkeit hin. Was wäre aber, wenn mit diesem Wort ,G.O.T.T.' auch die darin liegende Dynamik verschwunden wäre:

„Der Mensch hätte das Ganze und seinen Grund vergessen und zugleich vergessen, …, daß er vergessen hat. Was wäre dann? Wir können nur sagen: Er würde aufhören, ein Mensch zu sein. Er hätte sich zurückgekreuzt zum findigen Tier."[30]

Wird diese Explikation auf einer grundsätzlichen Ebene reflektiert, dann kann folgende Bestimmung für die Frage nach ,G.O.T.T.' festgehalten werden. Diese Frage steht im Spannungsfeld von ,Kontingenz' und ,Transzendenz'. „Kontingenz" ist nicht nur als „nicht-notwendig" und damit als radikal gefährdet auszulegen, sondern auch als Eröffnung von „Möglichkeiten", weil jede mögliche Situation bedingt und folglich auch prinzipiell

---

[28] „Wenn er diese Botschaft in ihrer vollen Bedeutung aufnimmt, dann muß der Mensch endlich aus seinem tausendjährigen Traum erwachen und seine totale Verlassenheit, seine radikale Fremdheit erkennen. Er weiß nun, daß er seinen Platz wie ein Zigeuner am Rande des Universums hat, das für seine Musik taub ist und gleichgültig gegen seine Hoffnungen, Leiden oder Verbrechen." *Monod*, Zufall, 151.

[29] „Man begreift kaum, dass dies alles nur ein winziger Bruchteil eines überwiegend feindlichen Universums ist. Noch weniger begreift man, dass dieses gegenwärtige Universum sich aus einem Anfangszustand entwickelt hat, der sich jeder Beschreibung entzieht und seiner Auslöschung durch unendliche Kälte oder unerträgliche Hitze entgegengeht. … Je begreiflicher uns das Universum wird, umso sinnloser erscheint es auch. Doch wenn die Früchte unserer Forschung uns keinen Trost spenden, finden wir zumindest eine gewisse Ermutigung in der Forschung selbst. Das Bestreben, das Universum zu verstehen, hebt das menschliche Leben ein wenig über eine Farce hinaus und verleiht ihm einen Hauch von tragischer Würde." *Weinberg*, Minuten, 163.

[30] *Rahner*, Grundkurs, 52.

veränderbar ist.[31] Immer könnte ein neuer Anfang gesetzt werden. Wenn dies der Fall ist, für alles Einzelne und für das Ganze, dann ist die Möglichkeit von ‚Trans-zendenz' (‚Über-Schreitung') immer gegeben. Dann eröffnet sich in der Ambivalenz die Möglichkeit des ganz anderen, die Möglichkeit einer anderen Wirklichkeit. Aber wie gesagt, als Hoffnung, als Unterbrechung, als jene mögliche Wirklichkeit, über die hinaus eine größere nicht gedacht, ja nicht einmal mehr vorgestellt werden könnte.[32] Damit zeigt sich in diesem merkwürdigen Wort ein steter Komparativ: *Deus semper major; Allah akbah!* Wenn dem so ist, dann kann dieses Wort nur so verwendet werden, dass es uns die darin angezeigte und vielleicht sogar anwesende Wirklichkeit entzieht. Deshalb kann dieses Wort nicht „gebraucht" werden, wie alle übrigen Worte. Das ‚Bilderverbot' hat dies einmal angezeigt. Ich möchte dieses Bilderverbot durch ein ‚Gebrauchsverbot' im Sinne einer instrumentellen Handhabung erweitern.[33]

Damit können wir nun den Ort der Spiritualität in der theologischen Erkenntnislehre näher bestimmen. Spiritualität[34] verweist auf die persönliche Weise, den Sinn und Geschmack des eigenen Lebens zu vernehmen und zu leben. Wenn nun aber das Wort ‚G.O.T.T.' im oben explizierten Sinne verstanden wird, dann erschließt sich dieses Wort nur in einer spirituellen Suche, die beiden Seiten unserer menschlichen Aporie nicht ausweicht: dem Scheitern und dem Tod ebenso nicht, wie dem Protest und der nie ganz abweisbaren Hoffnung. Eine solche spirituell geprägte Suche buchstabiert auf unterschiedliche Weise beide Urlaute und die damit verbundenen Urgesten des Menschen: Den Schrei und das namenlose Entsetzen und das Halleluja mit den erhobenen Jubelarmen einer aufgerichteten Orante-Haltung.

Wenn wir beide Aspekte, Kontingenz und radikale Transzendenz einer komparativen Dynamik ernst nehmen, dann können wir auf der einen Seite möglichen Spuren, Zeichen und Hinweisen in unserer Erfahrung mit dem

---

[31] In ihrer Habilitation hat Martina Kraml (*Kraml*, Dissertation) diesen wichtigen Gedanken von Wuchterl aufgegriffen (*Wuchterl*, Kontingenz).

[32] Den sogenannten anselmianischen Gottesbeweis lese ich als Maxime aller Rede von Gott, also als die entscheidende theologische Sprachregel (siehe: „*Quo nihil maius cogitari possit.*" [„etwas über dem Größeres nicht gedacht werden kann"] *Anselm von Canterbury*, Proslogion, 84 f.)

[33] In seinem letzten öffentlichen Vortrag im deutschen Sprachraum formuliert Karl Rahner: „Aber für mich wäre aller noch so fromme Jesuanismus, alles Engagement für Gerechtigkeit und Liebe in der Welt, aller Humanismus, der Gott für den Menschen verbrauchen will und den Menschen nicht in den Abgrund Gottes hineinstürzt, Religion eines unbegreiflich bescheidenen Humanismus, der uns einfach von der ungeheuerlichen Gewalt der Liebe Gottes, in der Gott wirklich selber aus sich selber gerät, verboten ist" (*Rahner*, Erfahrungen, 50).

[34] Siehe dazu meinen Beitrag in diesem Band: Siebenrock, Botschaft.

Ganzen der Welt und unserer Selbst ebenso vernehmen, wie die sich selbst unserem vermessenen Zugriff entziehende letzte Wirklichkeit, die nur so als „Geheimnis" angesprochen werden kann.[35]

3.1.3 In der Spur das Geheimnis, das selige Leben, vor-verschmecken – ein elementarer Kompass spirituell geprägter Gottessuche aus der Inspiration des Evangeliums Jesu Christi

Alle Gotteserkenntnis steht in jener Spannung, die Nikolaus von Kues in folgender Weise ausdrückt. Zum einen meint er:

> „Denn so wie Du bist, bleibst Du allen unerkannt und unaussprechlich. Du, der Du die unendliche Kraft bist, bist ja nichts von dem, was Du geschaffen hast; und kein Geschöpf kann den Gedanken Deiner Unendlichkeit begreifen, da es von Endlichem zum Unendlichen kein Größenverhältnis (nulla proportio/Vergleichung) gibt."[36]

Doch er fügt sofort hinzu:

> „Doch Du, der allmächtige Gott, kannst Dich, der Du für jeden Geist unsichtbar bist, so, wie Du erfaßt werden kannst, sichtbar dem zeigen, dem Du Dich zeigen willst."

Wenn beide Aussagen ernst genommen werden, dann kann von ‚Gott' nur indirekt gesprochen werden. Immer also in der ‚Auslegung von', in dem nachträglichen ‚Bedenken von'. Der zweite Satz des Cusaners betont die eigene Person und verweist auf eine unerwartbare und überraschende Erfahrung. Gefunden sein, nannte diese Erfahrung Dorothee Sölle. Aus diesem Grunde kann die spirituelle Suche nicht im Niemandsland, sondern nur in einer bestimmten Tradition aufgenommen werden. Und das ist nicht verwerflich oder gar hinderlich, weil, so unsere Einsicht zuvor, aller Ausgang und jeder Ort immer überschritten werden muss. Mit dieser Suche kann

---

[35] Dieser von Karl Rahner bevorzugte Gottesname hat nichts mit Irrationalität oder gar der Verweigerung von Begründungen zu tun. Wie beim Heiligen Thomas, dem solches auch nicht vorgeworfen wird, zeigt diese Bezeichnung einerseits einen letzten Vorbehalt gegenüber all unserem Sprechen an, und andererseits liegt in diesem Entzug die Zurückweisung aller instrumentellen Verwendung dieses Wortes für unsere Interessen. Der dynamische Komparativ des Wortes führt unausweichlich zu einer apophatischen Theologie. Diese apophatische Theologie der Mystik ist immer aus dem Weg eines Suchenden zu interpretieren, nicht aus der Taxierung eines unbeteiligten Beobachters.

[36] *Nikolaus von Kues*, pace, I, 5.

deshalb überall begonnen werden, weil nicht der Ausgangspunkt, sondern die Haltung, die Richtung und die Weise des Gehens entscheidet. Aus diesem Grunde kann hier abschließend nur ein aus dem Evangelium inspirierter Vorschlag etwas näher entfaltet werden. Wenn es im *Credo* heißt, dass das ewige Wort Gottes „um unseres Heiles willen" Mensch geworden ist, und wenn die Inspiration der Schrift sich auf jene Wahrheit bezieht, welche Gott um unseres Heiles willen in der Schrift aufgezeichnet haben wollte[37], dann kann diese Mitteilung nur als ‚Heilswahrheit' bezeichnet werden. Jede Heilswahrheit führt aber jene ins Heil, denen sie mitgeteilt wird. Damit aber kann jeder Mensch die Frage stellen, was denn ‚Heil' bedeuten könnte. Diese Suche nach ‚Heil' möchte ich übersetzen als ‚unbedingte Bejahbarkeit'. Diese unbedingte, letztgültige Bejahbarkeit könnte auch in die Frage gefasst werden: Was wäre es wert, ewig zu sein? Oder in der klassischen Tradition seit Aristoteles und Augustinus: Was wäre vollendetes Glück? Unter dieser Rücksicht könnten wir dann alle Erfahrungen und Vorstellungen daraufhin untersuchen, was letztendlich und mit ganzem Herzen bejaht und in diesem Sinne geliebt werden könnte. In der Aufnahme der Grunddimensionen der menschlichen Existenz, auf die jeder spirituelle Weg antwortet, kann diese eine Heilswahrheit in die verschiedensten Perspektiven aufgefächert werden: die personal-individuelle, die sozial-gesellschaftliche, die politisch-institutionelle und die kosmologische.

Für diese Suche halte ich die Schlussbetrachtung der Exerzitien des Ignatius von Loyola für eine große Hilfe: „Die Betrachtung über die Erlangung der Liebe."[38] Während er im ersten Abschnitt unsere Aufmerksamkeit auf das konzentriert, was Gott für uns getan hat, und im letzten Abschnitt unsere Aufmerksamkeit auf die Gegenwart Gottes in allen Dingen und so auch in mir, richtet, wird die Mitte der Betrachtung durch das Gebet der Hingabe gebildet, in dem sich der Mensch ganz Gott anvertraut. Dies aber ist nur möglich, weil er zuerst erfahren haben darf, dass Gott sich ihm ganz geschenkt hat. Diese Gabe Gottes aber nimmt die ganze Ambivalenz unserer Existenz auf, die Sünde, die Passion, die Gewalt und die Dramatik der Geschichte. Nichts wird in der Schrift und im Evangelium ausgespart, nichts unter den Teppich gekehrt, das ganze Leben ist da.

Deshalb kann nun das zitierte Kriterium der Ewigkeit nach Boethius um die Thoraregel Jesu ergänzt werden. Mit der Thoraregel fasst Jesus die gesamte Thora zusammen und charakterisiert zugleich die Wirklichkeit seines Herzensanliegens: das Reich Gottes. Seine Rede vom Reich Gottes in Suchkriterien heute zu übersetzen, bedeutet notwendigerweise, für diesen

---

[37] *Dei Verbum* 11.
[38] *Ignatius von Loyola*, Übungen, Nr. 230–237 (S. 204–206).

Ausdruck ‚säkulare Kategorien' zu entwickeln.[39] Immer aber bleibt im Hintergrund der letzte Sinn der Thora: Sie ist um des Lebens willen gegeben (Lev 18,5). Denn ‚G.O.T.T.' ist ein Gott der Lebenden (Mt 22,32), ein Freund des Lebens (Weish 11,26). Deshalb steht ein spiritueller Weg, auch wenn er im Schatten des Todes geht, in der Hoffnung, die Güte Gottes zu verschmecken im Lande der Lebenden (Ps 27,13).

Eine ‚Heilswahrheit' geht in der persönlich-individuellen Ebene in Selbstannahme und Versöhnung mit sich selbst auf. Ich konnte mich nicht aussuchen. Hätte ich mich gewählt, wenn ich eine Wahl gehabt hätte? Fast alle werden ‚nein' sagen. Ein Glaubensweg beginnt, wenn ich die Wahl selbst wähle, die die Schöpfungsmacht mit mir getroffen hat. Niemand kann Gott annehmen und sich selbst verachten. Diese persönliche Ebene ist immer in soziale Zusammenhänge eingebettet und lässt sich hier übersetzen in die Formen von Anerkennung, Solidarität, Lebensbejahung und Diakonie. Freundschaft wäre die hier mögliche Wirklichkeit. Doch diese Hoffnungen sind eingebunden in die Erfahrung der Verletzung, der Missachtung und der Ausgrenzung. Kann es denn einen anderen Weg geben als Vergebung und Los-Lassen?

Auf der gesellschaftlich-politischen Ebene, auch der Institutionen, weitet sich die primäre Sozialität auf die Hoffnung aus, Friede und Gerechtigkeit für alle zu befördern. Diese biblische Bestimmung[40] wäre auch ein Kriterium für all unser Handeln und eine Orientierung für alle unsere Ziele. Doch diese Möglichkeit scheint so weit weg zu sein. Auch wenn keine Naturgesetze dagegen sprechen würden, käme uns eine Welt ohne Gewalt und Ausbeutung absolut utopisch vor. Wie auf der kosmischen Ebene werden wir durch diese Hoffnung wie durch einen tiefen Stachel verwundet und bleiben, solange wir als Pilgerinnen unterwegs sind, verwundet. Und dennoch möchten wir diesen Stachel nicht verwerfen. Wie könnten wir leben ohne diese Hoffnung?

Deshalb bleibt alles Glauben und Denken unter einem bleibenden Vorbehalt. Und in diesem Vorbehalt wird uns Gott selbst zur Frage. Denn seine Macht hat noch nicht eingelöst, was sie uns versprochen hat: das messianische Reich und eine Gegenwart, in der alle Tränen getrocknet und

---

[39] Die Pastoralkonstitution *Gaudium et spes* des Zweiten Vatikanischen Konzils hat dies programmatisch versucht. Mit diesem Versuch steht und fällt die Gegenwartsfähigkeit des Christentums. Um diese Übersetzung leisten zu können, muss die Theologie (die Menschen gehen diesen Weg instinktiv) sich allen Humanwissenschaften zuwenden.

[40] „Es begegnen einander Huld und Treue; Gerechtigkeit und Friede küssen sich. Treue sprosst aus der Erde hervor; Gerechtigkeit blickt vom Himmel hernieder. Auch spendet der Herr dann Segen, und unser Land gibt seinen Ertrag. Gerechtigkeit geht vor ihm her, und Heil folgt der Spur seiner Schritte" (Ps 85,11–14).

der Tod nicht mehr sein wird (Offb 21,4). Alle spirituelle Suche sehnt sich nach einem neuen Himmel und einer neuen Erde (Offb 21,1). Das sind die biblischen Bilder radikaler Transzendenz. Wirklich werden können sie aber nur, wenn das eintritt, was die Schrift am Ende verheißt: „Siehe, ich mache alles neu!" (Offb 21,5).

Doch in all diesen schönen Bilder, die uns Zukunft verheißen, weil das Wort ‚Gott' nach Leben schmeckt, dürfen wir nicht übersehen, dass das letzte Zeichen, das uns in unserer Geschichte gegeben ist, von einer eigentümlich dekonstruktiven Qualität ist. An den ganz wenigen Stellen, an denen Jesus von sich selbst und seinen innersten Beweggründen spricht, verweist er auf die Gestimmtheit seines Herzens in der Aufforderung:

„Kommt alle zu mir, die ihr euch plagt und schwere Lasten zu tragen habt. Ich werde euch Ruhe verschaffen. Nehmt mein Joch auf euch und lernt von mir; denn ich bin gütig und von Herzen demütig; so werdet ihr Ruhe finden für eure Seele. Denn mein Joch drückt nicht, und meine Last ist leicht." (Mt 11,28–30)

Als letzte orientierende Geste erscheint mir in dieser Orientierung die Fußwaschung (Joh 13,5–17). Als letzten, bewussten und freien Akt, so meine Auslegung, schenkt uns Jesus die Eucharistie, die er mit der Geste der Fußwaschung deutet. Dies ist mein Kriterium für alles Zeigen Gottes unter uns Menschen.

Doch dies ist nicht das letzte Zeichen. Das letzte Zeichen, das uns aus dem Evangelium für die Orientierung unserer spirituellen Suche gegeben worden ist, ist das zerrissene Herz eines Toten, aus dem Blut und Wasser strömen (Joh 19,34). Hier sehen wir das letzte Zeichen des ewigen Lebens in unserer prekären Geschichte. Es ist das Zeichen eines Toten, dessen ganzes Sein Hingabe, sich verströmende Liebe war und ist. Können wir den lieben, der uns dieses Zeichen in die Mitte unseres Lebens gestellt hat? Ich weiß es nicht, fühle mich überfordert und suche angenehmere Hinweise. Doch gibt es für uns Liebe ohne Passion, Leben ohne Tod? Ich höre in mir den Schlusschor aus der Matthäuspassion aufsteigen. Und auch ich setze mich mit dem Chor unter das Kreuz, stimme ein und spüre einen seltsam-fremden Frieden.[41] ‚Trost' aus anderer Herkunft könnte solches genannt werden.

---

[41] Der Text des Chores lautet: „Wir setzen uns mit Tränen nieder und rufen dir im Grabe zu, ruhe sanfte, sanfte ruh. Ruht, ihr ausgesognen Glieder, euer Grab und Leichenstein soll dem ängstlichen Gewissen ein bequemes Ruhekissen und der Seelen Ruhstatt sein, höchst vergnügt schlummern da die Augen ein."

Die Botschaft vom „Reich Gottes" und die Vielfalt der Spiritualitäten

Eine fundamentaltheologische Kriteriologie im Dienst der Unterscheidung der Geister

Roman A. Siebenrock

Spiritualität ist so sehr in aller Munde, dass sich z. B. die Österreichische Bundesregierung vor kurzem verpflichtet sah, zwischen spiritueller und therapeutischer Hilfe im Bereich des Gesundheitswesens im Blick auf den Kostenersatz zu unterscheiden, natürlich mit dem Kriterium der „Wissenschaftlichkeit". Das in diesem Bereich gar nicht so fern liegende Kriterium „Heilungserfolg" wird dabei nicht einmal erwähnt.[1] ‚Spiritualität' schillert. Orientierung tut Not; in jeder Hinsicht, nicht allein in religiöser.

Das Zweite Vatikanische Konzil hat in seiner Pastoralkonstitution eine Methode entwickelt, um in den ‚Zeichen der Zeit' eine solche Orientierung zur Unterscheidung der Geister durchzuführen.[2] Der Kern dieser Unterscheidung liegt meiner Ansicht nach darin, dass theologische („wahre Gegenwart Gottes") und anthropologische Kriterien („humane Lösungen") dabei konvergieren. Diese methodische Option und die dabei angewandte Vorgehensweise (‚sehen – urteilen – handeln') liegt dem vorliegenden Beitrag zugrunde. Zunächst soll das Phänomen ‚Spiritualitäten' unter verschiedener Rücksicht betrachtet werden. In einem ersten Schritt soll deshalb eine exemplarische Spurensuche vorgelegt werden. Im zweiten Schritt wird eine anthropologisch-weltanschauliche Struktur als Orientierung eingeführt. Der dritte Schritt kombiniert in der Entfaltung der Kriteriologie theologische und rationale Kriterien, weil konkrete Phänomene immer aus der zwei-einen Perspektive von Glauben und Vernunft beurteilt werden

---

[1] Am 14.06.2014 wurde eine Orientierung zur Abgrenzung zwischen Psychotherapie und esoterischen, spirituellen und religiösen Methoden herausgegeben. Beachtenswert erscheinen mir die Unterscheidungen, die nicht näher charakterisiert werden, online unter: http://bmg.gv.at/cms/home/attachments/7/0/5/CH1002/CMS1415709133783/richtlinieabgrenzungesoterik.pdf (Zugriff am 17.12.2104).

[2] Der einschlägige Text lautet: „Im Glauben daran, daß es vom Geist des Herrn geführt wird, der den Erdkreis erfüllt, bemüht sich das Volk Gottes, in den Ereignissen, Bedürfnissen und Wünschen, die es zusammen mit den übrigen Menschen unserer Zeit teilt, zu unterscheiden, was darin wahre Zeichen der Gegenwart oder der Absicht Gottes sind. Der Glaube erhellt nämlich alles mit einem neuen Licht, enthüllt den göttlichen Ratschluß hinsichtlich der integralen Berufung des Menschen und orientiert daher den Geist auf wirklich humane Lösungen hin" (*Gaudium et spes* (GS) 11).

sollen. Die dabei angeführten Beispiele wollen nur blitzlichtartig auf bestimmte Aspekte aufmerksam machen. Sie erheben nicht den Anspruch, an einem konkreten Beispiel diese Unterscheidung der Geister umfassend durchführen zu können. Wenn hier nur exemplarisch das Werkzeug zu einer solchen Unterscheidung offengelegt werden kann, dann mögen diese Elemente dazu anregen, an den verschiedensten konkreten Beispielen selbst angewendet zu werden. Eine Kriteriologie ermöglicht einen kritischen Blick, sie kann dessen konkreten Vollzug nicht ersetzen.

1. ‚Spiritualität': ein ‚Zeichen der Zeit'

Von Aszese war ja schon lange nicht mehr die Rede, Frömmigkeit klang wohl zu konfessionalistisch festgelegt und altertümlich, selbst das Wortfeld um das Fremdwort Pietät war wenig gelitten, sodass auch Adjektive wie ‚religiös' oder gar ‚gläubig' kaum in Frage kommen konnten. Nicht nur ein neues Wort musste gefunden werden, sondern mit diesem ein anderer, zeitgemäßer Stil, dem ‚Geistigen' einen Ort unter uns, in der sogenannten ‚modernen Welt' zu ermöglichen. Auch deshalb scheint dem neuen, romanisch leicht und ungebunden klingenden und nicht einmal implizit auf eine bestimmte Tradition verweisenden Wort eine anhaltende, ja erst heute richtig boomende Karriere geschenkt zu sein: „Spiritualität".[3] Der Begriff schillert und das damit Ausgedrückte lässt sich keineswegs klar bestimmen.[4]

---

[3] Zur Begriffs- und Rezeptionsgeschichte sei verwiesen auf: *Baier*, Handbuch; *Schütz*, Lexikon. Zur Geschichte des Begriffs können die einschlägigen Handbücher konsultiert werden. Als Übersetzung von *„pneumatikos"* (2 Kor 2,14–3,3) hat die Wortbildung sehr früh Eingang gefunden in den romanischen Sprachbereich. Drei Hauptbedeutungen werden unterschieden: eine religiöse, eine politisch-juristische und eine philosophische (siehe: *Solignac*, Spiritualität). Während die philosophische die Erkenntnis von immateriellen Gegenständen bezeichnet, verweist der politisch-juristische Begriff auf die Unterscheidung von geistlich und zeitlich-weltlich. Der religiöse Gebrauch wird in diesem Beitrag untersucht. Mit der Verwendung des Begriffs *„spirituality"* durch Vivekananda in seiner Rede beim ersten Parlament der Religionen (Chicago 1893) beginnt die Karriere des Begriffs über die Grenzen der christlichen Traditionen hinaus.
Der vorliegende Beitrag entstand auch in der gemeinsamen Arbeit einer Gruppe aus dem theologischen Forschungszentrum der katholisch-theologischen Fakultät Innsbruck „RGKW". Diese Gruppe wurde vom weltweiten Projekt „Disjunction" (*Taylor/Casanova/ McLean*, Church) angeregt, das sich die Aufgabe stellt, Vermittlungen zu entwickeln in den Brüchen der Gegenwart, zwischen Glaubenden und Nicht-Glaubenden, zwischen Suchenden und Besitzenden. Die Beiträge dieser Gruppe werden in nächster Zukunft in der Zeitschrift der Fakultät „Zeitschrift für Katholische Theologie Heft 2/2016" veröffentlicht werden.
[4] Vgl. *Bucher*, Psychologie. Darin werden die Versuche geordnet, mit quantitativ-empirischen Methoden Vorstellungen zu diesem Feld durch Fragen zu operationalisieren. Die damit erzielten Ergebnisse zeichnen sich dadurch aus, dass sie weiterhin interpretationsbedürftig sind.

Das damit gemeinte Phänomen ist nicht einer bestimmten religiösen oder gar weltanschaulichen Tradition zuzuordnen. Auch sich als nicht religiös einschätzende Personen beharren darauf, spirituell zu sein.[5] ‚Spirituell-sein‘ lässt sich niemand so ohne weiteres absprechen. Es würde ihm etwas fehlen, oder man würde ihm etwas für den Menschen Essentielles absprechen.

Spiritualität erinnert an *spiritus*/Geist, neutestamentlich *pneumatikos*, und der weht ja bekanntlich, wo er will (Joh 3,8), und will weder institutionell noch begrifflich dingfest gemacht werden. Schon das Johannes-Evangelium scheint „Geist" gegen Institution zu stellen, wenn Jesus zur Samariterin sagt, dass nun Gott, selbst Geist, in Unterscheidung zum Berg in Jerusalem und in Samaria in „Geist und Wahrheit" angebetet werden möchte (Joh 4,24). Dieses Wort, das alle religiöse Institutionalisierung relativiert, scheint auf eine offene Wunde des Menschen zu verweisen, die nicht ungestillt oder wenigstens nicht unbehandelt bleiben darf und die selbst dann aufbricht, wenn alles zur Zufriedenheit aller geregelt zu sein scheint. Was passiert, wenn der Prinz die Prinzessin bekommen hat? Leben sie wirklich einfach so, glücklich und zufrieden bis ans Ende ihrer Tage?

Das Phänomen ‚Spiritualität‘, das ist ein erstes wesentliches Kennzeichen, entzieht sich dem terminologischen Zugriff, weil es ein allgemein oder gemeinsam Menschliches ausdrückt. Sollte es deswegen als subjektive Marotte so behandelt werden wie Geschmack und skurrile Vorlieben? Dies würde seine Bedeutung unterschätzen. Weil gerade jene Phänomene, die sich dem ersten Zugriff entziehen und anhaltend nicht in den Griff zu bekommen sind, deshalb zu besonderen Herausforderungen des Denkens, sowohl der Theologie als auch der Philosophie, werden, weil sie an das ursprüngliche und eigentümlich Menschliche anrühren. Denn es kann ja in jenen Grundbegriffen, die das menschliche Selbstverständnis in seiner Mitte zum Ausdruck bringen, nie darum gehen, die darin sich äußernden Fragen endgültig zu beantworten. Dem theologischen Denken ist es vielmehr aufgegeben, eine Weise zu erkunden, wie wir mit diesen Fragen in guter Weise umgehen können und sollen. Dies ist uns deshalb aufgegeben, weil im Umgang mit diesen Phänomenen und seinen sich uns stellenden Fragen sich die Humanität einer Kultur wesentlich mitentscheidet. Was also sich in Spiritualität(en), so eine erste Vororientierung, ausdrückt und wie es sich ausdrücken kann (von innen her und von außen, den gesellschaftlichen Gewohnheiten und Normen her), gestaltet wesentlich eine kulturelle Si-

---

Denn die gemeinsamen Antworten auf eine Frage in einem bestimmten Begriffsfeld sind deshalb hermeneutisch offen, weil kein einziger Suchbegriff univok ist.

[5] Als Beispiele: *Comte-Sponville*, Atheist; *Schmidt-Salomon*, Hoffnung. Siehe dazu die theologische Reflexion bei: *Hoff*, Atheismus und *Körner*, Weisheit.

tuation mit. Nicht einfach Fragen und Antworten prägen eine Kultur, sondern die Art und Weise, mit diesen dann umzugehen, wenn sie sich nicht eindeutig und im Einvernehmen beantworten lassen. Eine Kultur misst sich an ihrer Fähigkeit, mit Differenzen zu leben.

Es gehört aber zu den abgründigen Erfahrungen des 20. Jahrhunderts, dass der Mensch das abgründig Böse und Gespenstische gebären kann, mit rationaler Fertigkeit, mit bestem Gewissen und aller emotionaler Hingabe. Es gibt eine „Frömmigkeit im Töten".[6] Alle Totalitarismen inszenieren sich und vor allem den Tod, weil sie Wert auf Verehrung, Begeisterung und Lebenshingabe legen müssen. Führer verlangen nach Liturgien der Verehrung und quasi-religiöser Anbetung. Man ist kaum gewillt, solche Konglomerate mit Spiritualität in Verbindung zu bringen, doch eine semantische Klärung schafft nicht das Phänomen aus der Welt, das hier angesprochen werden muss.[7] Denn die Begeisterung für das Böse und seine emphatische Verkündigung hat bis heute nicht nachgelassen. Wenn also aus uns selbst die Gespenster erwachen und das Böse Macht zu gewinnen vermag, dann ist auch das Phänomen Spiritualität tief hineingetaucht in die Ambivalenz alles Menschlichen. Wenn also selbst ‚Spiritualität' daran Anteil hat, was bliebe dann noch verschont?

Goya hat sein 43. Capricho mit dem doppeldeutigen Titel versehen: „El sueño de la razón produce monstruos."[8] Ist gemeint, dass Gespenster entstehen, weil die Vernunft schläft, oder entstehen Gespenster durch und im Traum der Vernunft? Weil in der Auslegung dieser Radierung beide Möglichkeiten diskutiert und nicht abschließend entschieden worden sind, halte ich mich an die Doppeldeutigkeit des Titels. Auch nicht die Vernunft, unsere Rationalität, ist von der Ambivalenz verschont, die aus der offenen Wunde des Menschen je neue Vitalität schöpft – und also „Gespenster" gebären kann. Daher kann eine Kriteriologie, d. h. eine kritisch-vernünftige Beurteilung von Spiritualitäten, nur dann gelingen, wenn sie sich über ihre eigenen Maßstäbe Rechenschaft ablegt und diese offen ausweist. Damit aber stehen wir im spannungsreichen Verhältnis von Glauben und Vernunft, das deshalb heute höchste Brisanz gewinnt, weil mit wachsendem Wissen sich die Frage nach Glauben unbedingt einstellt.[9]

Diese Einsicht begründet nun unser genaueres Vorgehen. Nach einer ersten Explikation des Spiritualitätsbegriffs führe ich in einem ersten Schritt als Klärung des Phänomens die Grundbeziehungen ein, auf die ein Mensch

---

[6] Siehe hierzu: *Kippenberg*, Gewalt; sowie: *Richardson*, Terroristen.
[7] Siehe hierzu die Analysen bei: *Maier*, Religionen. Zum Verhältnis von Religion und Politik die grundlegenden Beiträge in: *Bärsch/Berghoff/Sommerschmidt*, Religion.
[8] Siehe: *Jacobs*, Schlaf.
[9] Siehe hierzu die für mich leitende Untersuchung: *Gerhardt*, Sinn.

in seinem Leben zu antworten hat; unausweichlich deshalb, weil diese sein Leben unbedingt bestimmen und in Anspruch nehmen. Daraus entwickle ich dann eine Grundtypologie von Spiritualitäten. Die anschließende Kriteriologie bindet die Vernunft an das Evangelium zurück, weil das Neue Testament plurale Zeugnisse eines Menschen zusammenführt, der alles Menschliche erlebt und erlitten hat, aber dieses alles transformiert haben soll. Die Vernunft bedarf einer Orientierung an einem mit allem Menschlichen vertrauten Menschen, der in diesen Abgründen von Gott als seinem Vater gesprochen hat.

Wenn hier nach einer vom Evangelium Jesu Christi inspirierten Kriteriologie gesucht wird, so geht es darum, für das Phänomen „Spiritualität (en)" eine Orientierung aus dem Geist des Evangeliums zu eröffnen.[10] Damit wird die Frage nicht abschließend beantwortet. Vielmehr ermöglicht eine Kriteriologie einen lebbaren Weg, diese Frage in guter Weise in allen vorläufigen Antworten und Einsichten auf eine von uns nicht zu gebende, endgültige Antwort offenzuhalten, und zwar zuerst im Leben.

Diese Fragen in allen uns abverlangten, vorläufigen Antworten in guter, der endgültigen Möglichkeit der Wirklichkeit gemäßen Weise offenzuhalten aber ist das Vermögen jener Geistesgabe, die einmal ‚Weisheit‘ genannt worden ist. ‚Weisheit‘ als Vernunftbestimmung weiß um die Endlichkeit, Vorläufigkeit und Schuldbedrohtheit aller unserer Antworten, auch des Verstummens oder der Zurückweisung der Frage. Sie weiß darum, weil sie zwischen dem Endgültigen und dem Vorläufigen zu unterscheiden weiß, ohne deren jeweilige Würde und Bedeutung zu negieren oder gar zu verachten. Solche Weisheit ist aber (gewiss nicht allein) den Glaubenden verheißen. Solche Weisheit ist auch für den Glaubenden jedoch nur möglich in der Aufnahme der Vernunft in sein Denken. Der Anfang aller Weisheit, so heißt es, sei die Furcht des Herrn (Ps 111,10). Diese „Furcht" besteht jedoch nicht darin, Angst vor Gott zu haben und in einem Wechselbad der Gefühle vor einem dunklen Gott zu erschaudern. Die „Furcht des Herrn" ist deshalb die Grundorientierung allen menschlichen Lebens, weil wir darin einerseits nichts in dieser Welt mit Gott verwechseln und andererseits die Würde des Endlichen als Geschöpf nicht missachten. Diese Unterscheidung drückt sich biblisch als Bilderverbot und als Zurückweisung des Götzendienstes aus.

---

[10] Damit wird nicht die Tradition christlicher Frömmigkeit (also ‚christlicher Spiritualitäten‘) bestätigt, sondern selbst unter einen kritischen Maßstab gestellt. Natürlich hätte sich ein solcher Maßstab erst dann wirklich bewährt, wenn er mit anderen Kriteriologien und deren Anwendung, nicht nur religiösen, verglichen worden wäre. Das lässt sich hier nicht leisten. Doch darauf ist zu verweisen, um ein umfangreicheres Projekt zu benennen. Die noch näher zu bestimmende Konvergenz von ‚Glauben‘ und ‚Vernunft‘ zeichnet eine Kriteriologie aus, die sich als ‚fundamentaltheologisch‘ bezeichnet.

Weil diese Unterscheidung allen Menschen prinzipiell möglich zu sein scheint, kann sie als das entscheidende theologische Kriterium zu jeglicher Unterscheidung der Geister angesehen werden. Zwei Extreme werden dadurch kritisiert: zum einen den Götzendienst als Verabsolutierung weltlicher und endlicher Realitäten und zum anderen jene Verachtung der Welt, die in den verschiedenen Dualismen bis heute wirksam sind. Wie in diesem Spannungsfeld gelingend gelebt werden kann, prägt das weite, immer noch wachsende Angebot völlig unterschiedlicher Spiritualitäten heute. Dieses Angebot an Sinngestalten beurteilen zu wollen, also den „Sinn des Sinns" (Gerhardt) zu eruieren, ist das Motiv der hier zu entwickelnden Kriteriologie.

2. Spiritualität als Kultivierung einer Lebensform

Wenn alle prinzipiell spirituell sein wollen und auf die verschiedensten Weisen solches ausdrücken, dann drückt sich in diesen Formen die anthropologische Grundverfasstheit des Menschen aus. Wenn ‚Spiritualität' niemandem abgesprochen werden darf, dann kann sie zunächst in einem weiten Sinne in folgender Weise umschrieben werden: Sie ist die persönliche Weise, die eigene Weltanschauung, als implizite oder explizite Form einer Welt- und Lebensorientierung bzw. -auffassung, zu leben. Spiritualität bezeichnet nach Otto Muck

> „die – so vorhanden – einheitliche Haltung, aus der jemand lebt, woraus er/
> sie Probleme angeht, Entscheidungen für das eigene Leben trifft, Personen
> und Institutionen begegnet – besonders, wenn diese Haltung eine intensive
> ganzheitliche Ausrichtung des Menschen geworden ist".[11]

Diese erste Explikation ist sehr hilfreich, weil sie einerseits offen für verschiedene konkrete Inhalte ist, andererseits aber das Phänomen an die Grundauffassung des Menschen zurückbindet.[12] Menschen entwickeln also, geradezu instinktiv, eine Vorstellung von sich, der Welt, dem Anfang und dem Ende von allem und ihrem Ort in und zu diesem ‚Ganzen'. Sie benötigen solche Vorstellungen, um dem aufgegebenen Lebenshandeln Orientierung verleihen zu können.

---

[11] *Muck*, Beitrag in der Spiritualitätsgruppe des RGKW (siehe Anm. 3).
[12] Siehe zu diesem Ansatz: *Muck*, Rationalität.

Diese erste formale Bestimmung ist in doppelter Weise näher zu bestimmen.[13] Zum einen ist nach dem Zweck einer Spiritualität zu fragen. Zum anderen aber ist eine Vorstellung zu entwickeln, dass ‚Spiritualität' immer eine konkrete Form der Lebensführung und damit alltägliche Ausdrucksformen und Anweisungen kennt. Das Abstraktum ‚Spiritualität', wie es oben beschrieben worden ist, treffen wir immer nur in bestimmten Traditionen bei Menschen an, die ihr Leben in solchen Formen ausdrücklich auf ein (letztes) Ziel ausrichten. Dieser engere Begriff benennt das Phänomen ‚Spiritualität' als bestimmten Lebens- und Übungsweg.

Beide Formen, eine weitere und eine engere Bestimmung, können aber nur beurteilt werden, wenn grundsätzlich festgelegt werden kann, wozu Spiritualität(en) dienen. Also lautet die Frage: Was erwarten die Menschen von einer Spiritualität? Meine Antwort auf diese Frage impliziert, dass Spiritualität keinen Sonderweg des Menschlichen darstellt, sondern die Menschen zu jenem Ziel geleitet (oder solche Ziele erstmalig eröffnet), wodurch das menschliche Leben Erfüllung findet.[14]

Für eine erste, orientierende Antwort auf diese Frage scheint mir Aristoteles nie zu veralten. Die Menschen erwarten sich das, worauf das ganze menschliche Leben von sich her ausgerichtet ist: ‚Seligkeit'. Aristoteles hatte in seiner ‚Nikomachischen Ethik' grundsätzlich festgehalten: „… alles Wissen und Handeln zielt auf ein Gutes"[15]. Dazu erläutert er: „… die Glückseligkeit stellt sich dar als Vollendetes und sich selbst Genügendes, da sie das Endziel allen Handelns ist."[16] Menschen erwarten also von der Spiritualität Lebensgewinn, Glückszuwachs, Momente von Seligkeit, letztlich „bleibendes Glück". Leben ohne Überhöhung und Vertiefung ist schlicht nicht vorstellbar. Der Zauber macht das Fest, nicht der Marktwert der Präsente und Installationen. Deshalb muss bei aller Nüchternheit effizienter Geschäftsführung nicht nur ein Spalt, sondern ein riesengroßes Tor für Verzauberung und Glückseligkeit geöffnet bleiben. Der spirituelle Mehrwert macht den Wert der Ware.[17] Und nichts scheint für Unternehmenskultur und ihre Produkte so wichtig zu sein wie ein guter Mythos.[18]

---

[13] Siehe hierzu auch die Konzilserklärung *Nostra aetate (Na)*. Diese Erklärung führt die Frage der Religion über die Erwartung der Menschen ein, auf die *conditio humana* Antworten zu bekommen (*Na* 1).

[14] Hier kann nicht der naheliegenden Frage nachgegangen werden, dass damit auch biologische und psychologische Voraussetzungen angesprochen werden. Nach meiner Überzeugung kann ein Mensch seine Erfüllung nicht prinzipiell an seinen naturalen Voraussetzungen vorbei finden. Auch wenn er deren zeitliche Begrenztheit überschreitet, kann er in der Zeit nur mit diesen Voraussetzungen seine Ziele verfolgen.

[15] *Aristoteles*, Nikomachische Ethik I, 2 (1095a 15).

[16] Ebd., I, 6 (1097b 21–23).

[17] Siehe hierzu: *Bolz*, Wirtschaft.

3. Spiritualität und Anthropologie

Die Vielfalt und unverwüstliche Präsenz dessen, was Spiritualität meint, legt den Schluss nahe, dass diese sich aus anthropologischen Grundbestimmungen nähren. Die primären symbolischen Ausdrucksformen der unterschiedlichen gelebten Lebensdeutungen legen es zudem nahe, dass der Ursprung von ‚Spiritualität(en)' nicht in der Anwendung oder konkretisierenden Umsetzung andersweit gewonnener Erkenntnisse oder Überzeugungen liegt, sondern in einer vor-rationalen, vielleicht sogar auch vorbewussten Weise mit einer Person, ja sogar mit einer Personengruppe oder der ganzen Menschheit, verbunden sind. Wenn „Spiritualität(en)" kulturell geprägte Ausdrucksformen des „menschlichen In-der-Welt-Seins"[19] darstellen, in denen sich die für den Menschen konstitutiven Relationen darstellen, dann vermag er nur in solch von konkreten spirituellen Traditionen geprägten Formen sich in seinem Leben zunächst zurechtzufinden. Spirituelle Ausdrucksformen lassen den Menschen sich zu sich selbst verhalten, deuten uns die Welt, entwerfen Möglichkeiten, prägen so das Handeln auf Zukunft hin und lassen auch das Leiden und Misslingen in den unvorhersehbaren Widerfahrnissen der Geschichte nicht ungedeutet. Fünf konstitutive Relationen prägen den Menschen insofern, als er unbedingt darauf eine Antwort zu geben hat. Diese Antworten werden, bevor sie vielleicht bewusst und reflektiert gegeben werden, uns von unserer kulturellen Vorgabe vorgegeben, ja als Deutungsmöglichkeit aufgegeben. Jede mögliche Antwort des Menschen, die als frei und selbstverantwortlich ausgesagt wird, basiert auf solchen Vorgaben. Wir können nur in der Sprache antworten, die wir zuvor gelernt haben, weil wir durch diese vorgegebene Sprache zu deuten, zu unterscheiden und zu werten gelernt haben. Sprachen aber sind immer offen für persönliche Ausdrucksformen und entwickeln sich mit den Widerfahrnissen der eigenen und kollektiven Geschichte weiter.

---

[18] Siehe: *Zulauf*, Unternehmen.

[19] Diesen Begriff hat Martin Heidegger in „Sein und Zeit" entwickelt, um unsere Grundverfassung als Dasein phänomenologisch zu erfassen. Diese Grundverfasstheit des Daseins ist in seinem Grunde Zeitlichkeit und als Mit- und Selbstsein geprägt und in einer ursprünglichen Sorge auf ein mögliches Ganzsein ausgerichtet. Es ist hier nicht notwendig, in eine nähere Diskussion um Heideggers Projekt einer Fundamentalontologie einzutreten. Wichtig für diesen Beitrag ist dieser phänomenologische Begriff deshalb, weil es auf eine phänomenologische Wahrnehmung des Menschseins in einem vor allen Akten und Interpretationen liegenden Vollzug abzielt (*Heidegger*, Sein, v. a. 52–63). Hilfreich für unser Anliegen ist die Erkenntnis, dass das ontisch Nächste und Bekannte das ontologisch Fernste und in seiner ontologischen Bedeutung ständig Übersehene darstelle (ebd., 43). Genau in dieser offenen Stelle menschlichen Selbstverständnisses aus einem ursprünglichen Selbstverhältnis erwächst die Sehnsucht nach Spiritualität, als einem ersten Verständnis seiner selbst in den Grunddimensionen des Menschseins.

3.1 Die fünf Grundrelationen des menschlichen Daseins als Person

Die erste Relation kann als Dialogizität des Menschseins bezeichnet werden. Da jedes ‚Ich' immer von einem signifikanten ‚Du' ermöglicht und geprägt wird, scheint jedes Pathos der Individualität im exklusiven Sinne von Autonomie auf einer Täuschung oder Verdrängung zu basieren. Die Würde der Person basiert auf Zustimmung und Anerkennung und ist daher immer als Personalität in Beziehung auszulegen, autonom und interdependent.[20] Dies kann die Sozialität I des Menschen genannt werden, die ihr Urbild in der „(Vater-)Mutter-Kind-Vorstellung"[21] in allen Kulturen findet.

Als Sozialität II ist jene sekundäre Primärgruppe des Wir oder anderer Gruppen zu bezeichnen, in der eine prinzipiell überschaubare und daher noch unmittelbare Kommunikation möglich ist. Beide Sozialitätsformen prägen zutiefst die Menschen. Die auch biologisch bedingte erste Sozialität weitet sich auf Freundschaft und ‚gangs' in allen Varianten menschlicher Sozialgebilde.

Als Sozialität III kann jene systemisch-institutionelle ‚Mitwelt' begriffen werden, der zwar keine personal-unmittelbare Kommunikation mehr eignet, weil Personen darin vor allem in Rollen und Ämtern agieren, doch prägen diese Systeme nicht nur in ihren symbolisch repräsentierten Formen als oftmals anonyme Mächte und Systeme das menschliche Leben in höchstem Maße.[22] Die von Luhmann analysierten Teilsysteme der Gesellschaft sind hier ebenso zu nennen wie die verschiedensten Erinnerungskulturen und kollektiven Vorstellungen.[23] Alle drei Sozialitätsformen bilden die vom Menschen gestaltete Welt.

Doch der Mensch findet sich in einer Welt vor, die vor ihm war und auch nach ihm noch existieren wird. Die traditionell als ‚Natur' bezeichnete Vorgabe des menschlichen Lebens hat sich durch die Wissenschaft, vor allem die Astrophysik, in die unvorstellbare Weite eines Universums ausgedehnt, vor dessen expandierender Größe alles Menschliche, ja die ganze Erde nahezu vergeht. Deshalb vielleicht bezeichnen wir heute gerne die uns prägende Umwelt als ‚Natur' im Sinne von ‚Heimat' als Umgebung einer

---

[20] Siehe hierzu das TZI-Axiom: *Hilberath/Scharer*, Theologie, 90–111 (erstes Axiom: Der Mensch ist autonom und interdependent). Diese Struktur grenzt nichts aus, auch nicht die Beziehung zum Universum.

[21] Damit ist nicht nur eine biologisch-genetische Beziehung, sondern ein, in der Sprache von C. G. Jung ausgedrückt, menschlicher Archetyp gemeint.

[22] Mit Recht verweist die ‚Kommunikative Theologie' in der Tradition von TZI auf diesen „globe" mit dem Merksatz: Wer den „globe" nicht beachtet, den frisst er.

[23] Siehe zu Luhmann aus theologischer Perspektive: *Guggenberger*, Niklas Luhmann; fundamentaltheologisch: *Hafner*, Selbstdefinition.

vertrauten Landschaft mit allen ihren ‚Bewohnern'. Dass wir diesem eher vertrauten kleinen Raum ‚quasi-personale' Züge geben, zeigt schon etwas sehr Wichtiges. Auch wenn Tiere, Landschaften herausfordernd, gefährlich und bergend, als ‚Paradies und Hölle' erscheinen mögen, sind sie gegenüber der ungeheueren Weite der Gesamtwirklichkeit noch eher vertrauenserweckend.[24] Aus dieser ‚Umwelt' erwachsen für alles menschliche Leben stärkere oder schwächere Bestimmungsfaktoren, die uns gerade durch die Möglichkeit eines Klimawechsels immer bewusster werden. Die ‚Natur' aber ist heute entschränkt auf ein Universum, ein All, einen Kosmos hin, das in seiner Komplexität, Weite und Faszination alle früheren Denkmöglichkeiten überschritten hat. In der vierten Relation weitet sich die vertraue Welt auf die unvorstellbare Weite der Gesamtwirklichkeit aus, vor der nicht nur die einzelne menschliche Person, sondern die Menschheit als Ganze mit ihrer Geschichte quasi unvorstellbar gering erscheint, ja zum „Nanosekundennichts" wird.[25]

In allen diesen vier Relationen wirkt eine fünfte Relation auf die Menschen ein, die ich in einem ersten Zugang mit einem unklaren Begriff als Herausforderung durch ‚Idealität und Überschreitung' benennen möchte und traditionell als ‚Erfahrung des Geistigen' bezeichnet worden ist. Wir erfahren diese in den Einsichten der Mathematik, in der Gültigkeit eines Beweises, in der Unterscheidung von ‚wahr' und ‚falsch', von ‚gut' und ‚böse' und in der Unbedingtheit menschlicher Begegnungen. In allen diesen Erfahrungen werden wir mit der Möglichkeit einer Wirklichkeit konfrontiert, die als ‚Mehr-als-Welt' oder ‚Transzendenz' bezeichnet wird. Immer ist also der Mensch, der sich in dieser Welt und seinem Leben einrichten möchte, über diese hinaus.[26] Aus dieser Differenz in der ‚Erfahrung des Geistigen', die ihren Grund in der Weltoffenheit und Weltgebundenheit des Menschen hat, erwachsen erst die Möglichkeiten dessen, was wir Spiritualität nennen. Weil der Mensch immer über das je eigene Leben, in Raum und Zeit, ja selbst über

---

[24] Das, was hier ‚Natur' im Sinne von Landschaft und Heimat genannt wird, ist heute immer die vom Menschen tief geprägte und gestaltete ‚Umwelt'. Auch der nähere „Weltraum" um den Planeten Erde herum ist bereits mit menschlichem Abfall, ‚Weltraum-Schrott' gefüllt.

[25] Bis heute wohl ist diese Spannung unübertroffen erstmals von Blaise Pascal ausgedrückt worden: „Denn, was ist zum Schluß der Mensch in der Natur? Ein Nichts gegenüber dem Unendlichen, ein All gegenüber dem Nichts, eine Mitte zwischen Nichts und All. Unendlich entfernt vor dem Begreifen der äußersten Grenzen, sind ihm das Ende aller Dinge und ihre Gründe undurchdringlich verborgen, unlösbares Geheimnis; er ist gleich unfähig, das Nichts zu fassen, aus dem er gehoben, wie das Unendliche, das ihn verschlingt" (*Pascal*, Religion, Fr. 72).

[26] Siehe in der Auseinandersetzung mit der modernen anthropologischen Diskussion: *Pannenberg*, Anthropologie, sowie seine klassische Programmschrift: *Pannenberg*, Mensch. Diese Analytik verdankt sich vor allem dem Werk von Karl Rahner, der in dieser Überschreitung den Menschen immer schon ins Geheimnis hineingewiesen analysiert (beispielhaft: *Rahner*, Gotteserfahrung).

die Möglichkeiten aller Möglichkeiten denkerisch und phantasiereich hinaus ist, wird er dieser Welt immer auch fremd.[27] Er findet sich einerseits vor und ist mit sich vertraut, andererseits aber ist der Mensch auch ein Leben lang immer zu sich und zu allen Möglichkeiten der Wirklichkeit erst unterwegs. Die Gestaltung dieses Findens und immer neuen Suchens kann eine konkrete Spiritualität im Experimentierstadium genannt werden. Darin lebt der Mensch seine ihm aufgegebene Seinsweise als Frage nach möglichem Sinn, dem Gelingen, dem Glücken des Lebens für sich selbst, für andere, ja vielleicht sogar für alle. So erhält der Mensch als Wesen der Sehnsucht, aber auch der Verehrung und Hingabe eine bestimmte geschichtliche Ausdrucksform. Immer jedoch steht diese Suche heute unter der Möglichkeit des Scheiterns, ja des prinzipiell Illusionären.

3.2 Kontingenz-Begegnung: die Grundstruktur der menschlichen Grundrelationen

Auch wenn Spiritualität(en) konkret geschichtlich immer im Plural erscheinen[28], können sie nicht nur in den genannten fünf Dimensionen analysiert werden. Diese Dimensionen zu benennen und miteinander in Beziehung zu setzen, das wird später ausdrücklicher analysiert werden müssen, stellt ein Qualitätskriterium einer konkreten Ausdrucksform einer Spiritualität dar.

Spiritualitäten sind aber vor allem vergleichbar unter der Perspektive der *conditio humana* in ihrer zeitlichen und ‚ontologischen‘ Bedingtheit. Alles menschliche Leben vollzieht sich unter den Bedingungen *von* Zeitlichkeit und Sterblichkeit in der allmählich erwachenden Ahnung auf Zukunft, ja einer absoluten Zukunft hin. Weil alle menschliche Spiritualität aus dem Bewusstsein des Todes erwächst, ist die Rhythmisierung von Weltzeit und Lebenszeit unausweichlich. Die Erfahrung der Zeit gestaltet sich aus als Erinnerung und Geschichte im persönlichen oder kollektiven Gedächtnis der Herkunft. Aber auch die Frage nach der Zukunft ist dem Menschen aufgegeben, der – gegen alle biologische Effizienz – bis in die Körperlichkeit hinein Gedächtnis, ja Erinnerung und Ausblick, Vorwegnahme der Zukunft ist und sein will. Daher muss der Mensch in seiner apriorischen Offenheit

---

[27] Siehe mehr philosophisch im Durchgang durch die verschiedensten Deutungen dieser Erfahrung: *Sloterdijk,* Weltfremdheit.

[28] So gibt es nicht einfach eine ‚christliche‘, ‚buddhistische‘ oder ‚ökologische‘ Spiritualität. Die konkreten Ausdrucksformen sind auch innerhalb einer bestimmten Traditionsfamilie immer vielfältig – und sie müssen es sein, um der Komplexität des Lebens und der Wirklichkeit einigermaßen gerecht werden zu können.

sich immer neu entwerfen an den Möglichkeiten der Wirklichkeit[29], und zwar konkret angesichts seiner ständigen Möglichkeit, sich zu täuschen und zu lügen. Damit stellt sich die Frage nach dem unvermeidbaren Handeln und den Möglichkeiten zwischen Träumen, Hoffen und Täuschen.

Immer erfährt und weiß sich der Mensch als ,kontingent', nicht-notwendig und daher auch als gefährdet. So wie er seinen Grund nicht in sich hat, über seine Zukunft letztlich nicht souverän bestimmen können wird, so erfahren wir aber auch die verschiedenen Möglichkeiten und vielleicht sogar das Glück nicht erwarteter Gabe und unverdienten Glücks.[30] Die Pastoralkonstitution hat diese Grunddimensionen in ihrer anthropologischen Erfahrungsweise in ihrem ersten Satz prägend ausgedrückt: „Freude und Hoffnung, Trauer und Angst ..." (GS 1). In dieser Erfahrungen von Gefährdung und Glück weiß sich der Mensch von Mächten ergriffen und durchdrungen, die ihn und alle Möglichkeiten der ihn primär zugänglichen Welt übersteigen. In den religiös-anthropologischen Ur-Lauten des Menschen, dem Schrei und dem Halleluja, drückt sich jene Ekstase des Menschlichen aus, die die Religionswissenschaften mit dem Begriffspaar von Rudolf Otto als „tremendum et fascinosum"[31] beschreiben. Mit „Kontingenz-Begegnung" ist eine universale Bestimmung der conditio humana angesprochen. Die konkrete Ausdrucksform von Kontingenz ändert sich nach Kultur und geschichtlicher Situation. In ihrer Gegenwartsanalyse hat die Pastoralkonstitution des Konzils beispielhaft versucht, eine „Theologie in den Zeichen der Zeit" zu skizzieren. Dieses Projekt soll hier nun mit einigen Hinweisen aufgegriffen und auf unser Thema hin exemplarisch weiterverfolgt werden.

3.3 Säkulare Apokalyptik und der Schatten des Nihilismus: zur zeitgenössischen Gestalt der menschlichen „Kontingenz-Begegnung"

Die moderne Situation des Menschseins, und damit die überkommene Prägung zeitgenössischer Spiritualitäten, war geprägt durch jenen Fortschrittsgedanken, in welchem der Mensch sich befähigt wusste, die alten Kontingenzen (Hunger, Krankheit und Tod) zu besiegen[32] und die Mög-

---

[29] Siehe die Entwürfe in: Dalferth/Hunziker, Seinkönnen.

[30] Wuchterl hat hierfür den schönen Begriff der „Kontingenz-Begegnung" entwickelt. Damit werden nicht nur die Gefährdung, sondern auch die Chancen und Möglichkeiten ansichtig (Wuchterl, Kontingenz).

[31] Sie die neueste Edition dieses Klassikers: Otto, Heilige.

[32] Descartes erhofft durch seine Methode, dass der Mensch Meister und Besitzer der Natur werde, um dadurch sich die Kräfte der Natur dienstbar zu machen (Descartes, Discours, 100).

lichkeit eines „ewigen Friedens" in seiner eigenen Geschichte zu etablieren.[33] Diese Möglichkeiten schienen ihm durch seine Herrschaft über die Natur mittels Wissenschaft, Technik und Markt zum Greifen nahe zu sein.[34] Dieser Traum ist aber im 20. Jahrhundert geplatzt, auch wenn er wie in einer magischen Formel immer wieder wiederholt wird.[35]

In der Diskrepanz zwischen Weltzeit und Lebenszeit[36], zwischen einem sich anhaltend ausdehnenden Universum und der physikalischen und biologischen Realität des Menschen erscheinen wir in aller Weite und Größe unserer Geschichte noch geringer als nur „Nanonsekundennichtse". Wie sollte diese Diskrepanz zwischen erfahrener Selbstbedeutsamkeit und ontologischer Realität je überwunden werden? Muss nicht gerade deshalb das ganze menschliche Leben, nicht nur meines, einem absurden Theater gleichen? Hat nicht letztlich doch Albert Camus[37] mit seiner Philosophie des Absurden als letzter Realist die Würde der Sittlichkeit angesichts eines stummen und tauben Universums zu bewahren versucht?

Doch wir erfahren auch, dass dieser sittliche Widerstand durch unsere eigenen Techniken und Formen der Selbstmanipulation selbst aufgehoben werden.[38] Der Mensch kann sich im selbstgemachten „Experiment Mensch" zum findigen Tier werden.[39] Damit aber steht die Existenz der Gattung ‚Mensch' selbst zur Disposition. Was einmal ‚Apokalyptik' genannt wurde, nämlich die zeitliche Phase vor dem von Gott gesetzten Ende der menschlichen Geschichte, ist heute säkular geworden.[40] Wir leben in dem Bewusstsein, dass jede Generation von Menschen auf dieser Erde die möglicherweise letzte sein könnte. Heiß (durch unsere Waffentechnik), schleichend durch unseren Zivilisationsentwurf, der ökologisch sich immer

---

[33] Siehe hierzu die Auslegung der Kant'schen Programmschrift: *Höffe*, Immanuel Kant.

[34] Siehe hierzu die bereits etwas illusionär wirkende Programmschrift: *Brockman*, Kultur.

[35] Bis heute drückt der Titel des Werkes begrifflich diese Ambivalenz aus: *Horkheimer/Adorno*, Dialektik.

[36] Siehe hierzu: *Blumenberg*, Lebenszeit.

[37] Siehe: *Camus*, Mythos.

[38] Ohne Pathos beschreibt Franz-Xaver Kaufmann in der Linie von Niklas Luhmann den Prozess der Moderne mit reinen Funktionskategorien als Legitimation von beschleunigter Veränderung. Modern sind Verhältnisse, weil sie veränderlich sind (*Kaufmann*, Religion, 45–47).

[39] „Diese Selbstmanipulation reicht also durch alle Dimensionen des menschlichen Daseins: die Dimension des Biologischen, des Psychologischen (hier darf die Tiefenpsychologie nicht vergessen werden), des Gesellschaftlichen, des Ideologischen (im weitesten und neutralen Sinn des Wortes" (*Rahner*, Analyse, 266).

[40] Siehe: *Palaver/Stöckl*, Apokalyptik. Der Band dokumentiert Beiträge aus einer Forschungsgruppe in Innsbruck aus den verschiedensten Fakultäten, die sich in wenig einig war außer in dem Bewusstsein, in einer Zeit zu leben, die nur hinreichend als aufgeklärte Apokalyptik bezeichnet werden könne.

deutlicher als unverträglich erweist, oder durch die Verweigerung von hinreichender Nachkommenschaft, könnte die Geschichte der Menschheit enden. Dabei aber steht uns sehr klar vor Augen, dass damit die Geschichte des Universums noch lange nicht zu Ende sein wird, auch wenn dieses nach den heutigen Erkenntnissen, auch zeitlich begrenzt ist.[41] Ein „Dysangelion"[42] ist in uns als prekärer Hintergedanke eingraviert worden. Dieses „Dysangelion", das ist die neue Situation aller Spiritualitäten der Gegenwart, erfahren wir aber auch als die Möglichkeit des Nihilismus, die Möglichkeit der Illusion jeder Art von Transzendenz.

Neben dieser ontologischen Gravur aller möglichen Spiritualitäten ist eine politisch-gesellschaftliche Prägung zu nennen. Um der Freiheit willen hat der moderne, freiheitliche Rechtsstaat die weltanschauliche Orientierung an die Bürgerinnen und Bürger freigegeben.[43] Dadurch aber wird in jedem Lebensraum eine Pluralität von Orientierungen privat und öffentlich gelebt. Es kommt zu einer nicht einfach eingrenzbaren Konjunktur der ‚sinnanbietenden Unternehmen', die den traditionellen Religionen und Philosophien ‚Konkurrenz' machen. Diese Pluralität selbst wird in einem konkreten Weg gedeutet und integriert werden müssen. Daher stellt sich die Frage, ob Spiritualität als gelebte Weltanschauung überhaupt staatlich verordnet werden kann, ohne ihr inneres Wesen zu zerstören. Aus christlicher Erfahrungsgeschichte ist darauf zu antworten, dass jeder mit staatlichen Gewaltmitteln verordnete ‚Glauben' korrumpiert wird und heute – unter den Bedingungen der Moderne und ihrer Möglichkeiten – totalitär werden muss.

Im Rückgriff auf die von Aristoteles eingangs zitierte Grundorientierung des Menschen in Denken und Handeln auf Glückseligkeit hin stellt sich dann immer wieder neu die Frage nach den Chiffren des Glücks. Worin besteht dieses Glück? Aristoteles, auch hier hilfreich bis heute, unterscheidet äußere Güter, Güter des Leibes und Güter der Seele.[44] Da dem Philosophen

---

[41] Die meisten theologischen Entwürfe, die das apokalyptische Denken erneuern, vergessen diese Grundeinsicht. Das Universum, ja schon die nächste Galaxie wird davon keine Notiz nehmen (falls es Wahrnehmung geben sollte). Harald Lesch hat diese Situation in einem Witz beschrieben: „Treffen sich zwei Planeten. Sagt der eine: ‚Siehst aber gar nicht gut aus. Was hast du denn? Sagt der andere: ‚Ach, ich hab Homo sapiens'. Da meint der andere: ‚Ach, mach dir nichts draus, das geht vorbei'" (*Lesch*, Universum, 96).

[42] *Amery*, Causa.

[43] „So stellt sich die Frage nach den bindenden Kräften von neuem und in ihrem eigentlichen Kern: Der freiheitliche, säkularisierte Staat lebt von Voraussetzungen, die er selbst nicht garantieren kann. Das ist das große Wagnis, das er um der Freiheit willen eingegangen ist" (*Böckenförde*, Recht, 112). Dieses sogenannte „Böckenförd'sche Paradox" ist meiner Ansicht nach dahin gehend zu verschärfen, als die Werte, von denen eine moderne Gesellschaft lebt, gerade im Prozess der Moderne gefährdet oder gar verbraucht werden.

[44] *Aristoteles*, Nikomachische Ethik I, 8.

jeder Extremismus fremd ist, kann es bei den äußeren Gütern nur um eine gediegene Sicherung der Lebensbedingungen gehen, nicht um die bloße Anhäufung von Reichtum. Auch Gesundheit und Wohlergehen leiblicher Art dienen als Mittel zum Zweck jener seelischen Güter, die das Wesen des Menschen vollenden. Freundschaft, Philosophie und öffentliche Verantwortung rangieren hier an höchster Stelle. Weil das Edelste des Menschen seine Vernunft ist, verwirklicht sich das Wesen des Menschen vollendet im Leben eines Philosophen, der nach der Wahrheit sucht und forscht.

Aber könnte es nicht andere ‚höchste Güter' geben? Wenn das Ziel allen menschlichen Handelns und Denkens in der Glückseligkeit besteht, dann könnten auch Friede und Freundschaft, ewige Seligkeit, Gesundheit, Todlosigkeit und Leidfreiheit, aber auch Wellness und ein herrliches Mahl in wunderbarer Gesellschaft hierfür gelten. Immer aber scheint die Glückseligkeit ein volles und ungeteiltes Leben zu meinen, dessen Status nicht mehr gefährdet werden kann. Alle unsere Vorstellungen und Bilder des Glücks scheinen der Idee der Ewigkeit nach Boethius nahe zu kommen: „Ewigkeit ist des nicht-endenden Lebens ganzer und zugleich vollkommener Besitz."[45] Doch wie ist ein solcher Besitz möglich? Unter den Bedingungen der Zeitlichkeit und Endlichkeit scheint dies völlig ausgeschlossen zu sein. Dennoch scheinen Spiritualitäten dadurch zu punkten, dass sie solche Erfahrungen zu ermöglichen versprechen – wenn nicht dauerhaft, so doch in jenem Augenblick, der als Vorschein der Ewigkeit aller Mühe wert ist.

Wenn ich die Grundrelationen des Menschseins vor Augen führe, mir die grundlegenden und aktuellen Bedingungen des Menschseins bewusst mache, dann scheint es mir, dass es nicht allzu viele, völlig voneinander verschiedene Spiritualitätsfamilien[46] wird geben können. Die folgende Typologie geht davon aus, dass es Reinformen dieser Typen nicht gibt, weil jeder Typ die anderen Relationen integrieren muss, wenn er eine umfassende Spiritualität zu sein beansprucht. Daher sind in der Realität immer Spiritualitäten anzutreffen, die von einem bestimmten primären Erfahrungszusammenhang (Kosmologie, Person oder Geist) die anderen Aspekte zu integrieren versuchen. Dazu kann auch gehören, dass andere Beziehungen entweder als vernachlässigbar angesehen werden oder die gegenteilige Bedingung als pure Versuchung und abzuwehrende „Sünde" nur bekämpft zu werden verdient. Integration besagt hier also nur eine be-

---

[45] „Aeternitas est interminabilis vitae tota simul et perfecta possessio", *Boethius*, Trost V, 6.
[46] In der folgenden Typologisierung greife ich auf jene Form der Explikation bzw. der Definition zurück, die Ludwig Wittgenstein als Familienähnlichkeit bezeichnet hat. Mit diesem Begriff schien es ihm möglich zu werden, so unterschiedliche Handlungsformen zusammenzufassen, die z. B. als Spiel bezeichnet werden (*Wittgenstein*, Untersuchungen, § 66 und § 67 f.).

stimmte Form von Stellungnahme, nicht Toleranz oder sogar Akzeptanz und Würdigung.

4. Kleine Typologie möglicher Spiritualitäten

Wenn die Grundrelationen des Menschseins von einer Spiritualität integriert werden müssen und die Grundbedingungen des Menschseins nicht zu überspielen sind, dann ergeben sich, etwas stark, ja vielleicht zu radikal reduziert, drei spirituelle Grund-Typen. Diese Idealtypen prägen sich nie rein aus, sondern werden durch die verschiedensten Erfahrungen unter- und miteinander in den verschiedensten Formen ausgestaltet und arrangiert.[47] Von einem ‚Typ' kann man aber deshalb sprechen, weil die verschiedensten Erfahrungen von einer Grundoption her gedeutet und integriert werden. Eine konkrete Spiritualität bildet eine flexible Werthierarchie aus, die als Ordnung der verschiedensten Erfahrungen dem Lebenshandeln der Menschen zu dienen versucht. Zu den genannten Typen gehört immer auch ein ‚Gegen-Typ', der eine Reformbewegung innerhalb dieser Tradition darstellt und deren Selbstabschließung zu verhindern sucht.[48]

4.1 Der erste Typus: die ‚kosmotheistische', ewige Ordnung

Der erste Typus wird von der Erfahrung geprägt, dass alle Lebewesen, ja alles Sein von einer umfassenden, alles durchdringenden Ordnung bestimmt wird. In der westlichen Tradition kann dieser Typus mit Jan Assmann[49] „kosmotheistisch", in der Tradition von Spinoza[50] „pan(en)theistisch" oder mit einer spezifischen Deutung von Klaus Müller[51] als „monistisch" bezeichnet werden. Diese verschiedenen Begrifflichkeiten differenzieren diesen Typus. Sie können aber hier vernachlässigt werden, weil die gemeinsame Grunderfahrung in der Erkenntnis liegt, als Mensch ein Teil der großen, kosmischen Einheit zu sein. Dabei ist daran zu erinnern, dass selbst die

---

[47] In einem früheren Beitrag habe ich versucht, dazu einen „Kompass (christliche) Spiritualität" zu entwerfen (siehe: *Siebenrock*, Geist). Da ich Spiritualität als ein anthropologisches Phänomen ansehe, kann die Frage nach der vielgestaltigen Götterwelt etwas vernachlässigt werden.

[48] Jeder Typ, das kann im nächsten Abschnitt nur angedeutet werden, kann auch pervertiert werden. Wodurch diese Pervertierung charakterisiert ist, soll in der Kriteriologie kurz benannt werden.

[49] *Assmann*, Monotheismus.

[50] *Spinoza*, Ethik.

[51] Siehe zur aktuellen Debatte um diesen Begriff: *Müller/Striet*, Dogma.

Einkehr in sich selbst nach Plotin zu jenem „Ordo" zurückführt, aus dem alles seinen Anfang genommen hat.

Neben der neuplatonischen Einheitsmystik[52] hat dieser Typus seine klassische Ausdrucksform im Hinduismus und seiner Lehre von der ‚ewigen Ordnung' (*dharma*) gefunden. Ähnlichkeiten können aber auch in den universalen chinesischen Vorstellungen (*Dao*) gefunden werden. Kaum eine Ausdrucksform dieses Typus heute bei uns wird nicht von der indischen Religionsfamilie oder den chinesischen Weisheitslehren beeinflusst.[53]

Ziel des darin eröffneten Weges ist die Einheit mit dem göttlichen Ursprung, die indisch als Einheit von Atman („menschliche Seele") und Brahman („Gottheit") interpretiert wird. Das Angeschlossensein oder das Aufgehen in hat für das menschliche Leben zur Folge, diesem Gesetz Folge leisten zu müssen. Zahlreiche Heilswege entwickeln sich, die dieses Ziel nicht nur zu erreichen, sondern Befreiung schon in der Zeit anfänglich zu vermitteln versprechen. Bezeichnend aber ist für diesen Typus, dass die menschliche Existenz nicht auf Einmaligkeit beruht, sondern den Weg der Läuterung durch den Kreislauf des Werdens und Vergehens, also der Wiedergeburt, zu gehen hat. Wichtig ist immer, dass das Göttliche in vielfältiger Gestalt zu Erfahrung werden kann; ja die ganze Wirklichkeit ist daraufhin transparent.

In diesem Typus können jene Wege als ‚Gegen-Typ' angesehen werden, die sich einer näheren Bestimmung des Göttlichen entweder enthalten oder hierfür nur sehr zurückhaltend antworten. Die chinesische Tradition legt, ohne einen theologischen Horizont abzulehnen, auf das Zusammenleben und die Ausbildung eines entsprechenden Ethos größten Wert. Ihr Ideal ist im Begriff der ‚Harmonie' gefasst. Die älteste buddhistische Tradition ist ebenso theologisch zurückhaltend und legt allen Wert auf die Heilung des durch „Leiden" verletzten Menschen.

Dass der Weg zum Kosmos für den Menschen über die Einkehr in sein Innerstes führt, hat in der europäischen Tradition nach Plotin wohl klassisch Augustinus mit dem Satz ausgedrückt: „intimior intimo meo exterior extremo meo".[54] Aber auch der Bibel ist diese kosmische Seite nicht fremd. Der Schöpfungsgedanke begründet die Welterfahrung als mögliches Medium der Kommunikation mit Gott. Am ‚kosmotheistischsten' sprechen wohl Paulus auf dem Areopag (Apg 17,28) und das Buch der Weisheit. Immer klingt hierbei die Rede von der „göttlichen Art" des Menschen an.

---

[52] *Plotin*, Selbsterkenntnis. Auch: *Beierwaltes*, Selbst.

[53] Diesem Typus kann auch jene gemeinsame afrikanische Idee zugeschrieben werden, nach der alles lebendig miteinander verbunden ist (siehe hierzu der Klassiker: *Mbiti*, Religion).

[54] *Augustinus*, Confessiones, III, 6.

4.2 Der zweite Typus: Begegnung im Anspruch der anderen Person

Der zweite Typus entfaltet die soziale Personalität des Menschen und hat in den Schriften der abrahamitischen Monotheismen seine geschichtsbestimmende Ausprägung erhalten. Die Grunderfahrung basiert auf der vorrangigen Bedeutung des Hörens (Dtn 6,4–6), durch das der Mensch vor die Unbedingtheit seiner selbst im Angesicht des Anderen[55] gerufen wird. Da die Worte ins Herz hineingeschrieben werden, wird der Ruf des Gewissens im Anspruch der Gerechtigkeit und eines unbedingten Sollens zur besonderen Ausdrucksform dieser Spiritualität, die sich gerade in ihrer Bindung an Gottes Wort in unbedingter Freiheit gegenüber allen Mächten und Gewalten dieser Welt und Geschichte weiß. Immer ist diesem Weg ein Exodus eingeschrieben, der auf einer Verheißung beruht.[56] Weil der primäre Ort eine personale Begegnung darstellt, wird die Welt in ihrer Zeitlichkeit als Geschichte gedeutet und als Raum einer umfassenden Kommunikation. Erinnerung ist das entscheidende Merkmal der frommen Aufmerksamkeit, die deshalb gerade in ihrer Hoffnung auf eine Zukunft, in der die Verheißung real erfahren wird, auch die Opfer der Geschichte nicht vergisst.

Die individual-personale Ausprägung dieses Typus ist eine späte Entwicklung; zunächst galt die Erfahrung der Gemeinschaft des Volkes Gottes als Volk der Verheißung, in die die Einzelnen eingegliedert sind. Ursprünglich war wohl die Erfahrung der Zugehörigkeit zu Gruppe, Stamm und Volk und der in ihr wirkenden heiligen Ordnung. Das gemeinsame Leben, so vorzüglich die biblische Tradition, steht unter der Norm des Willens Gottes, dem auch der König verpflichtet bleibt. Da dieses Gesetz dem Leben in Gerechtigkeit und Frieden zu dienen hat (Lev 18,5), wird Macht- und Sozialkritik, die prophetische Intervention, nicht nur möglich, sondern gehört zur Integrität dieser Überlieferung.[57] In dieser Tradition entwickelt sich auch eine Spiritualität des Protestes und des Widerstandes. Andererseits wird diese Tradition, der eine Verheißung immanent eingeschrieben wird, durch den Weg der Geschichte auch zutiefst fraglich. Die Geschichte erweist sich (noch) nicht als der Ort messianischer Verheißung.

Da das vollendete Leben als Erfahrung der Liebe (aktiv und passiv) in unbedingter Lebenszusage und Anerkennung gedeutet wird, protestiert dieser Weg gegen die scheinbar alles durchdringende Macht des Todes. Die Erhabenheit und deshalb auch Unaussprechlichkeit des Herrn der Ge-

---

[55] So vor allem Emanuel Levinas: *Lévinas*, Spur.

[56] Euphorisch wird die Befreiung und Freiheit durch den Glauben an Jesus, den Christus, von Paulus im achten Kapitel seines Römerbriefs gepriesen.

[57] Die Königskritik dürfte diese Tradition wohl am deutlichsten von der kosmotheistischen unterscheiden.

schichte bekommt ihre konkrete Erfahrbarkeit als jene Macht, die den Tod besiegt. Für Christgläubige ist der Gott Israels dadurch konkret geworden, als er Jesus von Nazareth, den Gekreuzigten, wieder sichtbar hat werden lassen. Auferstehung wird zur Hoffnung der Erneuerung der ganzen Schöpfung.

Während die strengen Monotheismen im Judentum und Islam Gottes Einzigkeit und Andersheit in strengster Weise zu wahren versuchen, kann die trinitarische Gottrede des Christentums deshalb als ‚Gegen-Typ' dieser Tradition ausgelegt werden, weil hier das personale Relationsprinzip als Ausgestaltung der Beziehung ins Göttliche selbst eingetragen wird und in der Rede vom Heiligen Geist auch „a-personale" Züge und Aspekte im Gottesbild ein Heimatrecht erhalten.

4.3 Der dritte Typus: der intellektuelle Weg als ‚Liebe zur Wahrheit'

Als eigenen, dritten Typus stelle ich jenen Weg dar, der einmal den Weg der Philosophie in beinahe exklusiver Weise gekennzeichnet hat. In ihrer Liebe zur Wahrheit weiß sie die Philosophie auf der Suche in der Treue zur selbstreflexiven Form des Geistes. Damit möchte ich einen Weg denkerischer Aufklärung und eigenständiger Deutung aller Erfahrungen in seiner prägenden Grundhaltung als eigenständigen spirituellen Typus vorstellen, der gerade heute von besonderer Bedeutung ist.

Dieser Typus bildete in Europa vor allem in der Spur von Platon und Plotin, eine eigene intellektuelle Mystik aus, die als Aufstiegsmystik die religiösen Traditionen der monotheistischen Wege zutiefst beeinflusst hat.[58] In ihr entfaltet sich die Dynamik des menschlichen Geistes als kritische Selbstüberschreitung und kann deshalb auch ‚religionsfreie', auf jeden Fall religionskritische Formen ausprägen. Nüchterner, aber auch nicht weniger bedeutsam sind die philosophische Haltung des Aristoteles und sein Habitus des Denkens. Auch wenn die Rezeption des Aristoteles immer problematischer war als die Platons, der eine Befreiungsmystik im Zeichen der Vergöttlichung entfaltete, ist die aristotelische Form des Denkens durch Thomas von Aquin in die christliche Tradition integriert worden.[59]

---

[58] Es sei nur darauf verwiesen, dass für die christlichen Kirchenväter der Alten Kirche die Platoniker die bevorzugten Gesprächspartner waren. Aufgrund seiner nicht zu überschätzenden Bedeutung pflege ich daher vom „Heiligen Platon" zu sprechen (siehe: *Beierwaltes*, Platonismus).

[59] Es wäre eine eigene Studie wert, der Haltung und Spiritualität des Thomas nachzugehen, mit der er nüchtern und sachlich in seinen Aristoteles-Kommentaren sich um ein angemessenes

In der anthropologischen Wende der Neuzeit bildet sich bei Ludwig Feuerbach ein Glauben an den Menschen oder die Menschheit aus, der die sittliche Verantwortung auch unter den Bedingungen eines ontologischen Atheismus zu begründen sucht.[60] In besonderer Weise hat Albert Camus eine Weise zu formulieren versucht, wie angesichts der Absurdität der menschlichen Existenz in ihrem Verhältnis zur expansiven Weite des kosmischen Universums Sittlichkeit zu behaupten sei. Ohne diese metaphysische Hypothek hatte schon Buddha, wenn die aktuellen Forschungen zum Ursprung des Buddhismus zutreffen, einen selbstverantwortlichen Befreiungsweg erkundet und gelehrt, der die eigene Befreiung aus den Ursachen des Leids mit der Allsympathie für alle leidenden Wesen verbindet. Die präzise Analytik seiner Erfahrungen muss zu den höchsten Formen menschlicher Rationalität gezählt werden.[61]

Diesen intellektuellen Typus hat Papst Benedikt XVI. in seiner agnostischen Ausbildung in einer noch nicht hinreichend gewürdigten Rede in hohem Maße gewürdigt und den Glaubenden vor Augen gestellt.[62] Die Glaubenden werden darauf verwiesen, dass Gott nicht Eigentum der Frommen sei. Den Atheisten aber wird ein großes Vielleicht ans Herz gelegt. Diese Rede hat mich zu dem Gedanken bewegt, dass Gott – zur prophetischen Kritik von uns Christgläubigen angesichts der Geschichte des Christentums – AgnostikerInnen beruft, die uns die Möglichkeit nehmen, ,Gott' im Begriff des ,Eigentums' als Instrument und Waffe gegen andere zu verwenden.[63]

Halten wir für diese elementare Typologie noch einmal grundsätzlich fest, dass selbstverständlich diese drei Typen je auf ihre Weise darum ringen, die unterschiedlichen Relationen des Menschen und die mit ihr gegebenen Erfahrungsweisen der ,Kontingenz' zu gestalten, d. h. nicht einfach diese *conditio humana* zu bewältigen, sondern ihr so zu begegnen, dass sie lebensförderlich integriert wird.

Verständnis des Philosophen bemüht. Keine theologische Verzweckung liegt diesem Interesse des Verstehens zu Grunde.

[60] Zur Auslegung seines Schlüsselwerkes siehe: *Arndt, Ludwig Feuerbach.*

[61] Siehe dazu die Studie, die die Probleme westlicher, nicht nur christlicher Annäherungen an den Buddhismus aufarbeitet: *Schmidt-Leukel, Löwe.*

[62] *Benedikt XVI., Ansprache.*

[63] Beim Treffen in Assisi 2011 hat Julia Kristeva verdeutlicht, wie eine solche prophetische Kritik sich artikuliert (vgl.: *Kristeva, Prinzipien). Zur Charakterisierung von Agnostizismus und Atheismus als möglicher Fremdprophetie siehe: *Schärtl, Atheismus.*

5. Ein kleine Kriteriologie zur Unterscheidung der Geister aus christlicher Tradition

Ohne Zweifel kann bei einem Thema, das direkt oder indirekt immer auch die eigene Lebensorientierung angesprochen hatte, nie vom eigenen Standpunkt abstrahiert werden. Er schwingt immer mit. Elementare Lebensorientierungen können wohl gar nicht anders geprüft und verstanden werden als mit der eigenen Kriteriologie und Grundausrichtung. Daher kann eine Kriteriologie nicht aus dem Nirgendwo gewonnen werden, sondern immer nur von den eigenen Wurzeln her. Leben kann nur mit Leben gemessen und verglichen werden. Daher ist vor einer genaueren Entfaltung einer Kriteriologie etwas ausdrücklicher davon zu sprechen, was ‚Christliche Spiritualität' ausmacht und wie jemand aus der Mitte eines christlichen Lebens in die Weite aller möglichen Wirklichkeit gerufen wird.

In einem engeren Sinne besagt ‚Christliche Spiritualität' die individuell-persönliche oder gemeinschaftliche Art und Weise, die in Jesus von Nazareth, als dem Christus der Welt, gegründete Glaubens- und Lebenstradition des einen Gottes biographisch zu vergegenwärtigen, ja diese durch ein konkretes Leben ursprünglich zu repräsentieren. Christ ist, wer sein Leben an Jesus Christus gemäß den Schriften des Neuen Testamentes ausrichtet. Christsein heißt Christus-Nachfolge, Existenz in der Spur des Nazareners. In der Mitte der jesuanischen Botschaft steht aber die Verkündigung des nahegekommenen Reiches Gottes oder Himmelreiches, das im Evangelium nach Johannes als Gegenwart des Lebens in Fülle gedeutet wird.

Daher ist christliches Leben auf der Suche nach den Zeichen der Gegenwart Gottes im je eigenen Leben, und zwar eines Gottes, der als Fülle des Lebens uns eröffnet worden ist. Dieses Leben weiß sich von Christus selber gestaltet (Gal 2,20) und findet in folgendem Bekenntnis seine tragende Mitte: „Leben wir, so leben wir dem Herrn, sterben wir, so sterben wir dem Herrn. Ob wir leben oder ob wir sterben, wir gehören dem Herrn" (Röm 14,8).[64] Deshalb kann mit Karl Rahner gesagt werden, dass ein christliches Leben immer eine Auslegung der Mysterien des Lebens Jesu darstellt.[65] Die Vielfalt der christlichen Wege findet in ihrem Christusbezug ihre Mitte und tragende Kriteriologie.

In der christologischen Personalisierung christlicher Wege wird jedoch keiner exklusiven Verengung das Wort geredet. Der christologische Weg, der

---

[64] Der Briefwechsel von Freya und James von Moltke aus den letzten Monaten ihres gemeinsamen Lebens ist von dieser Orientierung durchdrungen (siehe: *Moltke*, Abschiedsbriefe).

[65] Siehe zu dieser Mitte der Gnadentheologie Karl Rahners v. a.: *Rulands*, Selbstmitteilung. Zur Auslegung der Mysterien des Lebens Jesu nach Karl Rahner die Arbeit: *Batlogg*, Mysterien.

Weg des Wortes, das von Anfang an war[66], führt vielmehr in die Weite, von Anfang an (*ab principio*). Denn im ältesten Text des Neuen Testamentes skizziert Paulus eine Grundhaltung, einen christlichen Habitus, der aufmerksam wird für alle Wirkungen des Geistes (1 Thess 5,12–25) und in der Freude bleibt (1 Thess 5,16). Konkret heißt es in den Schlussermahnungen: „Löscht den Geist nicht aus! Verachtet prophetisches Reden nicht! Prüft alles, und behaltet das Gute! Meidet das Böse in jeder Gestalt!" (1 Thess 5,19–22).

Damit erhalten wir ein spannungsreiches Grundkriterium aus der Schrift: Prüfung von allem auf das Gute hin, meiden allen Bösen.[67] In Bezug zur Gegenwart des Reiches Gottes in und durch Jesus Christus werden Christgläubige dazu gerufen, das Gute in allen Begegnungen zu suchen und anzuerkennen. Diese epistemische Grundhaltung gestaltet sich in der Tradition zum spannungsreichen Zueinander von Glaube und Vernunft bzw. Natur und Gnade aus, wie es vor allem in der traditionellen Lehre der *Loci theologici* als Grundlage einer theologischen Erkenntnislehre ausgebildet wurde.[68] Christliche Kriterien sind daher immer von einer Doppelperspektive gekennzeichnet, von außen und von innen.[69] Christlicher Glaube verweist von seiner innersten Mitte her auf jedwede Wahrheit, der wir auch an uns unvermuteten Orten begegnen können.[70] Deshalb ist vor einer Spiritualität zu warnen, die streng exklusiv ist und daher die eigenen Symbole und Chiffren verabsolutiert.

Die oben zitierten Aussagen von Papst Benedikt XVI. sind von der Überzeugung geprägt, dass nur die wechselseitige Korrektur von Glaube und Vernunft uns vor den jeweiligen Pathologien des Glaubens und der Vernunft bewahren kann. Nach dem 20. Jahrhundert kennen wir beide Pathologien. Diese vermeiden wir nicht dadurch, dass wir entweder den Glauben oder die Vernunft gering achten oder gar ausschließen. Allein eine „polyphone Korrelation" von Glaube und Vernunft vermag uns zu orientieren.[71] Aus der selbstkritischen Erinnerung an die eigene Geschichte und ihren Abirrungen entsteht das Bewusstsein, dass auch religiöse Tradition des kritischen Blicks

---

[66] Insofern buchstabiert das Johannes-Evangelium konsequent den Weg Jesu Christi als Weg des Wortes Gottes, das von seinem Ursprung in Gott, die Schöpfung prägt und vollendet (Joh 1,1–18). In diesem Wort legt sich das Geheimnis des unsichtbaren Gottes selbst aus (Joh 1,18).

[67] Damit ist eine epistemologische und pragmatische Orientierung gegeben.

[68] Siehe hierzu: *Hünermann*, Prinzipienlehre, v. a. 207–251.

[69] Die Kirche bekennt sogar, dass sie selbst von jenen gelernt hat, die sie verfolgen (*GS* 44).

[70] Diese offene Haltung hat John Henry Newman beispielhaft gelebt (siehe dazu: *Siebenrock, Wahrheit*). Schon Augustinus hat die Suche nach der Wahrheit als Grundmatrix seiner Autobiographie bestimmt.

[71] Siehe: *Ratzinger*, Welt. Die zahlreichen Stellungnahmen von Joseph Ratzinger/Benedikt XVI. zu gesellschaftlichen und politischen Fragen sind heute gesammelt in: *Benedikt, Ökologie.*

durch die verschiedenen Ausprägungen des Denkens und der Wissenschaft benötigen, auch der dezidiert nicht-religiösen. Daher ist die kritische Selbstöffnung von spirituellen Wegen und Ansprüchen ein wichtiges, ja entscheidendes Qualitätsmerkmal. Diese Öffnung besteht heute grundsätzlich in der kritischen Offenheit für die begründeten Überzeugungen der modernen Wissenschaften und ihrer Weltdeutung.[72] Spiritualitäten sind nur so davor zu bewahren, in Gegenwelten zu flüchten. Dieses basale Kriterienbündel, das aus der Konkordanz von Glauben und Denken erwächst, ist nur anwendbar, wenn sich Glauben und Denken an die aristotelischen Überlegungen insofern anschließen, als es ihnen um das Gute geht. Dadurch werden sie erst in einer wechselseitig kritischen Befragung fähig, ein Kriterium letztgültigen Sinns[73] in der Anerkennung, im Guten und in der selbstvergessenen Hingabe zu buchstabieren. Das Gute, so die Rezeption des Gedankens Plotins bei Thomas von Aquin, ist sich selbst verströmend. Das wahrhaft Gute erweist sich im Teilen, nicht im privaten „Für-sich-Behalten".[74] Niemandem ist zu trauen, der die Vernunft verachtet.[75] Im Horizont der „polyphonen Konkordanz" von Glauben und Vernunft ist ein entscheidendes Qualitätsmerkmal einer konkreten Spiritualität darin zu finden, dass sie die oben analysierten verschiedenen Dimensionen des Menschseins miteinander verbindet, ja integriert, ohne diese abzuschließen. Ohne eine prinzipielle Offenheit mutiert eine spirituelle Deutung und Wegleitung zur Ideologie.

Ein weiteres Kriterienbündel eröffnet sich in der Auslegung der Kernbotschaft Jesu vom Reiche Gottes. In dieser Botschaft wird sowohl ein individual-personaler Weg entfaltet als auch eine Kritik aller menschlichen Herrschaftsverhältnisse deutlich. Die Pastoralkonstitution des letzten Konzils hat die Gegenwart des Reiches Gottes in der Spur von Johannes

---

[72] Nur so werden ,Spiritualitäten' vor der Flucht in eine irrationale Gegenwelt bewahrt. Um im beliebten Bild zu bleiben: Zwar hat nach Pascal das Herz Gründe, die der Verstand nicht kennt. Doch diese Gründe setzen die guten Gründe des Verstandes nicht außer Kraft. Vor allem im Bereich der Bewältigung von Krankheit und Tod ist dieses Kriterium von großer Bedeutung, weil wohl nirgends Menschen empfänglicher für falsche Versprechungen und Illusionen sind als in ihrer Hoffnung auf Heilung. Das bedeutet keineswegs eine unkritische Verabsolutierung der sogenannten ,Schulmedizin'. Aber keinem spirituellen Weg ist zu trauen, der die Erkenntnisse der medizinischen Wissenschaft einfach ignoriert.
[73] So das fundamentaltheologische Projekt einer aus dem Glauben erwachsenden autonomen Vernunft nach Verweyen (siehe: *Verweyen*, Gott).
[74] Siehe den philosophiegeschichtlichen Überblick bei: *Reiner*, Gut.
[75] Father Brown ist davon überzeugt, dass aufgrund der Menschwerdung des Wortes die Vernunft nicht nur im Himmel und auf Erden Geltung beansprucht, sondern dass selbst Märchen ohne Logik nicht möglich sind. Den Pseudopriester Flambeau entlarvt er mit der Feststellung: „You attacked reason … It's bad theology" (*Chesterton*, Cross, 23).

XXIII.[76] anthropologisch zu indizieren gesucht. Wo es um die Würde und Freiheit der menschlichen Person geht, wo um Gerechtigkeit und Frieden in der Gesellschaft gerungen wird, da ist es möglich, von der Gegenwart des Reiches Gottes zu sprechen. Diese Gegenwart ist aber nur real indizierbar, wenn der gewaltfreie und kenotische Weg Jesu selbst in diesem Ringen erkennbar bleibt. Gewalt ist niemals ein Name Gottes! Das hier zu beschreibende Kriterienbündel basiert auf einer inkarnatorisch-sakramentalen Logik, die die Beziehungen zwischen den Menschen als Dienst am gelingenden Leben der anderen auslegt. Im Zeichen der Fußwaschung und der in ihr zeichenhaft verdeutlichten machtstrategischen „Entweltlichung"[77] ist uns ein klares Kriterium im Umgang mit den anderen eröffnet. Daher ist die Achtung der Würde und Freiheit aller in der Zurückweisung von Herrschaft und ‚Gewalt-Macht' über die anderen ein wichtiges Kriterium für die Beurteilung von spirituellen Wegen und Ansprüchen.[78] Im Wort vom Dienst liegt die höchst bedeutsame Selbstunterscheidung eines spirituellen Meisters von sich und Gott bzw. des letzten Zieles. Wer dazwischen nicht zu unterscheiden vermag und sein eigenes Wort und seine individuelle Interpretation mit Gottes letztem Wort gleichsetzt und so Macht über andere zu gewinnen sucht, vor dessen Anspruch kann nur nachhaltig gewarnt werden. Nach christlichem Verständnis hat jener Mensch, der Gott selbst in unserer Geschichte nach unserem Glauben verkörpert, zwischen sich und seinem Vater immer unterschieden und hat seinen Weg in der radikalen Ent-

---

[76] Siehe zur Bedeutung von Papst Johannes XXIII. für die Deutung der Zeichen der Zeit meine Beiträge: *Siebenrock*, Pacem; *Siebenrock*, Zeichen.

[77] Der Gegensatz von Welt und Gemeinde Jesu wird nach dem Neuen Testament immer auf dem Hintergrund der sozialen Ordnung innerhalb der Gemeinde im Kontrast zu den üblichen Herrschaftsformen der Gegenwart entwickelt. ‚Welt' ist daher als eine Sozialgestalt zu verstehen, von der sich die Gemeinde Jesu als Zeichen des Reiches Gottes abhebt. Diese Fragestellung lässt sich auch aus den Versuchungen Christi ablesen (Mt 4,8). Im Rangstreit der Jünger, der durch die Mutter der Söhne des Zebedäus ausgelöst wurde (Mt 20,21), weist Jesus die Platzvergabe im Reiche Gottes mit dem Verweis auf die Souveränität seines Vaters. In die aufkeimende Unmutsäußerungen zieht er den prägenden Vergleich zwischen den Mächtigen in der Welt und der Rangordnung in der Gemeinde (Mt 20,25–28). Jesus antwortet mit der Umkehr der normalen sozialen Ordnung. Der Größte sei der Diener aller. Diese Umkehrung steht aber im Zeichen des Kreuzes. In Kontrast zu den Schriftgelehrten verbietet er seinen Jüngern, sich an die Stelle Gottes zu stellen, wenn sie sich Meister oder als „gut" bezeichnen lassen (Mt 23,8–12). Gott allein gebührt diese Ehre. Wiederum sei der Größte der Diener bzw. der Sklave. Vor allem das Johannesevangelium (Kap. 14) kontrastiert diese Differenz zur Welt auf dem Hintergrund der Fußwaschung Jesu (13,5–20) und dem einen Gebot der Liebe (13,34).

[78] Dieses Kriterium ist deshalb von ausschlaggebender Bedeutung, weil nur in wenigen Bereichen Menschen so anfällig für Verführung und Abhängigkeit sind wie in diesem Bereich. Auch aus diesem Grunde ist die Bedeutung des säkularen Staates nicht zu überschätzen. Unter den Bedingungen der Moderne wird jede religiösen, spirituelle oder weltanschauliche Herrschaft tendenziell totalitär.

mächtigung einer kenotischen Selbsthingabe vollendet. Nicht zuletzt wegen des Kreuzes und der Nacht Jesu müssen alle spirituellen Wege offenbleiben auf das je größere Geheimnis hin.

Die Kriterien der christlichen Tradition verstehen sich als Auslegung der Interpretation der Thora durch Jesus selbst:

> „Er antwortete ihm: Du sollst den Herrn, deinen Gott, lieben mit ganzem Herzen, mit ganzer Seele und mit all deinen Gedanken. Das ist das wichtigste und erste Gebot. Ebenso wichtig ist das zweite: Du sollst deinen Nächsten lieben wie dich selbst. An diesen beiden Geboten hängt das ganze Gesetz samt den Propheten." (Mt 22,37–40)

Diese Liebe schließt niemanden aus und antwortet sogar den Feinden und Mördern mit der Bitte um Vergebung (Mt 5–7; Lk 23,34). Mit ihr, ohne die alles nichts wäre, prahlen aber Menschen nicht (1 Kor 13): Die Liebe verweist, sie rühmt sich nicht selbst (2 Kor 10,17). Daher können diese Menschen gegen ihre eigene Diskretion als Stadt auf dem Berge bezeichnet werden (Mt 5,14). In dieser Linie hat Paulus das christliche Leben in die Orientierung zusammengefasst. „Keiner von uns lebt sich selber, und keiner stirbt sich selber: Leben wir, so leben wir dem Herrn, sterben wir, so sterben wir dem Herrn. Ob wir leben oder ob wir sterben, wir gehören dem Herrn" (Röm 14,7–8). Es sollte daher selbstverständlich sein, dass diese ‚Liebe/caritas/agape‘ das Kriterium nicht nur des christlichen Lebens ist, sondern auch als Leitkriterium zur Unterscheidung der Geister vorzüglich dient. Augustinus meinte kurz und bündig: „dilige et quod vis fac" („Liebe und tu, was du willst")![79]

Ich fasse die von mir entfalteten Kriterien zur Unterscheidung der Geister in folgenden Leitideen zusammen: Offenheit für alle Wahrheit und die Vernunft, Entmächtigung in selbstvergessener Liebe im Dienst an der Würde und Freiheit der anderen aufgrund einer Beziehung, die nicht Besitz, sondern immer neues Suchen und Finden bedeutet.

Eine solche Orientierung ist in jedem Leben und in jeder Zeit neu auszulegen und umzusetzen. Das Christentum bietet keine Patentrezepte, schützt uns nicht vor Überraschungen und der Nacht des Geistes und der Sinne, sondern stellt uns in das Zeichen eines exemplarischen Lebens. Insofern ermöglicht eine christliche Kriteriologie Orientierung. Diese nimmt den Menschen aber das eigene Prüfen und Gehen nicht ab, sondern ermutigt zu eigener Erkundung in der unbedingten Anerkennung der Freiheit, ohne die es einen spirituellen Glaubensweg schlicht nicht geben kann.

---

[79] *Augustinus*, Tractatus, hier VII, 8 (Sp. 2033).

Doch wenn der Weg unübersichtlich wird und wir wie im Nebel uns zu verlaufen scheinen, wenn alle Sterne wie verlöscht und es scheinbar nicht mehr Tag werden will, was dann? Dann bleibt Christgläubigen eine Grundorientierung, die Bonhoeffer in seinem Taufbrief an Bethge in folgender Weise ausgedrückt hat: „Es wird Menschen geben, die beten und das Gerechte tun und auf Gottes Zeit warten."[80] Immer können Christgläubige beten und Gutes tun. In diesem Dienst, der von Christgläubigen immer erwartet werden kann, wird niemand aus der Anerkennung ausgeschlossen und alle werden dem letzten Geheimnis der Welt und aller ihrer Möglichkeiten anvertraut.

---

[80] *Bonhoeffer*, Widerstand, 436.

II Spiritualität außerhalb der institutionalisierten Kirche

Religiöse Sinnstiftung jenseits kirchlich-dogmatischer Vorgaben

Christel Gärtner

„Der Herrgott ist immer dabei, man ist nie alleine, da kann man das Letzte riskieren" – dieses Zitat kennzeichnet einen religiösen Habitus, der durch ein Gottvertrauen geprägt ist, das die handelnde Person befähigt, sich in Krisensituationen zu entscheiden. Das Gelingen von Entscheidungen schreibt die 1925 geborene Erna Matig jedoch nicht sich selbst, sondern der Eingabe durch den „Heiligen Geist" und der „verlängerten Hand Gottes" zu.[1] Ihr religiöser Glaube, der auf bedingungslosem Gottvertrauen und der Überzeugung der faktischen Wahrheit religiös-kirchlicher Dogmen beruht, geht in ihrem Fall zugleich mit einer autonomen Lebensgestaltung einher. Er wird bis in die 1960er Jahre durch den Milieukatholizismus gestützt, ist danach jedoch verstärkt der Kritik ausgesetzt.

Anders verhält es sich bei Ricarda: Sie wurde 1971 geboren und noch im katholischen Milieu religiös sozialisiert. Sie thematisiert die Glaubensfrage ausdrücklich als Sinnfrage. Ihre Antwort auf die Frage nach ihrer Herkunft ist eine immanente: „Verwurzelt fühl ich mich da, wo ich mich verstanden fühle, und das ist meine Familie." Die Familie stellt für sie die Gemeinschaft dar, die ihr Sicherheit gibt, auf die sie in Krisenentscheidungen zurückgreifen kann. Auch auf die Frage „Wohin gehe ich?" ist die Antwort nicht kirchlich-dogmatischer Art: „Also, mein Ziel ist jetzt …, wohin ich kommen möchte, ist, dass ich egal, an welcher Stufe meines Lebens ich mich befinde, dass ich sagen kann, ich kann jetzt auch sterben … und für mich ist Sterben Ende, also ich kann mir nicht ein Leben nach dem Tod, ein ewiges Leben kann ich mir nicht vorstellen."

Diesen Weg vom Gottvertrauen zum Selbstvertrauen, auf dem sich die Sinnantworten oftmals von der Transzendenz in die Immanenz verlagern, werde ich versuchen anhand der Frage der religiösen Sinnstiftung nachzuzeichnen.

Ich werde mit einer These zu dem Verhältnis von Religion und Moderne beginnen (1) und konkret ausführen, mit welcher Vielschichtigkeit von religiösen Entwicklungen wir es im 20. Jahrhundert zu tun haben. Zweitens (2) werde ich die Bedingungen der Sinnstiftung in modernen säkularen Gesellschaften skizzieren. In einem dritten Punkt werde ich diese Ausfüh-

---

[1] Vgl. *Gärtner*, Zusammenhang.

rungen anhand aktueller Formen religiöser Sinnstiftung unter Jugendlichen konkretisieren (3) und mit einem kurzen Fazit (4) schließen.

1. Veränderung des religiös-kulturellen Kontextes im Laufe des 20. Jahrhunderts

Wenn ich als Soziologin von religiöser Sinnstiftung spreche, dann habe ich in der Regel den Kontext moderner, also auch säkularer Gesellschaften vor Augen. Damit ist oftmals die Vorstellung verbunden, dass Religion allmählich an Bedeutung verlieren und letztendlich ganz verschwinden wird. Selbst Jürgen Habermas hat lange die These vertreten, dass religiöse Denkweisen und Lebensformen im „fortschreitenden Prozess der Säkularisierung" durch vernünftige oder überlegene Äquivalente ersetzt werden.[2] Dieses Verständnis von Säkularisierung wird heute kaum noch in der Religionssoziologie vertreten. Das hat im Wesentlichen zwei Gründe: Zum einen hat die weltweite Religionsentwicklung der letzten Jahrzehnte gezeigt, dass das Verhältnis von Modernität, Säkularität und Religiosität viel komplexer ist, als die klassische Säkularisierungstheorie behauptet hat. Zum anderen wurden problematische Prämissen aufgegeben, die dieser verengten Sichtweise zugrunde liegen. An deren Stelle ist die Einsicht getreten, dass die Moderne sich sowohl durch eine Pluralität im Bereich des Religiösen wie eine Pluralität im Bereich der Säkularität auszeichnet. Insbesondere die neuere Weber-Interpretation wendet sich gegen eine einseitig rationalistische Lesart seines Säkularisierungskonzepts und stärkt die These, dass die Moderne strukturell zwar säkularisiert, empirisch hingegen weiterhin durch religiöse Sinnorientierungen und Handlungswirklichkeiten geprägt sein kann.[3] Der Fakt, dass moderne Gesellschaften prinzipiell säkularisiert sind, schließt also religiöse Lebensformen und Sinnorientierungen nicht aus.

Diese wandeln sich aber, wenn sich der gesellschaftliche Kontext wandelt. Insbesondere im 20. Jahrhundert haben wir es mit einer Vielschichtigkeit von religiösen Entwicklungen zu tun, die teilweise ineinandergreifen, teilweise aber auch gegenläufig sind: Prozesse der Säkularisierung und Entkirchlichung gehen mit Prozessen der Individualisierung wie der (religiösen und kulturellen) Pluralisierung einher.[4]

---

[2] Vgl. *Habermas*, Glauben.
[3] Vgl. *Endreß*, Kultur, 133 f.
[4] Vgl. *Casanova*, Lage; *Gabriel*, Einleitung; *Gabriel*, Religionspluralität; *Hero/Krech*, Pluralisierung; *Krech*, Religionsgemeinschaften; *Pollack*, Rückkehr; *Pollack/Tucci/Ziebertz*, Pluralismus; *Ziebertz/Hermans/Riegel*, Interkulturalität.

Zu Beginn des 20. Jahrhunderts ist die Lebensführung der deutschen Bevölkerung weitgehend von religiösen Deutungstraditionen bestimmt, und die Kirchen in Deutschland beanspruchen öffentliche Geltung. Die Zugehörigkeit zur christlichen oder jüdischen Religion ist der Normalfall, und die Religion stellt eine den Alltag insgesamt prägende Lebensmacht dar – ein Abweichen davon bedarf der Rechtfertigung.[5] So gehören etwa 98 % der Bevölkerung den christlichen Volkskirchen an, Kirchenaustritte sind noch sehr selten, und die Anzahl der Konfessionslosen liegt lediglich bei 0,02 %.[6] Gleichwohl ist die religiöse Lage vielschichtiger, als diese Zahlen vermuten lassen.[7] Ich will grob vier Entwicklungslinien aufzeigen, die sich am Beginn des 20. Jahrhunderts abzeichnen, sich durch das Jahrhundert ziehen und an die – bis heute – in vielfacher Weise angeschlossen wird, auch wenn sich ihre Gewichtung verlagert hat:

Erstens findet eine Differenzierung und Pluralisierung innerhalb der traditionalen Religionsgemeinschaften statt. Dies führt zu einer innerkirchlichen Zunahme von Sinnorientierungen – im Katholizismus etwa beobachten wir eine volksreligiöse (Re-)Vitalisierung, die mit der Ausbildung eines spezifischen katholischen Milieus einhergeht.[8] Religion ist immer noch die zentrale sinnstiftende Macht. Davon zeugen die evangelischen, katholischen und jüdischen Religionsdiskurse um 1900. Sie reagieren auf die krisenhafte Beschleunigung der Moderne, die Gewissheiten zerstört und ein Bedürfnis nach etwas Bleibendem, nach „unbedingtem Sinn und metaphysischer Geborgenheit"[9] hervorbringt.

Zweitens setzt ein stillschweigendes Auswandern aus den Kirchen ein. Dies betrifft insbesondere intellektuelle, männliche, bürgerliche Eliten und Teile der Fabrikarbeiterschaft. So bildet sich etwa im Bürgertum, das sich dem Verkirchlichungsprozess eher entzieht, „eine neue Sozialform der Religion", die nach Karl Gabriel „weder die christliche Tradition gänzlich hinter sich lässt noch alle Verbindungen zum kirchlichen Christentum abbricht"[10]. Damit kommt es zu einer Zunahme von Optionen der Sinnstiftung jenseits der christlichen Kirchen. Das hängt mit der allmählich zur Norm werdenden Individualisierungsforderung zusammen, die auch bedeutet, dass man eine für sich passende Form der Religiosität finden muss. Das Charakteristikum der „Religiosität des Bildungsbürgertums" liegt in der Transformation von der Religion in Religiosität, die zur Subjektivierung der

---

[5] Vgl. *Nipperdey*, Religion.
[6] Vgl. *Hölscher*, Religion; *Liedhegener*, Säkularisierung, 519; *Blaschke*, Säkularisierung, 440.
[7] Vgl. *Nipperdey*, Religion; *Krech*, Religionssoziologie; *Gabriel*, Jahrhundert.
[8] Vgl. *Gabriel*, Jahrhundert.
[9] *Graf*, Wiederkehr, 174.
[10] *Gabriel*, Jahrhundert, 434.

religiösen Gehalte der christlichen Tradition führt.[11] Damit wird ein Bedeutungswandel von Religion angestoßen, der sich im Laufe des 20. Jahrhunderts weiter durchsetzen wird.[12] Drittens entstehen neue Formen nicht-christlicher Religiosität, für die Thomas Nipperdey den Ausdruck „vagierende Religiosität" geprägt hat.[13] Zu diesen neureligiösen Erscheinungsformen gehören ganz heterogene Phänomene: die Anthroposophie, esoterische und mystische Sekten, Lebensformbewegungen, körperbezogene Kulte, asiatische Religionsimporte, völkische Religiosität,[14] aber auch gegenkirchliche und atheistische Bewegungen. Diese antikirchlichen und neureligiösen Weltanschauungen tragen zwar seit Beginn des Jahrhunderts zur Pluralisierung des religiösen Feldes bei. Bedeutungsvoller aber wird im Laufe des 20. Jahrhunderts eine vierte Entwicklung – die säkulare Sinngebung. Durch die Ausdifferenzierung der Wertsphären entstehen säkulare Sinnoptionen wie Arbeit und Familie, der politische Glaube, aber auch Bildungs- und Kunstreligionen[15], die in Konkurrenz zur Religion treten.

Diese um die Jahrhundertwende in Gang gesetzten Prozesse der Ent- und zugleich Verkirchlichung, der religiösen Pluralisierung und Individualisierung, aber auch der Säkularisierung setzen sich im Laufe des 20. Jahrhunderts weiter fort und eröffnen Optionen, an die auf verschiedene Weise angeschlossen wird. Der religiöse Wandel verläuft in Deutschland als gemischtkonfessionellem Land zwischen den Konfessionen jedoch sehr unterschiedlich. In diesen Prozessen, die religiöse Umbrüche anstoßen, lassen sich zwei Phasen unterscheiden: Die erste Phase reicht von der Jahrhundertwende bis in die 1940er Jahre und wird von Friedrich Wilhelm Graf als „zweite Sattelzeit" charakterisiert;[16] die zweite beginnt nach dem Zweiten Weltkrieg und gipfelt in der religiösen Krise der 1960er Jahre.[17] Bereits in den 1950er Jahren lässt sich ein „schleichender Ausmarsch" aus

---

[11] Vgl. *Hölscher*, Religion; *Krech*, Historisierung.
[12] Gerade Troeltsch begreift den religiösen Individualismus als „konstitutive[n] Faktor bei der Genese neuzeitlicher Autonomie des Individuums, in deren Folge die moderne Kultur jedoch die kirchlich-konfessionelle Einheitskultur auf theoretischem wie praktischem Gebiet mehr und mehr verdrängt" (*Krech*, Historisierung, 329). In dieser Entwicklung transformiere sich die Religion von der Ebene der objektiven Geltung ihrer Inhalte in den Bereich der Subjektivität, die Troeltsch begrifflich als Religiosität neu bestimmt, wobei die religiöse Subjektivität die Richtung der Wahrheitsfindung vorgebe: „Indem sich das neuzeitliche Subjekt im Gegenüber zum Gesamt der Wirklichkeit konstituiert, wird es zum eigentlichen Ort der Wahrheitsfindung" (ebd., 330).
[13] *Nipperdey*, Religion, 605.
[14] Vgl. *Krech*, Historisierung; *Graf*, Wiederkehr; *Blaschke*, Säkularisierung.
[15] Vgl. *Nipperdey*, Religion, 609 f.
[16] Vgl. *Graf*, Wiederkehr.
[17] Vgl. *McLeod*, Crisis; *Großbölting*, Himmel.

kirchlichen Jugendorganisationen feststellen, der die Erosion der christlich-religiösen Lebenswelt und einen Abbruch der Tradition ankündigt.[18] In der Folge kommt es zu einer Abnahme der religiösen Sozialisation, die zur Schwächung der konfessionellen Identität und einer Annäherung von Protestanten und Katholiken führt, so dass sich die traditionalen Trennlinien zwischen den Konfessionen aufzulösen beginnen.

Während die religiöse Krise um 1900 noch – trotz des partiellen Plausibilitätsverlustes von traditionalen religiösen Deutungen – mit einer hohen Bindungskraft der Kirchen und der religiösen Tradition einhergeht, verlieren die Kirchen in den 1960er Jahren nicht nur die gesellschaftliche Deutungshoheit hinsichtlich zentraler moralischer Fragen, sondern auch ihre identitätsstiftende Kraft – der christliche Mythos selbst wird brüchig. Nach Hugh McLeod besteht eine wesentliche Differenz zu dem Umbruch um 1900 darin, dass die Mehrheit derjenigen, die noch christlich sozialisiert wurden, den Glauben ihrer Kindheit zurückweisen, ohne einen neuen Glauben an die Stelle treten zu lassen.[19] Wolfgang Jagodzinski bringt diese entscheidende Veränderung auf den Punkt der Umkehr der Beweislast: „Nicht der Besuch der Kirche, sondern das Fernbleiben von ihr wird zur sozialen Norm."[20] Seit den 1960er Jahren wird der Abbruch von geteilten Selbstverständlichkeiten und unhinterfragten Gewissheiten – der schon 1900 thematisiert wurde – deutlicher und betrifft vor allem Autoritäten und kirchliche Dogmen, weil beides schlecht mit der Norm der Individuierung vereinbar ist. Die religiöse Bindung ist nicht mehr länger der Normalfall und wird begründungspflichtig.

Ein Prozess der Entkirchlichung setzt ein, der teils durch Kampagnen in den Medien, teils durch Kampagnen an den Universitäten verstärkt wird. Der Rückgang kirchlicher Dogmen als Referenzrahmen lässt sich am deutlichsten am Verhältnis zu Autoritäten, insbesondere aber an den Bereichen Sexualität und Familie ablesen. Die Verständnislosigkeit der katholischen Kirche für die Realität von Ehe und Familie – etwa in der Enzyklika *Humanae vitae* – trägt nicht nur zur Distanzierung von Verhaltensvorgaben in Bezug auf Sexualität bei, sondern auch zur Aufkündigung von Gehorsam. In der Folge verändern sich das Verständnis von Familie und Geschlechterrollen sowie das Leitbild bezüglich Sexualität.[21] Die Normen über Familie, Ehe und Sexualität wandeln sich innerhalb weniger Jahre und tragen dazu bei, dass säkularen Bereichen wie Familie und Beruf ein grö-

---

[18] Vgl. *Ruff*, Transformation; *Großbölting*, Himmel.
[19] Vgl. *McLeod*, Socialisation, 250.
[20] *Jagodzinski/Dobbelaere*, Wandel, 76.
[21] Vgl. *Großbölting*, Himmel.

ßeres Gewicht im Hinblick auf die Sinnstiftung eingeräumt wird als religiösen.

Zwei weitere Faktoren haben zur Veränderung des religiösen Feldes beigetragen: einerseits die Zunahme von Religionsgemeinschaften, auch nicht-christlichen, durch Zuwanderung, andererseits die Folgen der deutschen Teilung. Die religiöse Gesamtlage in Deutschland weist heute eine ganz andere Vielfalt auf als noch zu Beginn des 20. Jahrhunderts, als sich diese Entwicklung erst andeutete: Zu den beiden christlichen Großkirchen gehören noch jeweils ungefähr 30 % der Bevölkerung. Die anderen religiösen Gemeinschaften machen zusammen ca. 10 % aus – dazu gehören neben den jüdischen Gemeinden, christlichen Freikirchen und den orthodoxen Kirchen auch muslimische Glaubensrichtungen, Gemeinschaften von Hinduisten, Buddhisten und neureligiösen Bewegungen.[22] Zugleich gehören ca. 30 % der Bevölkerung keiner Religion an. Das ist eine Folge der religionsfeindlichen Politik und der Förderung eines wissenschaftlichen Atheismus in der DDR. Dies hat sich sowohl auf die religiöse Verfasstheit als auch den religiösen Habitus ausgewirkt: Dreiviertel der ostdeutschen Bevölkerung gehören heute keiner Religionsgemeinschaft mehr an, so dass sich die Religionslosigkeit als Norm etabliert hat und die Kirchen in Ostdeutschland eine Randposition einnehmen.[23] Wir verzeichnen in Deutschland somit ein starkes Ost-West-Gefälle.

Die Kontextstruktur für die Artikulation des Religiösen hat sich somit gravierend gewandelt: Die konfessionelle Identität hat sich deutlich abgeschwächt[24] und die religiöse Selbstbeschreibung hat sich pluralisiert: Sie lässt sich auf einem Kontinuum zwischen autonom, konventionell bis fundamentalistisch religiös über säkular, religiös-indifferent bis hin zu aktivatheistisch typisieren. Mit dieser Veränderung haben sich auch die Konfliktlinien verändert: Sie verlaufen am Ende des 20. Jahrhunderts nicht mehr zwischen den beiden christlichen Konfessionen, sondern eher zwischen säkularer und religiöser Sinnstiftung auf der einen und (kultur-)christlichen und (nicht-)christlichen Religionstraditionen, insbesondere dem Islam, auf der anderen Seite.

Damit komme ich zum zweiten Punkt: Was bedeutet diese Entwicklung für die Sinnfrage in modernisierten, säkularisierten Gesellschaften?

---

[22] Vgl. *Hero/Krech*, Pluralisierung; *Krech*, Religionsgemeinschaften.
[23] Vgl.*Wohlrab-Sahr*, Religion; *Oertel*, Gott; *Pollack/Müller,* Entwicklung.
[24] Vgl. *McLeod*, Crisis.

2. Sinnfrage in modernisierten, säkularisierten Gesellschaften

Im Prozess der Modernisierung, der, wie Max Weber[25] gezeigt hat, selbst religiös gestiftet ist, bilden sich autonome, hinsichtlich der Beantwortung der Sinnfrage miteinander in Konflikt geratende Wertsphären heraus, die nicht mehr in ein übergeordnetes religiöses Weltbild integriert werden können. Angestoßen wird dieser Prozess durch das protestantische Ideal, sich dort zu bewähren, wo Gott einen hingestellt hat. Dadurch bilden die Bereiche (Arbeit und Familie, aber auch Wirtschaft, Politik und Kunst) jeweils eine ihrer inneren Eigengesetzlichkeit entsprechende Sinngrundlage aus und können so zur Religion in Konkurrenz treten.

Dieser Prozess der Differenzierung führt zum Aufbrechen und Überwinden geschlossener Horizonte, metaphysischer Gewissheiten und unverrückbarer Konzeptionen des Guten.[26] Die Pluralität von Lebensformen wird allmählich zum Grunddatum moderner Gesellschaften. Das bedeutet Befreiung und Zwang zur Autonomie zugleich: Auf der einen Seite entsteht durch den Rückgang von traditionalen Kontroll- und Autoritätsinstanzen eine Vielzahl von Alternativen und Lebensentwürfen. Damit erweitern sich Optionen, Wahlmöglichkeiten und Chancen auf ein selbstbestimmtes Leben. Auf der anderen Seite steigt der Druck der Individualisierung. Insofern hat die gewonnene Freiheit eine Kehrseite: Die normativen Erwartungen an die individuelle Gestaltung von Lebensentwürfen und Identität (en) können zur Überforderung führen, gerade weil in einer sich schnell verändernden Welt geteilte Lebensentwürfe, Weltbilder und Orientierungspunkte zunehmend an Evidenz verlieren.[27]

Das bedeutet, dass die Verantwortung für die getroffenen Entscheidungen steigt und diese letztlich auch individuell begründet werden müssen, und zwar in dem Maße, in dem nicht mehr, zumindest nicht mehr unreflektiert, auf bewährte (religiöse) Deutungsmuster zurückgegriffen werden kann. Diese Freiheit geht mit einem persönlichen Sinn- bzw. Bewährungsproblem einher, das nur dadurch gelöst werden kann, dass man sich zwischen ernstzunehmenden alternativen Möglichkeiten entscheidet.[28] Da Entscheidungen aber grundsätzlich offen sind, können sie also sowohl gelingen als auch scheitern. In dem Maße, wie keine verbindlichen, von allen geteilten Kriterien mehr für die „Wahl" zur Verfügung stehen, kann diese zunächst nur auf dem Vertrauen beruhen, dass die Entscheidung sich be-

---

[25] Vgl. *Weber*, Richtungen.

[26] Vgl. *Rosa*, Identität, 383.

[27] Vgl. *Elias*, Gesellschaft; *Gabriel*, Jugend; *Gabriel/Gärtner/Münch/Schönhöffer*, Solidarität; *Gärtner*, Sinnsuche; *Soeffner*, Ebenbild; *Ziebertz/Kalbheim/Riegel*, Signaturen.

[28] Vgl. *Taylor*, Unbehagen, 50.

währen wird. Letztlich müssen vernünftige Gründe oder Kriterien angegeben werden können, um die Richtigkeit der Wahl von der „sinnlosen Beliebigkeit"[29] zu unterscheiden. Die nicht auflösbare Spannung besteht darin, dass die Sinnfrage in der Moderne eine unverwechselbar individuelle Antwort braucht, die aber zugleich über das eigene Ich hinausweisen muss. Die Pluralisierung von Lebensentwürfen und der Verlust der Gewissheit einer geteilten sinnhaften Ordnung führen nicht zwangsläufig zur Orientierungslosigkeit. Zum einen, weil auch säkulare Bereiche zu gültigen und geteilten sinnstiftenden Quellen geworden sind; zum anderen, weil auch in der Moderne Selbst- und Weltbilder in Institutionen und Praktiken verkörpert sind,[30] die durch Sozialisation erworben und weitergegeben werden. Aus sozialisationstheoretischer Perspektive ist das Leben schon immer sinnhaft in einen Bedeutungshorizont eingebettet, der der Freiheit des Einzelnen auch Grenzen setzt.[31] Die Sinnfrage stellt sich daher explizit nur in Krisen, in der Regel – positive Bedingungen des Aufwachsens vorausgesetzt – erstmals in der Adoleszenzkrise.[32] In dieser Phase stellen sich existenzielle Fragen die eigene Identität, Herkunft und Zukunft betreffend, also Fragen im Hinblick auf ein zukünftiges sinnvolles Leben, mit Übergängen, Krisen und Grenzen. Die kognitive Fähigkeit, hypothetische Welten bilden zu können, eröffnet Adoleszenten Handlungsalternativen, die zu Entscheidungen zwingen. Diese grundlegende Struktur von Lebenspraxis wird für Adoleszente zum Antrieb, nach Bewährungsmythen, also nach Inhalten, zu suchen, nach denen sie ihr Leben gestalten wollen: Sie müssen herausfinden, was ihnen wichtig ist und woran sie sich als Individuen binden bzw. bewähren wollen.[33]

Durch die sozialisatorische Interaktion in Familie und Herkunftsmilieu, aber auch im Austausch mit anderen bedeutsamen Personen und relevanten Institutionen (das können durchaus Priester oder die Kirche sein), erwerben Individuen eine soziale Identität. Diese enthält die kollektiven Selbstbilder und sinnstiftenden Mythen einer Gesellschaft mit ihren Chancen und Zumutungen.[34] Wesentlich für die Individuierung und Autonomiebildung ist die Phase der Adoleszenz. In dieser Phase können die erworbenen, Sinn begründenden Werte, Normen, Deutungsmuster und Weltbilder reflexiv hinterfragt und universalisiert werden, sodass neue Bindungen und Positionierungen entstehen können. Damit Jugendliche sich neu positionieren

---

[29] *Hahn*, Sinn, 162.
[30] Vgl. *Rosa*, Identität, 385.
[31] Vgl. *Taylor*, Unbehagen, 50.
[32] Vgl. *Gärtner*, Identität.
[33] Vgl. *Oevermann*, Modell; *Feige/Gennerich*, Lebensorientierung; *Gärtner*, Identität.
[34] Vgl. *Mead*, Mind; *Elias*, Prozeß; *Oevermann*, Strukturalismus.

können und Selbstverwirklichung gelingen kann, ist ein Grundvertrauen ins Leben erforderlich. Dieses entwickelt sich vor allem in der Eltern-Kind-Beziehung und gründet wesentlich auf der Erfahrung, bedingungslos geliebt und anerkannt zu sein.[35] Es wirkt sich auf die Wahrnehmung von vorhandenen Handlungsoptionen und die Fähigkeit zur Krisenbewältigung aus. Und es erweitert den Freiraum, der es Menschen ermöglicht, mit den eigenen kreativen Potenzialen zu experimentieren, neue Deutungen und Werte zu erproben.[36] Indem man sich eigenverantwortlich positioniert, gewinnt man Identität und Antworten auf Fragen des „guten Lebens". Sinn konstituiert sich somit im Vollzug von praktischen Entscheidungen, die zunächst auf einem gewissen Gott- oder Selbstvertrauen – zwischen beidem besteht eine Wahlverwandtschaft – gründen, also der Überzeugung, dass die Entscheidungen sich bewähren werden.[37]

Ich komme zum dritten Punkt und werde diese Ausführungen anhand aktueller Formen religiöser Sinnstiftung unter Jugendlichen konkretisieren.

3. Religiöse Sinnstiftung bei Jugendlichen

3.1 Kontexte religiöser Sinndeutung für Jugendliche

Eine der genannten Kontextbedingungen westlicher Gesellschaften ist, dass gesellschafts-kulturelle und machtpolitische Zwangskonstellationen im Hinblick auf Religion sich aufgelöst haben. Mit Niklas Luhmann formuliert, gibt es keine nicht-religiösen Gründe mehr, religiös zu sein[38] – das gilt auch für Jugendliche, für die die religiöse Sinnstiftung zwar nach wie vor eine Option darstellt, aber nur eine unter anderen. In Deutschland sind – wie das Generationenbarometer zeigt – die religiöse Erziehung und der autoritäre Erziehungsstil seit den 1970er Jahren kontinuierlich zurückgegangen. Zeitgleich hat sich die generative Qualität in den Familien erhöht – Kinder werden viel stärker als Persönlichkeiten anerkannt. Komplementär dazu hat sich in den Kirchen der strafende Gott zugunsten des liebenden verabschiedet. Auch die Haltung der Jugendlichen im Hinblick auf die kirchlich verfasste Religionspraxis ist durch das „Grunddatum" religiöser Individualisierung geprägt: Die Haltung zur Kirche zeichnet sich durch Distanz, durch Indifferenz, aber auch durch Ambivalenz und durch Zustimmung

---

[35] Vgl. *Erikson*, Wachstum; *Oevermann*, Soziologie; *Gärtner*, Zusammenhang.
[36] Vgl. *King*, Entstehung.
[37] Vgl. *Oevermann*, Modell, 47; *Gärtner*, Eugen Drewermann, 518 f.
[38] Vgl. *Luhmann*, Religion.

aus.[39] Die kirchliche-dogmatische Religion hat für die meisten zwar nur eine geringe Bedeutung, viele besuchen aber den Gottesdienst bei „hohen Feiertagen" wie Weihnachten oder Ostern und haben weiterhin (das gilt für Westdeutschland) Interesse an kirchlichen Passageriten.[40] Dadurch erwerben sie eine mehr oder weniger (in)aktive kirchliche (Mitglieds-)Identität, die aber keineswegs die unkritische Übernahme konventioneller Religionspraktiken oder christlicher Dogmen bedeutet.[41] Überdies stellen die Kirchen neben Sportvereinen auch die wichtigste Organisation für soziales Engagement dar.[42] Dieses Angebot nutzen viele Jugendliche auch dann, wenn sie die religiösen Sinndeutungen aus dem kirchlichen Kontext, die das Engagement tragen sollen, nicht übernehmen oder teilen.[43]

An die Stelle von konventioneller und kirchlich-dogmatischer Religiosität tritt eine Vielfalt von religiösen Ausdrucksgestalten und (Sinn-)Deutungen. Einerseits macht der Innovations- und Individualisierungsdruck, unter dem Jugendliche in differenzierten Gesellschaften stehen, den Rückgriff auf kirchlich-dogmatische Glaubensformen problematisch, andererseits zeichnet sich die Jugendphase selbst durch das Infragestellen und den kreativen Umgang mit überlieferten Traditionen aus. Daraus ergibt sich, dass ein Religionsverständnis zugrunde gelegt werden muss, das nicht auf konventionelle Sprachmuster festgelegt ist und genügend Offenheit für die Neufindung des Religiösen als Rekomposition ihrer Elemente zulässt.

Dem funktionalen Religionsbegriff von Thomas Luckmann wird trotz seines Bezuges zu Sinn- und Identitätsfragen vorgeworfen, zu unspezifisch im Hinblick auf das der Religion Eigene zu sein. Von daher greife ich zwei Modelle auf, die diesbezüglich eine Spezifizierung vornehmen: das Strukturmodell von Religiosität von Ulrich Oevermann[44] sowie das diskursive Religionsverständnis von Joachim Matthes.[45] Das strukturelle Religionsverständnis, das Inhalt und Struktur von Religiosität trennt, beruht auf der Annahme, dass religiöse Inhalte durch Prozesse der Säkularisierung ihre Bindungskraft verlieren, die Struktur der Religiosität jedoch als Sinn- bzw. Bewährungsfrage erhalten bleibt. Diese erfordert (mythische) Antworten, die sowohl religiös als auch säkular sein können.[46] Dieses Verständnis fasst den Zusammenhang von jugendlicher Religiosität und Identitätsbildung

[39] Vgl. *Feige*, Jugend, 920 f.; *Ziebertz/Kalbheim/Riegel*, Signaturen, 422.
[40] Vgl. *Ziebertz/Kalbheim/Riegel*, Signaturen, 419.
[41] Vgl. *Ziebertz/Riegel*, Sicherheiten; *Feige*, Stellenwert.
[42] Vgl. *Streib/Gennerich*, Jugend, 61.
[43] Vgl. *Gabriel/Gärtner/Münch/Schönhöffer*, Solidarität; *Gärtner*, Egotaktiker.
[44] *Oevermann*, Modell.
[45] *Matthes*, Suche.
[46] Vgl. *Oevermann/Franzmann*, Religiosität.

über das Moment der Bewährung, das sich, wie dargelegt, in der Adoleszenz erstmalig als selbst zu lösende Aufgabe stellt.[47] Es hat den Vorteil, dasjenige, an das Jugendliche glauben und an das sie sich binden, als strukturell religiös bestimmen zu können, auch wenn dies inhaltlich nicht dogmatischen Vorgaben entspricht. Da das Herstellen von religiösen Deutungen ein reflexiver und kommunikativer Akt ist, liegt es nahe, zudem mit Matthes' Religionsverständnis zu operieren. Dieses fasst Religion als diskursiven Tatbestand, der sich erst im gesellschaftlichen Diskurs konstituiert. Religion wird von Matthes explizit als „Reflexiv-Kategorie" und „kulturelle Programmatik" konzipiert. Diesem Verständnis von Religion als einem kulturell geprägten „Möglichkeitsraum", in dem neue Ableitungen und Interpretationen generiert werden können[48], entspricht in besonderer Weise die Logik adoleszenter Religiosität.

3.2 Freiwilliges Engagement in kirchlichem Rahmen als Sinngenerator

Am Beispiel der jugendlichen Nutzung eines kirchlichen Angebotes will ich nun zeigen, wie ehrenamtliches Engagement Antworten auf die Sinnfrage generieren kann. Ein katholisches Jugendhaus organisiert die Teilnahme am Wiederaufbau eines vom Krieg zerstörten Dorfes in Bosnien.[49] Eine Gruppe von Jugendlichen nimmt das Angebot als eine Option unter anderen wahr. Die meisten von ihnen haben in ihrer Sozialisation ein gewisses Grundvertrauen ins Leben erworben, das sie mit der Fähigkeit ausstattet, sich auf Unbekanntes einzulassen, und sich positiv auf ihre Bindungsfähigkeit und Gemeinwohlorientierung auswirkt. Gerade die Erfahrung, in einer privilegierten Situation aufgewachsen zu sein, ist mit der (unausgesprochenen) Verpflichtung verbunden, diese Ressource zu nutzen. Darauf reagieren die Jugendlichen mit der Bereitschaft, (sich) bedingungslos (hin-)zu geben und eine Verpflichtung auf Zeit zu übernehmen.[50] Ihrem Engagement liegen insofern eigeninteressierte Motive zugrunde, als sie nach Möglichkeiten der Selbstentfaltung und Erfüllung sowie wichtigen bewährungs- und identitätsrelevanten Erfahrungen suchen. Die Aktivitäten bieten den Jugendlichen die Chance, anschaulich zu erfahren, was es bedeutet, gebraucht zu werden: Sie können ganz konkret Menschen helfen, die auf Hilfe angewiesen sind. Indem sie anderen helfen, gewinnen sie eine Antwort auf die Frage nach dem

---

[47] Vgl. *Gärtner*, Egotaktiker; *Gärtner/Ergi*, Relation.
[48] *Feige/Gennerich*, Lebensorientierung, 17.
[49] Vgl. *Gabriel/Gärtner/Münch/Schönhöffer*, Solidarität, 105–164.
[50] Gärtner, *Identität*.

„Sinn des Daseins". Der gemeinwohlorientierte Charakter der Aktion besitzt per se eine Schnittstelle zum Thema Religiosität. In der Gruppendiskussion sprechen die Jugendlichen von ihrer „eigenen Religion". Sie markieren damit, dass Religion eine Sache der individuellen Entscheidung geworden ist.

Am Beispiel von zwei Jugendlichen aus dieser Gruppe – wir nennen sie Sofia und Hanna – will ich näher zeigen, wie ein solidarisches Engagement im kirchlichen Rahmen religiösen Sinn in durchaus unterschiedlicher Weise stiften kann. Dabei sind zwei Faktoren wichtig: zum einen ein religiöses Element, das in die Aktion eingebunden ist; zum anderen die Freiwilligkeit der Teilnahme am Gottesdienst.

a) Sofia: Suche nach persönlichem Glauben

Für Sofia war die Entwicklung einer „eigenen" Religion ein zusätzliches Motiv, an der Bosnien-Aktion teilzunehmen. Im Vorfeld hatte sie von dem religiösen Element, den so genannten „Morgenimpulsen", gehört. Durch ihre Teilnahme sucht sie eine „Art und Weise, im Glauben zu leben", die sich von der zu Hause, in der Schule und in der Kirche unterscheidet, wo sie sich als „im Tran" befindlich erlebt. In ihren Ausführungen kontrastiert sie die ihr kirchlich vermittelte Religion mit einer „eigenen Religion", die sich aus ihrer Biographie begründet. Eine solche Form von Religionspraxis ist für sie die eigentlich relevante. Dazu verhilft ihr der religiöse Impuls, der dank der Unterstützung durch die Gruppe in seinen individuell je unterschiedlichen, eben „diskursiven" Deutungsbeiträgen den ganzen Tag präsent bleibt.

b) Hanna: Suche nach Sinn und Selbstverwirklichung

Hanna dagegen steht den religiösen Impulsen sehr skeptisch gegenüber: „Weil, ich bin nicht so die Superreligiöse." Sie hat auf der einen Seite Bedenken, dass die „Morgenimpulse" sie „nerven" könnten. Auf der anderen Seite befürchtet sie, dass sie sich selber aus der Gruppe ausschließen könnte, wenn bzw. weil sie vielleicht keinen Zugang zur angebotenen Form der morgendlichen religiösen Kontemplation und Reflexion findet. Um diese Spannung abzubauen, tauscht sie sich über „religiöse Erfahrungen" vor allem mit denjenigen Jugendlichen aus, die ihr eher nicht als ‚religiös' erscheinen oder „gar keiner Religion angehören".

Für Hanna ist vor allem wichtig, dass niemand indoktriniert wird und die Teilnahme am (täglichen) Gottesdienst freiwillig ist. In der nachträglichen Reflexion stellt sie die als „steif" erlebte katholische Kirche der lebendigen Erfahrung in Bosnien gegenüber: „Religion bedeutet da eben, konkret im Alltag einfach Hilfe zu leisten oder so, oder nett zu anderen zu sein, jemandem ein Lächeln zu schenken."

Mit Matthes betrachtet, ist es gerade diese lebenspraktische Gestalt von Religion, mit der sie sich identifizieren kann. In dieser von ihr bewusst „reflexiv" erinnerten Gestalt kann sie sich im Rahmen der „kulturellen Programmatik" christlich begründeter Nächstenliebe im „Möglichkeitsraum" der aktiven Bosnienhilfe handlungspraktisch und im offenen Diskurs über das, was dieses Handeln trägt und motiviert, verwirklichen. Mit anderen Worten: Sie kann in dieser ‚nicht-kirchlich-dogmatischen' Dimension ‚religiös' sein. Der Ausdruck „ein Lächeln schenken" ist für sie ein lebenspraktisch-sakraler Akt. Dabei erscheinen die üblicherweise als sich gegenseitig ausschließend erscheinenden Dimensionen der Sakralität und der Lebenspraxis als miteinander versöhnt: Es geht nämlich darum, etwas zweckfrei zu geben und, wenn der andere es von sich aus annimmt, genau dadurch mit ihm in *communio* leben zu können. Das wird als lebenspraktische Sakralität erlebt.

Die Geschichten von Sofia und Hanna zeigen deutlich eine Suche nach Authentizität der eigenen religiösen Sinndeutung. Für Sofia waren die standardisiert erscheinenden ästhetischen Gestalten der kirchlichen Performanz zur Symbolisierung der „kulturellen Programmatik" des Christlichen – etwa der Gottesdienst – ein wesentlicher Anlass, bewusst nach Alternativen zu suchen. Kontrastiv zum „Tran" in der Heimatgemeinde, erlebt sie die diskursive Deutungs-Offenheit der morgendlichen Impulse als individuiert und lebendig.

Hanna glaubt sich in skeptischer Distanz zur „kulturellen Programmatik" des Christlichen. Ihre persönliche Befindlichkeit wird von den ihr bekannten symbolisch-liturgischen Ausdrucksgestalten überhaupt nicht berührt. Gleichwohl macht Hanna im Rahmen der Bosnien-Aktion eine wichtige Erfahrung: Sie erlebt in der Erwiderung eines geschenkten Lächelns von Menschen, denen sie hat helfen können, die Gemeinschaft mit ihnen. Dieses Erlebenkönnen der *communio* als Performanz des Religiösen im Symbol des Lächelns wird wesentlich gestützt durch die diskursiven Deutungsfreiheiten der morgendlichen Impulse. Die wiederum sind möglich, weil die „kulturelle Programmatik" des Christlichen offenkundig eine ist, die eine solche Weite des „Möglichkeitsraums" zulässt.

4. Fazit

Die Fallbeispiele zeigen, dass nicht kirchlich-dogmatische Vorgaben, sondern Authentizität zum Maßstab des Religiösen wird und subjektive Evidenz
durch Gleichgesinnte hergestellt wird. In den biographischen Geschichten
werden sowohl die Referenzpunkte als auch die Modi der je individuellen
Verwirklichungen von Elementen der „kulturellen Programmatik" des
Christlichen sichtbar: Zum einen inspiriert die performative Gestalt der
Morgenimpulse die eigene Religiosität. Die Jugendlichen greifen die religiösen Impulse auf, kommen im Laufe des Tages immer wieder darauf
zurück und beziehen sie diskursiv auf die eigene Lebenspraxis. Die Antworten bleiben oftmals ohne transzendenten Bezug und sind eher in der
Immanenz angesiedelt, gleichwohl ist die Form der Selbstverwirklichung in
ein „Wir" eingebettet. Zum anderen sehen wir einen christlichen Vollzug im
Alltagshandeln: einmal in der Hilfe für Menschen, die auf Hilfe angewiesen
sind; zum anderen in der Verpflichtung gegenüber der nachfolgenden Generation (das betrifft hier vor allem die Eltern, die nur indirekt von mir
erwähnt wurden).

Insgesamt stellt die Religion auch in modernisierten Gesellschaften
Semantiken und Symbole zur Verfügung, aus dem sich religiöse Identifi-
kations- und Deutungsmuster ableiten lassen. Die religiösen Antworten
verlieren also nicht generell ihr sinnstiftendes Potential, aber der verbindlich
geltende und selbstverständlich geteilte Glaube an sie schwindet. Charles
Taylor spricht deshalb von einer säkularen Gesellschaft, in der der Glaube
weiterhin eine Option darstellt, aber nur eine unter anderen und in der Regel
nicht die einfachste.[51]

---

[51] Vgl. *Taylor*, Age.

Zeitgenössische Spiritualitäten in Europa: Empirische Einblicke und praktisch-theologische Reflexionen

Regina Polak

1. Fragen über Fragen

Die Europäische Wertestudie 1999/2000 zeigte unerwartete Ergebnisse:[1] Seit 1990 waren mit Ausnahme von Paris in allen europäischen Großstädten die Zustimmungsraten zu religiösen Fragestellungen gestiegen. Statistisch hochsignifikant mehr EuropäerInnen bezeichneten sich als „religiös", gaben an, an Gott zu glauben, und besuchten häufiger den Gottesdienst. Qualitativ-empirische Folgestudien am Wiener Institut für Pastoraltheologie[2] zeigten, dass der Begriff „Spiritualität" in diesen Veränderungen eine wichtige Rolle spielte.[3] Als wir infolgedessen von der „Wiederkehr der Religion"[4] und einem „Megatrend Religion bzw. Spiritualität" sprachen, stießen wir auf scharfe Kritik. Der evangelische Theologe Ulrich Körtner konstatierte einen „Megaflop"[5]. Der evangelische Religionssoziologe Detlev Pollack ist bis heute der Ansicht, bei der Rede von der Wiederkehr des Religiösen handle es sich um eine „Megalegende" und eine „neue Meistererzählung der Soziologen"[6].

15 Jahre später ist „Spiritualität" bis in die Alltagssprache hinein ein Leitbegriff, in dem sich der seither vollzogene gesellschaftliche Wertewandel ebenso kristallisiert wie die sozioreligiösen Transformationsprozesse im religiösen Feld: Transzendenzerfahrungen zeitgenössischer Such- und Experimentierbewegungen werden mit diesem Begriff ebenso beschrieben wie nicht-traditionelle Erfahrungsweisen Gottes oder neue religiöse wie nicht-religiöse Praxisformen, die Sinn authentisch erlebbar machen wollen. Spiritualität ist eine Schlüsselkategorie für die Bedeutung von Religion und Sinn in der Moderne und die damit verbundenen soziostrukturellen Veränderungen religiöser und sinnstiftender Institutionen. Ob man diesen Begriff „religiös, transkonfessionell, anthropologisch oder existenziell-psycholo-

---

[1] *Zulehner*, Wiederkehr.
[2] Dieses ist heute mit dem Fachbereich Religionspädagogik und Katechetik gemeinsam das Institut für Praktische Theologie der Katholisch-Theologischen Fakultät der Universität Wien: http://pt-ktf.univie.ac.at/ (Zugriff am 17.05.2015).
[3] *Polak*, Megatrend.
[4] *Zulehner*, Religion; *Polak*, Religion; *Polak/Zulehner*, Respiritualisierung.
[5] *Körtner*, Wiederkehr.
[6] *Pollack*, Wiederkehr, 6.

gisch" auffasst: Beschrieben wird damit eine „Basisfähigkeit", die allen Menschen Sinnsuche, Sinngebung und (Selbst)Transzendenz ermöglicht.[7] Wesentliches Merkmal ist die individuumszentrierte und situationsbezogene Aneignung von Religion und Sinn sowie die maßgebliche Orientierung an subjektiver Erfahrung.

Ich selbst bin meinen Deutungen dieses Phänomens gegenüber in den vergangenen Jahren skeptisch geworden. Mittlerweile liegt international eine unüberschaubare Zahl sozial- und religionswissenschaftlicher Studien zum Thema vor. Nach wie vor glaube ich, dass Spiritualität eine zentrale Quelle religiöser und humaner Erneuerung, Vertiefung und Entwicklung für Religion, Kirche und Gesellschaft in Europa sein kann. Gleichwohl habe ich viele Fragen, die ich diesem Beitrag als Vorzeichen voranstellen möchte.

1. Zur *Begrifflichkeit*: Ist Spiritualität notwendig an Religion gebunden, oder lassen sich damit tatsächlich alle möglichen vagen und diffusen Sinnsuchbewegungen und existenziellen Lebenseinstellungen beschreiben? Das ist nicht nur eine akademische Frage. In der Forschung zu „Spiritual Care" beispielsweise verbinden sich mit diesem Begriffsstreit auch handfeste berufliche und ökonomische Interessen: „Die jeweiligen Definitionen privilegieren bestimmte Perspektiven und begründen Kompetenzansprüche und professionelle Zuständigkeiten."[8] „Wozu dient die Verknüpfung bzw. die Trennung von Religion/Religiosität und Spiritualität? Wem nützt sie? Welche Erkenntnis ermöglicht sie? Welche Praxis begründet sie?"[9] fragt Birgit Heller zu Recht.

2. Zur *Reichweite*: Wie weit kann und soll die begriffliche Dehnung von Spiritualität gehen? Wenn Spiritualität jede Form von existenziellem Sinn beschreibt: Wären Materialismus, Kommunismus, Nationalsozialismus dann auch Formen von Spiritualität? Umgekehrt: Haben nur Religionen ein Monopol auf Spiritualität?

3. Zur *Alltagsrelevanz*: Verbindet sich die inflationäre Verwendung des Begriffes auch mit einer wachsenden kulturellen Relevanz in Religion und Gesellschaft? Verändert Spiritualität das politische, das ökonomische oder ökologische Leben? Hat sich das Phänomen oder nur der Blick auf das Phänomen geändert?[10] Von einer radikal gesellschaftsverändernden „Spiritual Revolution"[11] kann ich jedenfalls noch nichts wahrnehmen.

4. Zum *gesellschaftlichen und politischen Kontext*: Die gestiegene Aufmerksamkeit für Spiritualität findet in einem Kontext statt, in dem Men-

---

[7] Vgl. *Heller*, Spiritualität, 47.
[8] Ebd., 50.
[9] Ebd., 50.
[10] So fragt z. B. die Ethnologin *Christine Aka*, Sekte, 11.
[11] *Heelas/Woodhead*, Revolution.

schenfeindlichkeiten aller Art wieder zunehmen. Laut dem Langzeitprojekt zur „gruppenbezogenen Menschenfeindlichkeit" sind 33 % der Deutschen der Ansicht, es gäbe nützliche und weniger nützliche Menschen. 40 % sagen, Deutschland kümmere sich zu viel um Versager.[12] Islamophobie[13] und Antisemitismus[14] sind europaweit ebenso im Wachsen wie steigender Hass auf MigrantInnen. Wie vertragen sich diese Entwicklungen mit einem spirituellen Revival?

5. Zum *erforschten Feld*: Europa ist eine Migrationsgesellschaft. Europa ist religiös plural. Warum kommt die Spiritualität von Migranten, von Juden oder Muslimen in der empirischen Forschung kaum in den Blick? Haben wir Spiritualitätsforscher einen Perspektiven-Bias? Bürgerliche Mittelschichts-Forscher erforschen bürgerliche Mittelschichts-Spirituelle?

6. Zum *Inhalt*: Bei den alternativen Spiritualitäten – innerhalb wie außerhalb der Kirche – handelt es sich vielfach um Denk- und Praxisformen, die als wahr nur gelten lassen, was „ich selbst als wahr erlebe; als heilig nur das, was ich selbst als heilig empfinde"[15]. Das schließt den Glauben an „etwas Höheres" nicht aus. Referenzpunkt aber bleibt das Ego. Welche Rolle spielt Gott in diesem Feld?

Ohne Zweifel sind jene Prozesse im sozioreligiösen Feld theologisch begrüßenswert, die man die „Demokratisierung der Mystik"[16], „die Generalisierung des Charismas"[17], die „Entgrenzung des Religiösen"[18] oder die „Selbstermächtigung des religiösen Subjektes"[19] nennen kann. Auch wenn Subjekt- und Erfahrungsorientierung keine Erfindung der (Post)Moderne sind und ihre kulturgeschichtlichen Vorläufer im Sufismus, der Kabbala, der

---

[12] Vgl. das Langzeitprojekt der Universität Bielefeld zu „Gruppenbezogener Menschenfeindlichkeit" (2002–2012) unter der Leitung von Wilhelm Heitmeyer: http://www.uni-bielefeld.de/ikg/projekte/GMF/ (Zugriff am 17.05.2015). Unter dem Titel „Deutsche Zustände" erscheint seit 2002 jährlich im Suhrkamp-Verlag eine Publikation der Ergebnisse.

[13] *Religion Monitor*, common ground. Zitat S. 3: „3. Yet while many of Germany's four million Muslims are quite open, there is increasing animosity toward them on the part of a majority of the German population. Germany's Muslims suffer from a negative image, presumably shaped by the small minority of radical Islamists who account for less than one percent of all Muslims. 4. Islamophobia is not a marginal phenomenon, but can be found throughout society. When it is considered socially acceptable, it can be used to legitimize discrimination against and exclusion of the Muslim minority."

[14] *Agentur der Europäischen Union für Grundrechte*, FRA-Erhebung zu Wahrnehmungen und Erfahrungen der jüdischen Bevölkerung im Zusammenhang mit Antisemitismus, u. a. Publikationen zum Antisemitismus in den Mitgliedstaaten der Europäischen Union: http://fra.europa.eu (Zugriff am 17.05.2015).

[15] *Aka*, Sekte, 10–11.

[16] *Heller*, Spiritualität, 62.

[17] *Knoblauch*, Populäre Religion, 245; *Knobloch*, Spiritualität, 21.

[18] *Knoblauch*, Populäre Religion, 159, 162.

[19] *Bochinger*, New Age, 77–81.

christlichen Mystik und im Protestantismus haben, waren dies doch immer nur Minoritätenphänomene. Heute hat diese Art von Spiritualität die Enklaven der religiösen Eliten und Virtuosen verlassen und ist für breite Schichten attraktiv und zugänglich geworden. Gleichwohl stehen heute individual- und sozialethische sowie theologische Reflexionen dieses breiten Stromes alternativer Spiritualitäten an. Diese bedürfen freilich empirischer Grundlagenforschung.

2. Einblicke in die empirische Spiritualitätsforschung

2.1 Quantitativ-empirische Zugänge

Wie steht es um die quantitative Verbreitung des Phänomens Spiritualität?

2.1.1 Europa

Religionsmonitor 2007
Der *Religionsmonitor von 2007*[20] – von 21.000 Menschen in 19 Ländern weltweit beantwortet – zeigt, dass ein erstaunlich großer Teil der Befragten Transzendenzerfahrungen hat – und zwar auch Menschen, die sich nicht als religiös bezeichnen. Erfragt wurden dabei „theistische Wahrnehmungs- und Erfahrungsmuster", die auch als „Du-Erfahrung" bezeichnet werden, sowie pantheistische Wahrnehmungs- und Erfahrungsmuster, die als mystische Verschmelzung im All-Einen charakterisiert werden. Weltweit geben im Durchschnitt 35,6 % an, „häufig" oder „sehr häufig" theistische Erfahrungen gemacht zu haben, 24,4 % nie; 31,2 % berichten von „häufigen" oder „sehr häufigen" pantheistischen Erfahrungen, 21,3 % haben solche Erfahrungen nie. Einige europäische Vergleichszahlen: „Häufige" oder „sehr häufige" theistische Erfahrungen bejahen in Deutschland 17,2 %, in Österreich 14,7 %, in der Schweiz 22,5 %, in Frankreich 11,5 % (47,4 % „nie"), in Großbritannien 16,1 % (45,4 % „nie"), in Polen 21,7 %. „Häufig" oder „sehr häufig" pantheistische Erfahrungen zu machen, bejahen in Deutschland 15,6 %, in Österreich 13,1 %, in der Schweiz 24,9 %, in Frankreich 13,5 % (45,5 % „nie"), in Großbritannien 16,9 %, in Polen 26,1 %. Betrachtet man solche Transzendenzerfahrungen als Indikator für Spiritualität, kann man durchaus von weit verbreiteter Spiritualität sprechen.

---

[20] *Bertelsmann-Stiftung*, Religionsmonitor.

RAMP-Studie 1997–1999

Die *RAMP-Studie*[21] zum religiösen und moralischen Pluralismus, die 1997 bis 1999 in elf europäischen Ländern und den USA durchgeführt wurde, zeigt, dass sich in Europa je nach Land zwischen 10 % und 37 % als religiös und spirituell zugleich einstufen, während dies in den USA 40–55 % der Befragten tun. Zwischen 35 % und 50 % der Befragten bezeichnen sich in Europa als weder religiös noch spirituell, während dies in den USA nur eine kleine Minorität tut. Der Rest teilt sich auf jene auf, die sich als religiös, aber (eher) nicht spirituell bzw. spirituell, aber (eher) nicht religiös bezeichnen. Als ausschließlich spirituell bezeichnen sich in Europa nur an die 10 %, während diese Gruppe in den USA weitaus größer ist. Jene, die das in Europa tun, machen dies in ausdrücklicher Abgrenzung von einem christlichen Selbstverständnis. Für Deutschland und Österreich fällt auf, dass sich eine im europäischen und US-Vergleich auffallend große Gruppe von 30 % als ausschließlich (eher) religiös einstuft.

Europäische Wertestudie 2008–2010

Die *Europäische Wertestudie*[22] orientiert sich an einem sehr traditionellen Religionsbegriff und fragt nicht fundiert nach alternativen Spiritualitäten. Aber sie verdeutlicht, dass trotz europaweit massiver kirchlicher Erosionsprozesse religiöse Selbstverständnisse ebenso wenig verdunsten wie die Entkoppelungsprozesse zwischen Kirchlichkeit und Religiosität dazu führen müssen, dass sich Menschen völlig vom Christentum distanzieren. Überdies erweist sich ein konfessionelles Selbstverständnis als *der* entscheidende Parameter, ob jemand an Gott glaubt: Orthodoxe glauben 2,5-mal so häufig an Gott wie Katholiken, Katholiken 4-mal so häufig wie Protestanten. Umgekehrt finden sich auch bei Menschen, die dem Christentum und/oder den Kirchen verbunden sind, eigenständige religiöse Vorstellungen, die nicht zur christlichen Überlieferung gehören. So glauben mittlerweile 25 % der EuropäerInnen an die Reinkarnation – unter ihnen auch viele KirchgängerInnen. Die Gruppe der „GlaubenskomponistInnen" bildet in Europa die Mehrheit – und zwar innerhalb wie außerhalb der traditionellen christlichen Kirchen. Diese Menschen kombinieren christliche, esoterische und magische Glaubensinhalte.

---

[21] Nach *Utsch/Klein*, Religion, 30.
[22] *Polak/Schachinger*, Veränderung.

2.1.2 Deutschland, Österreich, Schweiz

Deutschland

Die Studie „*Spiritualität in Deutschland*"[23] hat 2006 976 Männer und Frauen ab 14 zu Fragen von Lebenssinn, Religion, Spiritualität und Transzendenzerfahrungen befragt. Die Gruppe der „spirituellen Sinnsucher" mit 10–15 % ist in diesem Sample eine Minderheit – so wie auch die „Traditions-Christen" mit 10 %. Während Letztere die Frage nach dem Sinn des Lebens in enger Anbindung an die Kirchen beantworten, an einen persönlichen Gott glauben und religiöse Rituale den Alltag strukturieren, speisen die „spirituellen Sinnsucher" ihren Sinnbezug aus Fragmenten des Humanismus, der Anthroposophie, aus Mystik und Esoterik. Sie streben nach ihrer inneren Mitte und praktizieren Yoga, Chi Gong und Meditation, aber auch Schamanismus und Kartenlegen. Sie glauben an ein höheres Wesen, an Energie und einen unpersönlichen „Spirit". Mit 35 % ist die Gruppe der „religiös Kreativen" in Deutschland weitaus größer. Diese gehören zwar zu den großen Glaubensgemeinschaften, grenzen ihren Glauben aber explizit vom Gott ab, wie das Christentum ihn predigt. Gott ist für sie nichts anderes als das Wertvolle im Menschen. Die eigenen religiösen Überzeugungen werden um philosophische, humanistische sowie Anschauungen anderer Religionen erweitert. Die größte Gruppe aber bilden in dieser Studie mit 40 % die „unbekümmerten Alltags-Pragmatiker", die vor allem an der eigenen Zufriedenheit und wirtschaftlichen Lage interessiert sind. Sinn wird im Beruf und in der Familie bzw. im Freundeskreis gefunden. Der Mensch ist für sie ein Produkt von Naturgesetzen. Der Sinn besteht darin, sich das Beste aus dem Leben herauszuholen. 30 % der Befragten geben an, dass spirituelle Praxisformen für sie ein wichtiger Alltagsbestandteil sind. Vor allem bei den 20–30-Jährigen meditiert bereits jeder Zehnte regelmäßig. Jene, die Spiritualität leben, lassen auch gesteigerte Sensitivität und Solidarität mit anderen im Alltag erkennen. 26,1 % der Befragten mit spiritueller Erfahrung fühlen sich stärker geneigt, sich für Menschen in Not zu engagieren. 14,2 % spüren eine größere Bereitschaft, Verantwortung zu übernehmen. Auffallend ist die hohe Zahl nicht-alltäglicher, transrationaler Erfahrungen: 50,5 % haben unerklärliche Erlebnisse, 41 % haben Erfahrungen mit übernatürlichen Kräften, 38,5 % kennen Wunderheilungen, 56,9 % haben Vorahnungen. Konkrete Religionen sind – vor allem in Ostdeutschland – dennoch wenig attraktiv, und für mehr als 40 % sind religiöse Dinge gleichgültig.

---

[23] *Identity Foundation*, Spiritualität.

Österreich

Franz Höllinger und Thomas Tripold[24] haben im Zeitraum von 2007 bis 2010 in ihrer für *Österreich* repräsentativen Studie das „holistische Milieu" untersucht. Zum „Holismus" zählen sie verschiedenste Praxisformen: neue religiöse Bewegungen[25], den Psychotherapiemarkt[26], die Wellnessbewegung[27] sowie das holistische Milieu im engeren Sinn[28]. Über die Zusammenstellung dieser heterogenen Phänomene unter einem Label muss man streiten. Allen gemeinsam ist ihnen nach Höllinger/Tripold der Glaube an eine „universelle Verbundenheit"; eine „Humanpotential-Ethik", d. h. das Streben nach der Entwicklung eines höheren Selbst; Körper- und Erfahrungszentriertheit; ein weltanschaulicher Synkretismus-Perennealismus, d. h. die Überzeugung, dass alle Religionen die gleichen Grundwahrheiten haben; sowie die Netzwerkstruktur als Organisationsform und die Praxis des spirituellen „Wanderns". Geglaubt wird an eine höhere Realität, die als „Lebenskraft" bzw. „universelle Energie" in den Blick kommt und mit der man durch Rituale in Verbindung treten kann, eine autonomiebetonte Suche nach Sinn sowie das Streben nach Entfaltung der eigenen Potentiale im Sinne einer „Self-Spirituality". Auf der Basis umfassender Methodentriangulierung[29] skizziert die Studie die holistische Landkarte in Österreich. 35 % der Österreicher gehören demnach zum holistischen Milieu, das sich unterscheiden lässt in einen holistischen Rand mit 14 %[30], einen holistischen Kern mit 16 %[31] sowie ein holistisch-kirchliches Milieu mit 15 %[32] der Befragten. 23 % sind in dieser Stichprobe als Nicht-Religiöse zu bezeichnen und 42 % gehören zum kirchlichen Milieu. In dieser Gruppe gehören 27 % der Befragten zum kirchlichen Rand und 15 % zum kirchlichen Kern.

---

[24] *Höllinger/Tripold*, Leben.

[25] Z. B. Charismatische Erneuerung, Pentecostalismus, buddhistische Gruppen, neo-hinduistische Gruppen, christliche Mystik, Scientology.

[26] Z. B. Psychoanalyse, Verhaltenstherapie, Jung'sche und Gestalttherapie, Rebirthing und NLP.

[27] Z. B. Jogging, Fitness-Workout, Aerobics, Yoga und Ayurveda.

[28] Z. B. Astrologie, transpersonale Therapie, Schamanismus, Channeling, Shiatsu, Feng Shui, Homöopathie und Zen-Meditation.

[29] Mapping von ca. 350 holistischen Anbietern in Klagenfurt und Leoben, 120 telefonischen Kurzinterviews und 25 Tiefeninterviews mit Anbietern, eine österreichische Repräsentativbefragung mit 1020 Personen, eine Befragung von 207 KursteilnehmerInnen an holistischen Kursaktivitäten sowie 13 Tiefeninterviews in dieser Gruppe.

[30] Erfahrung mit 2–7 holistischen Praktiken und (fast) nie Gottesdienstbesuch.

[31] Erfahrung mit 2–7 holistischen Praktiken und (fast) nie Gottesdienstbesuch.

[32] Erfahrung mit 2 oder mehr Praktiken und öfters Gottesdienstbesuch.

Schweiz

Für die *Schweiz* bietet die Studie „Religion und Spiritualität in der Ich-Gesellschaft"[33] einen repräsentativen Überblick. Sie unterscheidet vier verschiedene Typen:[34] 17,5 % gehören dem „institutionellen Typ" an, zu dem v. a. „etablierte Christlich-Kirchliche" sowie 1,6 % „Freikirchliche" gehören. 57,4 % sind als „Distanzierte" zu bezeichnen, wobei 19,7 % dabei auch Interesse und eine gewisse Nähe zum dritten Typus, den „Alternativen", zeigen. Diese machen mit 13,4 % jene religiös-spirituelle Gruppe aus, für die wir uns hier interessieren. 11,7 % werden dem „säkularen Typ" zugeordnet, davon sind 3,3 % „Religionsgegner". Die dem „alternativen Typ" zugeordnete Gruppe weist holistische und esoterische Glaubensansichten und Praktiken auf. Sie sprechen eher als die „Institutionellen" von Spiritualität als von Religion, „Wissen" und „Erfahrung" spielen eine größere Rolle als „Glauben". Rund 52 % der „Alternativen" glauben an eine Wiedergeburt oder Reinkarnation des Menschen in verschiedenen Leben. Sie interessieren sich für das Gesetz des Karma, Kontakte mit Engeln und Geistern, kosmische Energien, Chakren und Naturheilkräfte. Die vielgestaltige Spiritualität dieser Gruppe zeichnet sich durch Holismus, Synkretismus und Naturverbundenheit aus. Reduktionistische Dichotomien (materiell/geistig; Frau/Mann; gut/böse) werden abgelehnt und die Verbundenheit von allem mit allem betont. Fernöstliche, keltische, jungianische, ökologische, indianische, christliche Überzeugungen werden verbunden. Die Natur gilt als heilig. 2,9 % der Befragten, die diesem Typus angehören, nennt die Studie „Esoteriker", d. h. diese Personen sehen ihr ganzes Leben in esoterisch-spirituelles Licht getaucht und sind in ein Netzwerk ähnlich Denkender eingebunden. Die 10,7 % der sogenannten „Sheilaisten" – das sind jene „Sheilas", die sich ihre ganz individuell maßgeschneiderte Religion zusammenstellen – und „alternativen Kunden" konsumieren spirituelle Angebote ohne besondere spirituelle Absichten. Bei dieser Gruppe handelt es sich nicht um ein Milieu, sondern um ein „Aggregat", d. h. sie sind nicht in soziale Netzwerke eingebunden. Die Werte der „Alternativen" unterscheiden sich deutlich von den „Institutionellen" und ähneln quantitativ den „Distanzierten" und „Säkularen": Nächstenliebe, Toleranz, Fairness, Verantwortung, Solidarität sind ihnen wichtig, bloß brauche man dazu keine Religion oder Spiritualität. Als „spirituell" hingegen kommen moderne Selbstentfaltungswerte in den Blick: Fantasie, Unabhängigkeit, Toleranz, Individualismus. Der eigene Körper und das eigene Fühlen haben überdies im Zweifel eine höhere Autorität als alle äußeren Normen und Vorschriften.

---

[33] *Stolz/Könemann/Schneuwly Purdie/Englberger/Krüggeler*, Religion.
[34] Ebd., 66–78.

Durch Authentizität soll sich der Einzelne höher und weiter entwickeln. Die Studie hebt hervor: In dieser Ich-Bezogenheit unterscheiden sich die Alternativen *nicht* von den anderen Gruppen. Die Alternativen bringen jedoch ihre Ich-Bezogenheit in direkte Beziehung zu ihrer Spiritualität. Die quantitativ-empirischen Ergebnisse sind begrifflich heterogen und widersprüchlich. Die diffuse und vermischte Gemengelage aus „spirituellen" Praxisformen, Glaubensvorstellungen, Gefühlen und Erfahrungen sowie dem Gebrauch von Dingen ist schwer zu erforschen. Ist der Glaube an Nahtoderlebnisse, Jenseitsbeweise oder Schutzengelvorstellungen im selben Maße spirituell und /oder religiös wie die Meditationserfahrungen beim Zen oder Yoga? Zudem gibt es Glaubensvorstellungen ohne Praxis und Praxis ohne Glaubensvorstellungen. Wie steht es außerdem um jene „Diesseitsreligion", die in den 1980er-Jahren unter der Annahme des Bedeutungsverlustes des Transzendenten funktional- oder quasi-religiöse Elemente wie Erinnerungskultur, Popmusik, Idolverehrung, Fernsehen und Fußball als Surrogat-, Substitut- oder Ersatzreligionen untersucht hat?

2.2 Begriffs-Annäherungen

2.2.1 Interdisziplinäre Zugänge

Spätestens jetzt wird die Frage nach einer systematischen Begrifflichkeit virulent.[35] Auch wenn Etymologien selten etwas zur Klärung zeitgenössischer Fragestellungen beitragen, sei hier kurz daran erinnert, dass das lateinische Wort *spiritualis* die Übersetzung des hebräischen sowie griechischen Wortes für den Geist Gottes, den Heiligen Geist ist. Im christlich geprägten Mittelalter bezeichnet der im 5. Jahrhundert auftauchende Neologismus *spiritualitas* geistig-geistliche im Unterschied zu weltlichen, körperlichen und materiellen Wirklichkeiten. Wie das lateinische *religiosus*, das den Ordensmann bezeichnete, bezieht sich auch *spiritualis* oft auf das Mönchtum. Als Begriff hat das Kunstwort Spiritualität demnach seine Wurzeln im Christentum, als Rhema sind die damit verbundenen Wirklichkeiten selbstverständlich seit jeher in allen Religionen anzutreffen.

Seit dem Ende des 19. Jahrhunderts wurde das Wort in der französischen Ordenstheologie verwendet und beschrieb Frömmigkeit, Askese und Mystik. In den 1940ern taucht es erstmals im deutschen Sprachraum auf und wurde im Rahmen des katholischen und später auch evangelischen Chris-

---

[35] Vgl. zum Folgenden *Heller* Spiritualität, 51 ff.; *Bochinger*, New Age, 378–385; *Baier*, Begriff; *Baier*, Spiritualitätsforschung.

tentums zu einer zentralen Kategorie des christlichen Glaubenslebens. Der Begriff hat seine Wurzeln demnach im akademischen, näherhin theologischen Diskurs *über* Fragen des Glaubens.

Aus *religionswissenschaftlicher* Perspektive bildet Spiritualität einen wesentlichen Teil, nach Birgit Heller sogar *den Kern,* der organisierten religiösen Traditionen.[36] So kann man von jüdischen, christlichen, islamischen, buddhistischen, hinduistischen und sogar atheistischen Spiritualitäten sprechen. In dem Ausmaß, in dem sich „derzeit so etwas wie ein globales Bewusstsein vieler miteinander mehr oder weniger vernetzter Spiritualitäten herausbildet"[37] und ein offenes Weltsystem der Religionen entsteht, wird Spiritualität zu einem „Welt-Wort": zum Paradigma der semantischen, pragmatischen sowie strukturellen Transformationsprozesse von Sinn und Religion bzw. Religiosität. Dabei können die Begriffe Religion/ Religiosität, Sinn und Spiritualität synonym verstanden werden. Spiritualität kann aber auch als „Unterform"[38] von Religion/Religiosität verstanden und konstitutiv auf eine numinos-göttliche Transzendenz bezogen werden oder als der weitere Begriff verwendet werden, der vor allem Sinnstiftung bezeichnet und sich auch auf nicht-transzendente Wirklichkeiten bezieht. So berufen sich *anthropologische* Definitionen von Spiritualität darauf, dass zum Mensch-Sein die „Tiefendimension einer heilvollen, identitätsstiftenden Bezogenheit auf eine letzte Wirklichkeit gehört. Spiritualität ist die Erfahrung, Entwicklung und Gestaltung dieser Beziehung im Leben von Einzelnen und Gemeinschaften."[39]

Theologisch bekommt der Begriff eine normative Dimension und beschreibt den erfahrenen, gelebten Glauben – dies aber in Verbindung und Auseinandersetzung mit den normativen Quellen, Schriften und Traditionen, deren Kritik die Erfahrung unterzogen wird.

Der Religionssoziologe Charles Glock hat darauf hingewiesen[40], dass es keine richtigen oder falschen Begriffe von Religion gibt, sondern nur mehr oder weniger hilfreiche. Dies gilt analog für den Begriff der Spiritualität. Spiritualität lässt sich – wie alles, was lebendig ist – nicht endgültig definieren. Letztgültig definierbar ist nur, was keine Geschichte hat. Begriffsbestimmungen sind daher immer nur Annäherungen, die das jeweilige Erkenntnisinteresse unterstützen und einen „Lichtkegel" auf die Wirklichkeit werfen, die man in ihrer Tiefendimension erschließen möchte. Das spirituelle Feld der Gegenwart, in dem unterschiedliche Protagonistinnen –

---

[36] *Heller,* Spiritualität, 512.
[37] *Baier,* Spiritualitätsforschung, 13.
[38] *Heller,* Spiritualität, 49.
[39] *Baier,* Spiritualitätsforschung, 14.
[40] *Glock,* Religion.

Wissenschaften, Religionen, Marktanbieter, spirituell Suchende und Erfahrene – darüber verhandeln, was Spiritualität denn sei, ist ein unendlicher, unabschließbarer Kommunikationsraum.

2.2.2 Soziologische Zugänge

Bereits der evangelische Theologe Ernst Troeltsch hat Anfang des 20. Jahrhunderts die beginnende „Neuformatierung" von Religion wahrgenommen. So verstand er die „Mystik" neben Kirche und Sekte als eigenständige religiöse Sozialform, die sich in der Neuzeit gegen die etablierte Religion und Kirche gewendet und sodann verselbstständigt hat.[41] Anfang des 20. Jahrhunderts noch ein Minoritätenphänomen, wird „Spiritualität" in den 1960er-Jahren allmählich zu einer Selbstbezeichnung breiter gesellschaftlicher Schichten. Im Unterschied zu Religion, die für Hierarchie, Dogma, Starrheit, Rückständigkeit, Institution, Missbrauch und Gewalt steht, gilt Spiritualität als modern, offen, erfahrungsorientiert, authentisch, anti-institutionell, antidogmatisch und pluralitätsfreundlich. Spiritualität wird als höhere Stufe von Religion betrachtet. Die „Spirituellen" sind der Ansicht, es gäbe einen universalen, alle Kulturen übergreifenden Kern der Religionen, der von konkreten religiösen Traditionen unabhängig sei. Die Unterschiede zwischen den Religionen werden in einem Einheits-Universalismus aufgehoben.[42] Aber erfährt jemand, der eine Christus-Vision hat, tatsächlich dasselbe wie jemand, der dank des Zen erwacht? Sind religiöse Begrifflichkeiten tatsächlich nur Nebensache?

Auch die Soziologie versteht Spiritualität als eigenständige religiöse Sozialform und Alternative zu Religiosität. Dabei unterscheidet sie zwischen „Ethnokategorien", d. h. jenen Begriffen, mit denen sich die Menschen selbst bezeichnen, und „Kategorien zweiter Ordnung", d. h. jenen wissenschaftlich begründeten Deutungen, mittels derer die subjektiven Selbstkonzeptionen in theoretische Bezugssysteme, Konstrukte zweiter Ordnung, überführt werden. In der Soziologie bezeichnet der Begriff Spiritualität daher eine „ethnographisch-semantische"[43] Kategorie, zusammengesetzt aus einem deskriptiven und einem hermeneutischen Anteil.

---

[41] *Troeltsch*, Soziallehren, 850.
[42] Diese Sichtweise ist übrigens mittlerweile auch empirisch nachweisbar weit verbreitet, vgl. z. B. *Polak*, Lebenshorizonte. Zwei Drittel der österreichischen Jugendlichen ab 14 Jahren glauben an einen Gott, der alle Menschen liebt, im Alltag aber nur schwer zu erkennen ist. Konkrete Religionen werden demgegenüber als Störung und Ursache für Konflikte wahrgenommen.
[43] *Knoblauch*, Spiritualität, 92.

Weltanschauungsfrei sind freilich beide Teile der soziologischen Begrifflichkeit nicht. So sind die Selbstbezeichnungen der Menschen bereits in einen soziohistorischen Kontext eingebettet. In den theoretischen Bezeichnungen der „Kategorien zweiter Ordnung" wiederum spiegelt sich nicht selten der Standpunkt der Forscher. So macht es einen Unterschied, ob man schmunzelnd-abfällig von „Patchwork-Spiritualität", „spiritueller Bricolage", „Bastel-Existenz"[44] oder „Melange-Religiosität"[45] spricht, wertend von Religionssurrogaten, Quasi-Religionen und profanen Ersatzreligionen oder gar abwertend von Neopaganismus, Aberglaube, Magie, „Ersatzdrogen für Hysterikerinnen und Hysteriker"[46] oder „Seelenbalsam", dem man jede kulturelle Relevanz abspricht[47], sowie „Hinz-und-Kunz-Religiosität"[48]. Neutraler ist die Rede von „Diesseitsreligion" oder einem „Projekt der Lebenshilfe", das versucht, „Restprobleme zu lagern"[49].

Hinter diesen Bezeichnungen stehen oft ganze Geschichts-Narrative zu religiöser Kulturgeschichte: Fiktionen eines einst religiös homogenen, spirituell gebildeten Feldes, dem gegenüber die zeitgenössischen Entwicklungen einen Verfall vormaliger religiöser Hoch-kultur darstellen. Eine solche religiöse Hochkultur war, wenn überhaupt, freilich von jeher ein Minderheitenphänomen. Aus volkskundlicher Sicht handelt es sich bei den zeitgenössischen spirituellen Sozial- und Kulturformen um modernisierte Formen jener Volksfrömmigkeiten, die ihren Ursprung im kirchlichen Raum des Mittelalters haben, als „verwaschene Fragmente eines herabgesunkenen Elitewissens"[50]. Volksfrömmigkeiten waren Akademikern immer schon ein Dorn im Auge. Aber gehören solche Formen gelebter Volksfrömmigkeit nicht notwendig zu jedem Glauben?

Zugleich ist zu fragen, inwiefern sich in den aktuellen Entwicklungen nicht auch das Versäumnis der Kirchen widerspiegelt, für die religiöse und spirituelle Bildung der Gläubigen Sorge zu tragen. Bereits die heute erodierende kirchliche Volksfrömmigkeit war vielfach heidnischer Glaube in bloß notdürftig christlich übertünchtem Gewand. Erinnert man sich dann noch an die allzu geringe christliche Widerständigkeit gegen die politische Religion des Nationalsozialismus, müssen sich durchaus kritische Rückfragen an christliche Volksfrömmigkeit stellen lassen. Aber das ist schon der Beginn meiner Deutung.

---

[44] *Hitzler*, Individualisierung, 357.

[45] *Beck*, Gott, 174.

[46] *Clausen*, Religion, 135.

[47] Ebd.; Weil es mehrheitlich Frauen sind, die in diesem Feld aktiv sind?

[48] *Riesebrodt*, Cultus, 123.

[49] *Soeffner*, Gesellschaft.

[50] *Aka*, Sekte, 17.

2.3 Qualitativ-empirische Zugänge

Worin bestehen die „Qualitäts-Merkmale" alternativer Spiritualitäten?

2.3.1 Hubert Knoblauch: Populäre Religion

Auch für den Soziologen Hubert Knoblauch hat sich der volkstümliche Aberglaube lediglich der Moderne angepasst und transformiert. „Populäre Religion" – so seine Bezeichnung – findet sich dort, „wo früher die Volksreligiosität war, dort, wo wir über den Tod, das Schicksal menschlichen Lebens oder das Glück im Jenseits reden, aber auch dort, wo die Menschen dem frönen, was die kirchlichen Spezialisten einst als Aberglauben bezeichneten."[51]

Knoblauch hält die scharfe Trennung zwischen Religion und Spiritualität für problematisch: „Die Spiritualität ist, wie ich meine, schon längst über die Ufer getreten und in die Religion, deren Grenzen selbst durchlässig geworden sind, eingedrungen."[52] Weder kirchliche Religiosität noch alternative Spiritualität sind auf ein jeweils eingegrenztes Milieu beschränkt, sondern nehmen derzeit Formen populärer Spiritualität an.

Drei zentrale Merkmale nennt Knoblauch für die populäre Spiritualität *sive* Religion:[53] 1. Die *Erfahrungsorientierung* bildet das zentrale Merkmal. Diese führt zur *Generalisierung des Charismas*. Nicht nur den religiös „Musikalischen", sondern jedem Menschen steht der Zugang zur Transzendenz offen – und das ohne hohe Anforderungen. Die Folge ist Distanz von der Dogmatik sowie die Tendenz, die je eigenen Transzendenzerfahrungen als „Quelle, Evidenz- und ‚Güte'-Kriterium"[54] der eigenen Religion zu sehen. Daher ist diese Art von Spiritualität zutiefst subjektivistisch und steht in engem Zusammenhang mit einem entbetteten Individuum, das Authentizität fordert. 2. Diese Spiritualität zeigt eine große *Nähe zum Individualismus*, ist aber nicht automatisch identisch mit diesem. Sie kann auch Gemeinschaft fördern. Das können kleine, vertraute Gruppen und Kreise ebenso sein wie große Events wie z. B. Weltjugendtreffen oder Papstbesuche. Die Organisationsformen dieser Spiritualität haben Netzwerkstruktur bzw. ähneln Bewegungen, Betrieben oder Selbsthilfegruppen. 3. Die populäre Spiritualität ist eine Bewegung der *Ganzheitlichkeit*. Sie

---

[51] *Knoblauch*, Populäre Religion. Markt, Medien und die Popularisierung der Religion, 221.
[52] *Knoblauch*, Spiritualität, 19.
[53] Ebd., 21–23.
[54] Ebd., 21.

tritt gegen jede Form von Gespaltenheit und Trennung an und fordert Integration und Einheit. Die Ganzheitlichkeit bezieht sich auf alle Lebensbereiche, auf Psyche, Gesundheit, Körper, Beziehungen und Politik und will alles mit allem verbinden. Soziologisch formuliert versucht diese Spiritualität die funktionalen und institutionellen Ausdifferenzierungen moderner Gesellschaften zu überwinden bzw. zu unterlaufen. Das Leben soll nicht länger in verschiedene Subsysteme und Felder „kompartmentalisiert"[55] werden. Spiritualität soll alle Lebensbereiche des Menschen beseelen.

Knoblauch kann daher in dieser Spiritualität durchaus kritisches Potential entdecken: eine Form gesellschaftlicher Opposition. Diese „underground"-Kultur ist allerdings mittlerweile so stark in die „Gemeinkultur" diffundiert, dass eine „Orientierung am offiziellen Modell der Religion gar nicht mehr sichtbar ist"[56]. Das religiöse Feld hat sich längst aufgelöst[57], Spiritualität ist zu einer breiten kulturellen Bewegung geworden, die sich vor allem über Märkte und Medien der Populärkultur ausdehnt. Auch die Kirchen sind zwischenzeitlich Player in diesem Feld populärkultureller Anbieter, die sich „wie multinationale Wirtschaftskonzerne"[58] verhalten: marktförmig organisiert – auch die Kirche spricht ja schon von Kunden und Klienten –, medial kommunizierend, ohne Beschränkung auf spezielle Milieus oder Experten. Das spirituelle Feld hat sich mithilfe ökonomischer Logik entgrenzt. Ob sein oppositioneller Charakter dabei absorbiert wurde, lässt sich diskutieren.

2.3.2 Ariane Martin: Sehnsuchtsreligion

Die Ethnologin Ariane Martin[59] hat inhaltliche Tiefenschichten im spirituellen Feld erforscht. Sie deutet die zeitgenössischen Spiritualitäten als auratische Platzhalter für eine vielfach namenlose Sehnsucht nach einem „anderen" Leben, nach Glück, Liebe, Selbstentfaltung, Heilung, Innerlichkeit und Orientierung. Vielen Menschen fehlen diese Sinndimensionen in einer Gesellschaft unter dem Primat ökonomischer Rationalität. Sie unterscheidet folgende Dimensionen zeitgenössischer Spiritualitäten, die sie Sehnsuchtsreligion nennt:
1. Spiritualitäten, die sich auf eine *Reise zu sich selbst*, ins Innere des eigenen Selbst machen: Ausgelöst durch ein diffuses Unbehagen, sehnen sich Menschen nach innerer Harmonie, Lebensqualität und seelischem

---

[55] Nach *Berger/Berger/Kellner*, Homeless Mind.
[56] *Knoblauch*, Spiritualität, 23.
[57] *Bourdieu*, Auflösung, 231–237.
[58] *Knoblauch*, Spiritualität, 23.
[59] *Martin*, Sehnsucht.

Gleichgewicht. Das körperliche und seelische Wohlbefinden stehen dabei im Mittelpunkt. Man sucht nach Möglichkeiten der Entspannung und der Stille, nach Selbstvergewisserung und Lebenssinn, nach Wegen der Kontingenzbewältigung. „Wellness" wird dabei ein zentrales Stichwort. Die Ziele solcher Reisen ins Innere des eigenen Selbst sind materieller Reichtum, aber auch ein Leben in Einfachheit. Man sucht Autonomie, Anerkennung und Erfolg. Menschen erforschen in Selbsterfahrungsgruppen ihr Inneres und entdecken dabei Elemente des Göttlichen in sich selbst.

2. Spiritualitäten, bei denen die Sehnsucht nach *Verzauberung* im Mittelpunkt steht: Außergewöhnliches ist attraktiv, man möchte dem Alltag und seiner Routine entkommen und sucht das Magische, Märchenhafte, Staunenswerte auf. Gesucht werden Erfahrungen aus erster Hand. Man will Grenzen überschreiten, sehnt sich nach Wundern, ist von übersinnlichen Phänomenen fasziniert oder will das Leben ästhetisieren. Die Suche nach Abenteuern, intensiven Erlebnissen, die Lust auf Neues und Experimentierfreude sind hier charakteristisch. Schönheit wird ein spiritueller Wert.

3. Die Dimension der *Heilung* spielt eine zentrale Rolle in vielen Spiritualitäten: Die Erfahrung von körperlicher Krankheit, Leid, unerträglichen Lebenssituationen, geistigem oder seelischem Leid lässt Spiritualität für viele zur Hoffnung werden. Alternative und komplementäre Medizin, Geistheilerei sollen ganzheitliche Gesundheit ermöglichen: körperliche, seelische und geistige Gesundheit. Menschen suchen nach Vollkommenheit, d.h. ein ursprüngliches Heilsein und die Möglichkeit zur Selbstentfaltung der eigenen Potentiale, um zu werden, wer man ist. Menschen suchen auf verschiedenste Art und Weise nach Unsterblichkeit.

4. Spiritualitäten, die nach *Festigkeit* suchen: Viele spirituell Suchende suchen nach Orientierung, Halt, Gewissheit und Strukturen, die im Leben stützen. Sie suchen oder entwickeln ihre persönlichen Rituale oder nehmen an Riten religiöser Traditionen teil. Lebensberatung, Coaching stehen hoch im Kurs, spirituelles Coachen, Ritenberater, aber auch divinatorische Techniken (Astrologie, Kartenlegen) sind gefragt. Man sucht klare Regeln, Verlässlichkeit und Wahrheit, d.h. nach einer Weisheit, die man direkt und authentisch im Herzen erfahren kann. Spirituelle Meister sind als Autoritäten gefragt.

5. Spiritualitäten, in denen *Gemeinschaft* ein zentrales Thema ist: Menschen suchen nach Beziehungen oder Anschluss an eine Gruppe, die von einer „Ethik der Liebe" geprägt sein sollen. Innere Verbundenheit, übereinstimmende Weltanschauungen werden erwartet. Es entstehen

spirituelle Freundschaften und spirituelle Netzwerke. Dabei entwickeln sich neue Sozialformen: Events, Szenen, spirituelle Stammtische. Neue Gemeinschaftsprojekte wie „Ökodörfer" entstehen, in denen Menschen miteinander alternative Lebensformen ausprobieren.

6. Spiritualitäten, die *ins Weite reisen:* Hier geht es um Entwicklung, Entfaltung, Dynamik, um sich „in etwas Tieferes, Höheres, Weiteres, Übergeordnetes" einzuordnen. Ausdruck dieser Sehnsucht nach Weite ist das wachsende Pilgerwesen, aber auch der Aufbruch in den Cyberkosmos. Man sucht nach Verwebung und Verortung in transzendenten Sphären, sehnt sich nach Transzendenz- und Einheitserfahrungen, die man mittels Trance, Ekstase oder Meditation forcieren möchte. Erleuchtung und Erwachen sind angestrebte Ziele, die religiösen Traditionen des Ostens sind hier von besonderem Interesse.

7. Schließlich geht es spirituell Suchenden auch um neue Weisen der Welterklärung und des *Weltverhältnisses:* Es lassen sich weltflüchtige, weltnegierende Spiritualitäten hier ebenso finden wie retrospektivische oder perspektivische Spiritualitäten. Die einen nützen Spiritualität zum Eskapismus, zur Flucht oder zum Protest gegen eine unmenschliche Welt, andere setzen auf Retro-Romantik und Nostalgie und beschäftigen sich mit Schamanismus, Druidentum, keltischen oder Natur-Religionen. Bei anderen paart sich Spiritualität mit einer starken Solidarität mit Mensch und Natur und dem Streben nach neuen Strukturen. Weltverantwortung ist hier eine Folge spiritueller Sehnsucht. Geträumt wird – manchmal mit apokalyptischem Unterton – von einer Welt des Friedens, der Freiheit und der Solidarität.

2.3.3 Markus Hero: Von der Kommune zum Kommerz

Aus einer institutionentheoretischen Sicht analysiert Markus Hero[60] die Transformationsprozesse, die der alternativen Spiritualität den Weg gebahnt haben. Religiöse Institutionen sind nicht nur „Opfer" einer individualisierten und subjektivierten Religiosität. Vielmehr hat eine institutionelle Infrastruktur den Akteuren einen zeitlich und inhaltlich flexiblen Zugang zu religiösen Ideen unterschiedlichster Provenienz ermöglicht und so seit den 1960er-Jahren schrittweise von gemeinschaftsförmigen Assoziationen hin zu unverbindlichen Marktbeziehungen im spirituellen Feld geführt.

Den Kern des „Sachphänomens" Spiritualität macht auch bei ihm die Zentralität und Sakralisierung des Ichs als wichtigstem spirituellem Be-

---

[60] Vgl. *Hero*, Kommune.

zugspunkt aus. Diesseitige Heilserwartungen, d. h. persönliche Lebenszufriedenheit, persönliches Wohlbefinden, erhöhte Lebenszufriedenheit und
verbesserte Lebenstüchtigkeit[61] stehen im Mittelpunkt der Spiritualität. Dies
allein aber kann noch keine gesellschaftsrclevante Bewegung nach sich
ziehen. Dazu bedarf es geeigneter Institutionalisierungsprozesse und sozialer Infrastruktur.

Deren Genese in Kurzform: Die nach dem Zweiten Weltkrieg entstehende Wohlstandsgesellschaft erlaubt es den Jungen, gegen die Erwachse-
nengeneration zu rebellieren – im religiösen Feld in Form von Jugendreli-
gionen und „Sekten“. Die wirtschaftliche Stagnation der 1970er-Jahre im
Verein mit einem stigmatisierenden „Sekten“- und „New Age“-Diskurs
führen zum Rückgang dieser Bewegungen. Deren Kampf um Selbsterhalt
lässt die Akteure zweckmäßigere Organisationsformen entwickeln. Durch
veränderte Außendarstellungen, Marketing, Professionalisierung und Öf-
fentlichkeitsarbeit werden neue Images geschaffen. Die Mitgliederorientie-
rung wird auf Kunden- und Klientenwerbung umgestellt. Die alternativen
spirituellen Bewegungen mutieren zu Dienstleistungsanbietern mit bera-
tenden, therapeutischen und bildenden Zielen. Religiöse Partizipation basiert nicht mehr auf dauerhaften Verpflichtungen, Mitgliedschaft und
Commitment, sondern auf dem zentralen Prinzip „Access“. So entsteht in
weiterer Folge religiöses Unternehmertum, was praktisch den Kampf vieler
Kleinbetriebe um Kunden bedeutet. Auffallend auf diesem Markt: 90 % der
Kunden wie der Anbieter sind Frauen. Religion wird zu „Religion bei Ge-
legenheit“. Der einzelne Anbieter verliert an Macht, während die Kunden an
Wahlmöglichkeiten gewinnen. Merkmale dieser Zugehörigkeitsform „Access“ sind freiwillige, temporäre Mitgliedschaft sowie relative Unverbind-
lichkeit. Sach-Werte wie Ich-Stärkung, Identitätsfindung, Autonomie und
Selbstermächtigung des Subjekts sind die inhaltlichen Entsprechungen
dieser Zugehörigkeitsform. Nicht nur dies: Das Ich als Adressat wird so zum
Gegenstand der religiösen Botschaft. Spiritualität – einst Inbegriff von eli-
tärem Wissen, Exklusivität und Unzugänglichkeit – wird nun zum Produkt
eines Marktes, zu dem Wettbewerb, Konkurrenzmechanismen und Konsum
gehören.

Markus Hero negiert eine „spontanmarxistische“[62] Deutung dieser
Entwicklungen explizit. Viele der spirituellen Unternehmerinnen seien arm
und arbeiten auf diesem Markt, weil sie von ihren Idealen überzeugt sind.
Ihre Authentizität sei weder Pose noch Spiel. Ja, aber sagen Armut, Au-

---

[61] Ebd., 38.
[62] Ebd., 48.

thentizität oder der Glaube an Ideale per se etwas über eine religiöse Wahrheit oder humane Ethik aus?

3. Theologische Anmerkungen

3.1 Spiritualität als „Zeichen der Zeit"

Damit komme ich zum theologischen Aspekt der Thematik. Mir geht es dabei nicht um das kulturpessimistische und nostalgische Beklagen einer verlorenen spirituellen Vergangenheit, die es so ohnedies nie gegeben hat. Ebenso wenig ist aber Kulturoptimismus angesagt. Die pastoral(theologische) frohgemute Übernahme des Kunden- und Klientendiskurses und die Rede vom religiösen Markt, auf dem die Kirche nun ihre spirituellen Güter gut verpackt anbieten müsse, ist mir ebenso suspekt. Das hochgradig ambivalente spirituelle Feld, in dem sich die Kirche vorfindet, stellt sie vor schwierige Fragen.

Da finden sich ohne Zweifel Akteure, denen es nur um das Geschäft geht, ohne jegliche ethische oder politische Verantwortungsübernahme, und deren sakralisiertes Ego nicht anders als Narzissmus und Egoismus zu bezeichnen ist. Die opiaten Funktionen mancher alternativer Spiritualitäten sind ebenfalls evident. Erschreckend ist auch die Herzenshärte jener „Spirituellen", denen die Toten von Lampedusa keine schlaflosen Nächte bereiten oder die ihre esoterischen Erfahrungen ohne Not mit Antisemitismus oder Islamophobie vereinen können.

Aber daneben gibt es auch jenen „weltreligiösen Kosmopolitismus"[63], wie z. B. der Soziologe Ulrich Beck manche der neuen Glaubensformen nennt.

> „Dessen Kennzeichen sind durchlässige Grenzen, und zwar nicht primär im globalen Außen, sondern im Inneren, in der eigenen Biographie und Identität. Religiöse Andersheit wird als bereichernd erlebt und in die eigene religiöse Identität einbezogen. Dadurch besitzt diese ,zweitmoderne' Form der Religion/Religiosität das Potenzial, die öffentliche Rolle der Religion neu auszuüben und zu gestalten."[64]

Beck sieht in der zeitgenössischen, Religionsgrenzen überschreitenden „Melange-Religiosität" eine Chance, drängende gesellschaftliche Probleme

---

[63] *Beck*, Gott, 174.
[64] Zitiert nach *Heller*, Spiritualität, 66.

anzugehen. Auch die Studie der Identity-Foundation sowie die Studie von Höllinger/Tripold zeigen, dass entgegen der These radikaler Selbstbezogenheit manche Formen der Spiritualität ein überdurchschnittliches ökologisches Bewusstsein und sozialpolitisches Engagement zur Folge haben.[65] Theologisch nachdenklich macht das öffentlich zumeist unsichtbare Leiden im Hintergrund alternativer Spiritualitäten. Die Ethnologin Christine Aka hat gezeigt, dass es fast immer Lebenskrisen sind, die – vor allem bei Frauen – zum Einstieg in das spirituelle Feld führen.[66] Und es sind vor allem Frauen, die die Akteurinnen in diesem Feld sind. Gelitten wird – soziologisch gesehen – an der Zerrissenheit eines Lebens, das sich in verschiedene Felder aufspaltet, an Erfahrungen von Überflüssigkeit, Ungerechtigkeit und Unrecht, Sinnlosigkeit und Einsamkeit. Auch das Leiden an der viel zu oft nichtssagenden Sterilität traditioneller christlicher Verkündigung darf hier nicht unerwähnt bleiben, wenn diese keine Antworten auf drängende Fragen hat, keine Worte für existenzielle Erfahrungen findet und die Fragen oft nicht einmal versteht.

Diesen komplexen Befund überblickend, bezeichne ich die sozioreligiösen Transformationsprozesse unter dem Label „Spiritualität" als „Zeichen der Zeit".[67] Nach Marie-Dominique Chenu handelt es sich dabei um ein zeittypisches, epochales Phänomen, in dem Menschen ihre Wirklichkeit in einem spezifischen geschichtlichen Kontext auf neue Weise bewusst wird. Spiritualität zeugt von einem solchen Bewusstseinswandel: Die transzendente Sinndimension und die theologisch damit verbundene Frage nach Gott stehen zur Debatte. Weil nicht die „bare Faktizität des Ereignisses … das ausschlaggebende Moment [ist], sondern die Bewusstseinsbildung, die es bewirkt, die Bündelung von Energien und Hoffnungen eines ganzen Kollektivs von Menschen, jenseits und unabhängig von der reflektierenden Intelligenz des einen oder anderen Individuums"[68], können aus der Sicht des christlichen Glaubens die Fragen, Erfahrungen, Theorien und Praktiken im spirituellen Feld als Hinweise und Spuren gesehen werden, in denen sich heute Gott selbst offenbart. Auch wenn keinesfalls alle sich als spirituell verstehenden Menschen dabei auf Gott beziehen und das, was Menschen als „Gott" erfahren, mit diesem nichts zu tun haben muss, zeigt sich in diesem Phänomen, dass der Zeit die Möglichkeit innewohnt, Gottes Präsenz wahrzunehmen. Zum „Zeichen der Zeit" werden die spirituellen Erfahrungen der Zeitgenossen allerdings erst durch die Glaubensperspektive, die

---

[65] *Höllinger/Tripold,* Leben, 205–222.
[66] *Aka,* Sekte, 12.
[67] Zum Verständnis der „Zeichen der Zeit" vgl. *Polak/Jäggle,* Gegenwart.
[68] *Chenu,* signes, 32, nach *Füssel,* Zeichen, 265.

dieses Potential darin wahrnehmen kann. Auch nach dem Verständnis von Hans-Joachim Sander[69] lässt sich die spirituelle Transformation als „Zeichen der Zeit" erkennen. Es handelt sich um ein historisches Phänomen, in dem Menschen – gleich ob gläubig oder ungläubig – um ihre und der Anderen Würde und Anerkennung kämpfen: um religiöse Selbstbestimmung, um die Würde eigener spiritueller Erfahrungen und Kompetenzen, um die Anerkennung der Forderung nach lebensrelevanter Religion. Die Suche nach der Anwesenheit Gottes bzw. Erfahrungen mit seiner Präsenz sind in diesem Phänomen evident.

3.2 Unterscheidung der Geister

Wie alle „Zeichen der Zeit" bedarf auch die spirituelle Transformation einer differenzierten Unterscheidung der Geister. Wie alle menschlichen Denk- und Praxisformen bergen auch alternative Spiritualitäten in und außerhalb der Kirche individuell und strukturell sündhafte Anteile.

Zu dieser Unterscheidung der Geister gehören beispielsweise:

1. Eine fundierte *Kontextanalyse*, die auch die sozialen, politischen, ökonomischen Lebenswelten theologischer Kritik unterzieht: Spiritualitätskritik ist immer auch Sozial-, Politik- und Ökonomiekritik.

2. Eine gründliche *sozialwissenschaftliche Ursachenanalyse* der Entstehung neuer Spiritualitäten: vor allem jener soziostrukturellen Entwicklungsprozesse, die das Individuum seit der Neuzeit schrittweise aus gesellschaftlichen und sozialen Zusammenhängen entbetten. In hochmodernen Gesellschaften führt diese Dynamik zum Überflüssigwerden[70] ganzer Menschengruppen. Das Entstehen einer Ich-Spiritualität gründet auch in jenen Prozessen der Moderne, die dem Einzelnen nur mehr den Weg ins Ego freilassen.

3. Eine gründliche *historische Ursachenanalyse*: Dazu gehört die Frage, ob nicht in der katastrophischen Entfesselung von Gewalt und Bösem im 20. Jahrhundert eine, wenn nicht *die* maßgebliche Erschütterung traditioneller Religion liegt. Das Entwickeln neuer spiritueller Wahrnehmungs-, Denk- und Lebensformen wäre so nicht nur unabdingbar notwendig, sondern auch jeder Versuch, kritiklos zu traditionellen Formen zurückzukehren, wäre durch die Gewaltfolgen bestimmter theologischer Denk- und Praxisformen desavouiert.

---

[69] *Sander*, Pastoralkonstitution, 581–886.
[70] *Trojanov*, Mensch.

4. Eine *Religions- und Spiritualitätskritik*, die sich nicht nur auf das zeitgenössische spirituelle Feld bezieht, sondern sich auch einer selbstkritischen Analyse traditioneller und klassischer christlicher Spiritualitäten und Theologien stellt: Denn auch diese gehören zu den Entstehungsbedingungen inhumaner und opiater Spiritualitäten.

5. Mitzubedenken ist auch der zeitgenössische *religionspolitische Kontext*, in dem durch religiöse Fundamentalismen und religiös begründeten Terror – Ausbreitung des Islamismus, radikalisierter Hinduismus, christliche Fundamentalismen – organisierte und institutionalisierte Religion in Europa in Verruf gekommen ist. Dies ist einer der wesentlichen Gründe für die Entstehung eines spirituellen Universalismus.

6. Die *Förderung spiritueller Praxisformen und spiritueller Theologien*, die den spirituellen Sehnsüchten und Erfahrungen gerecht werden und Wege zu einer lebendigen, erfahrbaren, lebensrelevanten Gottesbeziehung eröffnen: Dazu gehört wesentlich deren Einbettung in gelebte christliche Praxis sowie das durch bildlose Kontemplation wieder zu erlernende Schweigen und Hören.[71]

Katholische Theologie kann ob ihrer volksfrömmigkeitsfreundlichen Tradition den zeitgenössischen Spiritualitäten wertschätzend begegnen. Fundament der Kritik ist aber auch für sie der ethische Monotheismus des Christentums. Zu diesem gehört die Erfahrung eines in aller Nähe fremden Gottes, von dem sich auch Christen kein Bild machen dürfen. Zu diesem gehört der Glaube, dass das Leben, Sterben und Auferstehen des Jesus von Nazareth ein „Bild des unsichtbaren Gottes" (Kol 1,15–20) ist, das offenbart, wie Gott handelt und Christen daher handeln können und sollen. Zum dritten gehört zu ihm auch die Erfahrung der Personalität von Gott und Mensch, d. h. des *Beziehungs*charakters christlichen Glaubens. Praktisch heißt das, dass Gemeinschaft und ein Zusammenleben in Liebe und Gerechtigkeit und damit die Mitverantwortung für das politische Gemeinwesen konstitutiv zu christlicher Spiritualität gehören. Christliche Spiritualität ist kein innerseelisches Tête-à-Tête zwischen einem Einzelnen und Gott, sondern unabdingbar relational. Das Reich Gottes, Kern der Botschaft des Jesus von Nazareth, ist als „Begründung und Beginn eines neuen Zusammenlebens"[72] in Liebe, Gerechtigkeit und Frieden auch der zentrale Maßstab aller christlichen Spiritualitäten. „Eine neue Individualität, die nicht sofort eine neue Sozialität initiierte, ist biblisch undenkbar."[73]

---

[71] *Polak*, Spiritualität.
[72] *Kraus*, Reich Gottes, 20.
[73] Ebd.

Auf der Suche nach dem universalen Spirit

Spirituelle Ansätze und Suchbewegungen außerhalb der institutionalisierten christlichen Gemeinschaften

Reinhard Hempelmann

Der weltanschauliche und religiöse Pluralismus manifestiert sich auch in einer Vielzahl von spirituellen Ansätzen und Suchbewegungen, die außerhalb und innerhalb des institutionalisierten Christentums einflussreich sind. Sogar innerhalb atheistischer Milieus findet das Thema Spiritualität Resonanz. Die folgenden Überlegungen skizzieren mögliche Ausdrucksformen spiritueller Ansätze. Häufig verstehen sich diese im Horizont eines esoterisch geprägten Weltverständnisses, das sich in zahlreichen Praktiken und Ritualen konkretisiert: in astrologischer Lebensberatung, in der Kommunikation mit jenseitigen Wesen und Geistern, in Karma-, und Energiemedizin, in Ernährung und Meditation.[1] Aus einer distanzierten Perspektive wird gegenüber solchen spirituellen Offerten die berechtigte Frage aufgeworfen, ob nicht viele der „derzeit besonders gefragten Techniken, Angebote und Methoden … letztlich einen Zeitgeist wider(spiegeln), der sich religiöser gibt, als er in Wirklichkeit ist"[2].

1. Kombinatorische Spiritualität – Annäherungen

Kombinatorische Formen von Spiritualität sind eine Gestalt heutiger Religionsfaszination. Immer mehr Menschen praktizieren einen überaus individuell geprägten, auswählenden Religionsvollzug. Sie schöpfen in Sachen Religion aus verschiedenen Quellen, halten sich unterschiedliche Optionen offen und vermeiden die Beheimatung in einer einzigen Tradition. Auf der Suche nach unmittelbarer religiöser Erfahrung sind sie darauf aus, sich aus den Fesseln von Institution und Dogma lösen und einen eigenen religiösen Weg gehen zu wollen. Ihr Religionsvollzug ist konsum- und erlebnisorientiert, wenig organisiert. Soziologen beschreiben dieses Phänomen als „vagierende", „vagabundierende" Religiosität, als „Religions-Bricolage". Das religiöse Verhalten stellt dabei eine Anpassung an gesellschaftliche

---

[1] Vgl. u. a. *Kurfer*, Gurus; *Kramer*, Erleuchtung.
[2] *Pöhlmann*, Kraftstrom, 40.

Individualisierungsprozesse dar. Es kann als „expressiver Individualismus"[3] beschrieben und gedeutet werden, der allerdings „keineswegs nur eine individuelle Anpassung an den religiösen Pluralismus darstellt"[4]. Es bleibt auf kulturelle Vorgaben bezogen, insbesondere auf Modelle und Agenten eines esoterischen, meist theosophisch geprägten Synkretismus. Es ist schwer, mit gängigen Methoden religionswissenschaftlicher Forschung die Ausformungen esoterischer Spiritualität zu erfassen.[5] Denn an zusammenhängenden religiösen Systemen, an verbindlich gestalteter Gemeinschaft und einer kontinuierlichen Glaubensvergewisserung durch symbolische Handlungen ist diese nicht interessiert. Charakteristisch ist vielmehr, dass einzelne religiöse Elemente und Rituale aus ihren ursprünglichen Zusammenhängen „entwendet" und in lebenspraktischer Hinsicht zeitweilig aufgegriffen und ausprobiert werden. So wird vieles miteinander verbunden und vermischt: japanische und chinesische Heilungspraktiken, buddhistische Meditation, schamanistische Ekstasetechniken, mit religiösen Versprechen aufgeladene alternative Therapieangebote usw. Die Suchbewegungen zielen auf außergewöhnliche Ergriffenheitserfahrungen, auf Kommunikation mit dem Göttlichen, auf Selbstfindung, Körpererfahrung, Bewusstseinserweiterung und Erleuchtung. Bezugstraditionen sind u. a. Gnosis, Hermetik, Kabbala, Spiritismus/Channeling, Neugeistbewegung, Schamanismus, Transpersonale Psychologie und Reinkarnationsglaube. Es ist vor allem ein esoterisch-synkretistisch orientierter Religionstyp, der für zahlreiche spirituelle Ansätze charakteristisch ist. Auf philosophischer Ebene artikuliert er sich als Kritik am Subjektbegriff, plädiert für radikale Vielfalt und votiert für die Nichtdarstellbarkeit des Absoluten.[6] Religionen und Weltanschauungen werden eklektisch rezipiert. Zur Weiterentwicklung der Spiritualität wird in die verschiedensten Bereiche der Religionsgeschichte und der Suche der Menschen nach Selbsttranzendenz gegriffen. Spirituelle Ansätze antworteten auf Ermüdungserscheinungen rationaler Weltbewältigung, gehen auf den spirituellen Hunger der Menschen ein und konzentrieren sich auf den Innenraum der Person und seine Verbundenheit mit dem Kosmos.

Die Sozialgestalt, die zahlreiche Ausformungen kombinatorischer Spiritualität bestimmt, zeigt sich weniger in festen Gruppenbildungen, sondern als Netzwerk, das nur lockere Verbundenheit ermöglicht. Ein punktuelles

---

[3] *Taylor*, Formen, 71,79.
[4] *Hummel*, Kirchen, 33.
[5] In seinem Buch über New Age weist *Christoph Bochinger* mit Recht darauf hin, dass die „religiöse Szenerie" durch das Fehlen „traditionaler religiöser Strukturmerkmale" wie Kirche, Lehre, Ritual gekennzeichnet ist. Ders., New Age, 104.
[6] Vgl. dazu auch *Wendel*, Sichtweisen.

Zusammenkommen, ein Kommen und Gehen ist kennzeichnend. An verbindlich gestalteter Gemeinschaft und einer kontinuierlichen Glaubensvergewisserung durch symbolische Handlungen besteht kein Interesse. Kombinatorische Spiritualität ist als „Publikum" und „Kundschaft" organisiert. Die Kraft ihrer Gemeinschaftsbildungen ist begrenzt, ebenso ihr Beitrag zur religiösen Identitätsbildung. Zahlreiche spirituelle Ansätze haben teil an dem, was in der Soziologensprache „akzelerierende Verszenung und Eventisierung" der Gesellschaft heißt. Charakteristische Merkmale der Sozialform „Szene" sind unter anderem Partikularität, zeitliche Begrenzung, offene Zugehörigkeitsbedingungen, beschränkte Wahrheitsansprüche usw. So spricht man von Psycho-Szene, Esoterik- und Okkult-Szene, Ufo-Szene, Meditations-Szene etc. Zur Szene gehören Events. „Events werden als einzigartige Erlebnisse geplant und so – jedenfalls in der Regel – auch erlebt."[7]

Erst eine Lebenswelt, die durch weltanschaulich-religiöse Vielfalt gekennzeichnet ist, hat solche spirituellen Ansätze möglich gemacht. Religionsfreiheit, Migrationsprozesse, moderne Kommunikationsmedien, religiöser Tourismus, ein neu erwachtes Sendungsbewusstsein nichtchristlicher Religionen und neuer religiöser Bewegungen verstärken kulturellen und religiösen Austausch und tragen zur Pluralisierung und Ausdifferenzierung religiöser Orientierungen bei. Die Globalisierung bewirkt universale Gleichzeitigkeit und lässt die Menschen aus der Raumdimension sozusagen herausfallen.[8] Mediale Vernetzungen schaffen neue Möglichkeiten der Kommunikation und heben Grenzen auf. Kombinatorische Spiritualität ist Teil des heutigen religiösen Pluralismus. Die „Angebotsexplosion" der Lebenswelt[9] erfordert freilich Auswahl und Entscheidung. Zahlreiche Menschen in westlichen Gesellschaften, auch zahlreiche Mitglieder unserer Kirchen, sind fasziniert von fremden Religionen, z. B. vom Buddhismus. Sie zeigen sich interessiert an alternativen spirituellen Angeboten und beteiligen sich am religiösen Vagabundieren. Dabei geht es vielen zunächst um Hilfestellungen bei der Alltagsbewältigung. Freilich gibt es im Vollzug spiritueller Angebote auch die Erfahrung des Ergriffenwerdens durch eine bindende religiöse Kraft. Die spielerisch-ästhetische Annäherung an Rituale einer anderen Religion und Weltanschauung kann ein erster Schritt auf dem Weg zu einer tieferen spirituellen Bindung sein, muss es aber nicht.

Kombinatorische Religionsformen profitieren von den antiinstitutionellen Affekten der Menschen und stehen im Zeichen der Verarbeitung

---

[7] *Gebhardt/Hitzler/Pfadenhauer*, Events, 19.
[8] Vgl. dazu *Beyer*, Religion.
[9] Vgl. dazu *Schulze*, Erlebnisgesellschaft.

religiöser Vielfalt. Insofern ist es nicht falsch, in ihnen freireligiöse oder auch universalreligiöse Strömungen zu sehen.[10] Sie erkennen in der Vielzahl religiöser Traditionen Sprachspiele, die sich auf die eine Erfahrung des Göttlichen beziehen. Theistische religiöse Konzeptionen werden meist abgelehnt. Man ist darum bemüht, eine nichttheistische, in vielen Fällen nachchristliche religiöse Erfahrung zu vermitteln und schreibt zugleich die Kategorien Erfahrung, Emotionalität und Intuition groß. Die religiöse Erfahrung zielt auf Überwindung der Grenzen menschlichen Daseins, auf die Entgrenzung des Ichs in ein kosmisches Bewusstsein.

2. Protest gegen die Moderne

Nicht allein die säkulare Welt, sondern eben auch eine von vielfältiger Religiosität und Spiritualität bestimmte Welt, ist der heutige Kontext des christlichen Zeugnisses. Insofern leben wir nicht nur in der Zeit zunehmender Säkularisationsprozesse, sondern auch in einer Zeit der „Leichtgläubigkeit"[11]. Zwar hat die moderne, naturwissenschaftlich und rational orientierte Weltauffassung einer mythologisch-religiösen Weltbetrachtung den Kampf angesagt, diese jedoch nicht überwinden und zu einer religionsgeschichtlich überholten Alternative machen können. Im Gegenteil: Was im Zuge neuzeitlicher Aufklärung rationaler Kritik unterzogen und teilweise als Aberglaube bezeichnet wurde, hat eine neue Renaissance erfahren. Technische und magische Lebensbewältigung werden dabei häufig nicht als konträr und unvereinbar angesehen und erlebt, sondern als ergänzend. Man kann also – in Abwandlung eines Diktums Rudolf Bultmanns gesprochen – durchaus „elektrisches Licht und Radioapparat benutzen, in Krankheitsfällen moderne medizinische und klinische Mittel in Anspruch nehmen"[12] und gleichzeitig an die Wirksamkeit magischer Techniken glauben und ein okkultes, vormodernes Weltbild mit Emphase vertreten[13]. Im Kontext einer reflexiv gewordenen Moderne gilt der Sachverhalt, „dass die Entzauberung der Welt auch zu einer radikalen Entzauberung der Idee der Entzauberung selbst geführt hat; oder anders gesagt, dass die Entmythologisierung sich am

---

[10] Vgl. dazu *Figl*, Mitte.

[11] Vgl. den Untertitel des Buches von *Berger*, Sehnsucht: Sehnsucht nach Sinn. Glauben in einer Zeit der Leichtgläubigkeit.

[12] *Bultmann*, Neues Testament, 18.

[13] *Edmund Runggaldier* beschreibt diesen Vorgang mit folgenden Worten: „Bei vielen Esoterikern und faktischen Anhängern der neuen Religiosität wird das eine Weltbild nicht durch das andere ersetzt, wohl aber erweitert. Das wissenschaftliche wird für den Alltag beibehalten, und das alternative greift im rein privaten Bereich um sich." Ders., Philosophie, 193.

Ende gegen sich selbst gewendet hat, indem sie auch das Ideal der Liquidierung der Mythen selbst als Mythos erkannte"[14].

Seit dem 19. Jahrhundert erfolgte die Ausbreitung esoterischer Weltanschauungen und Praktiken reaktiv und parallel zum Vorgang kultureller Säkularisierung und vollzog sich Hand in Hand mit einem rasanten wissenschaftlich-technischen Fortschritt, vor allem im Bereich der Naturwissenschaften. Die Herrschaft der instrumentellen Vernunft mit ihrer Verdinglichungssucht verstärkte die Gegenkräfte. Zwar hat die Moderne nie ohne den Widerspruch zur Moderne existiert, jedoch führte dieser ein Nischendasein. Erst der zunehmende Modernisierungsprozess hat die „Dialektik der Aufklärung" offen gelegt und dazu geführt, dass Mythos und Magie neue Aktualität erlangten. Die Erfahrungslosigkeit und die Erfahrungsarmut des Alltags macht empfänglich für das Übersinnliche, für das Geheimnisvolle, für das Irrationale. Spirituelle Bewegungen lassen sich in vielen ihrer Ausdrucksformen als Protest gegen ein säkulares Wirklichkeitsverständnis interpretieren. Sie entwerfen „nichtsäkulare", nicht selten „vormoderne" Weltkonzeptionen, die in ihrem Protest jedoch an die Determinanten der Moderne gebunden bleiben. Wouter J. Hanegraaff hat an der sogenannten „New-Age-Spiritualität" gezeigt, dass sich in dieser ein neuer Typ säkularer Religion ausdrückt, für den die Verselbstständigung der „Spiritualität" gegenüber traditionellen Religionen und Weltanschauungen und seine direkte Einbindung in die säkulare Kultur charakteristisch ist.[15] Insofern ist es zutreffend darauf hinzuweisen, dass New Age eine Form säkularer Religiosität darstellt.[16]

Moderne esoterisch geprägte spirituelle Strömungen stellen den Versuch dar, die im Rahmen kultureller Säkularisierung verloren gegangene Einheit von Weltbild und Religion, von Vernunft und Glaube wiederherzustellen. In ihrem Anspruch auf umfassende Sinndeutung und universale Geltung gleichen sie der Religion. Sie vertreten ein antirationalistisches Weltbild und sehen sich selbst im Einklang mit Erkenntnissen der Wissenschaft (Physik, Biologie, Psychologie). Das Göttliche, Wahre und Absolute ist nicht zu glauben, sondern zu erfahren. Der erklärte Wille, Glauben und Wissen miteinander zu versöhnen und ein alternatives Orientierungswissen zu begründen, geschieht jedoch um den Preis, zwischen wissenschaftlicher Rationalität und weltanschaulichem Interesse nicht mehr unterscheiden zu können.

---

[14] *Vattimo*, Glauben, 19.
[15] Vgl. *Hanegraaff*, New Age Religion.
[16] Ebd., 517 ff. Hanegraaff bezeichnet New Age als säkularisierte Esoterik.

3. Heilungssehnsucht und Geisterfahrung

Ein wichtiger Bestandteil zahlreicher spiritueller Ansätze ist eine überaus facettenreiche und alternativ geprägte Heilungspraxis, die sich in deutlicher Distanz zur modernen Medizin begreift. Während das Thema Heilung aus dem Kontext christlicher Glaubenspraxis teilweise ausgewandert und Gegenstand säkularer Medizin und Therapie geworden ist, rückt es in alternativen spirituellen Szenen beherrschend in den Vordergrund. Prospekte und Werbezettel laden ein zur Heilung durch den Geist, zur Heilung durch Farben, zur Heilung aus früheren Leben (Reinkarnationstherapie), zur Heilung durch die Heilkraft der Gedanken, zu heilsamen Trance-Ritualen. „Geistiges Heilen" ist ein wichtiges Schlagwort, und das Interesse an der eigenen Heilung ist für viele das entscheidende Tor des Eingangs in die vielfältigen Ausprägungen neuer Religiosität. Die Ausdifferenzierung der Arbeits- und Forschungsbereiche einer überaus erfolgreichen modernen Medizin ruft paradoxe Effekte hervor. Sie verstärkt die Sehnsucht nach dem einen Arzt und Heiler, der nicht nur für die Augen, das Herz oder den Hals-Nasen-Ohren-Bereich zuständig ist, sondern für den ganzen Menschen. Nicht technische Medizin soll im Vordergrund stehen, die die Funktionsfähigkeit einzelner Organe untersucht und den Patienten zum Spezialisten schickt, sondern ganzheitliche Heilung, die bereits von ihrem Anspruch her zu einer Spiritualisierung und religiösen Übersteigerung therapeutischer Konzepte und Methoden neigt.[17]

Um Beispiele für die Zentralität der Heilungsthematik im Kontext gegenwärtiger spiritueller Angebote zu nennen, kann u. a. auf „Reiki" und auf „Positives Denken" verwiesen werden. Das Wort Reiki (rei – universal; ki – Energie) ist zu übersetzen mit „universaler Lebensenergie". „Rei" und „ki" verhalten sich aus der Sicht westlicher Reiki-Meister wie „Ozean" und „Welle". Reiki ist eine Methode des Heilens durch Handauflegung. Sie hat einen japanischen bzw. nordamerikanischen Ursprung (Hawaii) und wurde insbesondere mit taoistischem und esoterischem Gedankengut verbunden.[18] In der westlichen Welt ist sie ausgesprochen populär geworden. Reiki-Meister beanspruchen, wirksame Kräfte zu vermitteln, „die jeder, der damit in Berührung kommt, empfindet"[19]. In der Reiki-Technik werden diejenigen Positionen und Handstellungen vermittelt, die den Reiki-Praktiker dazu befähigen, heilende Energieströme weiterzugeben, um Schmerzen zu lindern und Heil- und Lichtenergie in die erkrankten Bereiche des Körpers zu

---

[17] Vgl. *Nüchtern*, Kritik.
[18] Zum Ganzen vgl. auch *Gerlitz*, Reiki und *Eißler*, Reiki.
[19] *Guhl-Popat*, Reiki, 43–46.

bringen. In Initiationskursen wird der „Reiki-Kanal geöffnet", so dass der Behandelnde wie „ein hohles Bambusrohr" wird, durch das die heilende Kraft „ungehindert hindurchfließen kann".[20] Der Reiki-Praktizierende soll den heilenden Energien Raum geben und sein begrenztes persönliches Ich zurückstellen. Dies dürfte für viele, die die Qualifikation als Reiki-Meister erreicht haben, nicht einfach sein, da die Geistenergie als verfügbar angesehen und von einer magischen Wirksamkeit ausgegangen wird. Das Bewusstsein, jemand zu sein, durch den heilende Kräfte zu anderen Menschen kommen, macht es offensichtlich schwer, die „Ego-Falle" zu vermeiden, über die in Anweisungen zur Reiki-Praxis vereinzelt geredet wird.

Es ist einfach, Reiki zu erlernen. Nach dem ersten und zweiten Grad, der schon nach einem Wochenende zum Abschluss gebracht werden kann, wird die Teilnehmerin bzw. der Teilnehmer bereits zu einer Anwendung im Bekanntenkreis befähigt. Die Kosten für Einweihungskurse sind nicht gering. Wie weit die Wirksamkeit von Reiki reicht, ist umstritten. Jedenfalls glaubt man, dass es auch im Blick auf Pflanzen und Tiere und angeblich auch im Zusammenhang modernster Technik – bei nicht anspringenden Autos – funktioniert. Ausdrücklich kann darauf verwiesen werden, dass Reiki kein Ersatz für andere Formen des Heilens ist. Es ist bezeichnend, dass sich in den Lehr- und Lernbüchern für die Reikitechnik zahlreiche Hinweise finden, die Ursachen von Krankheiten zu erkennen. Krankheiten werden als Zeichen der Unordnung auf der geistigen Ebene interpretiert.

Techniken des Positiven Denkens leiten dazu an, die Heilkraft der Gedanken zu entdecken und Einfluss auf Körper und Seele zu nehmen, um Wohlbefinden und Gesundheit zu fördern. „Wenn Sie krank sind, möchten Sie vielleicht affirmieren: ‚Ich bin vollkommen, ich bin heil, ich bin gesund.' Seien Sie sich bewusst: Affirmieren bedeutet, festzustellen, dass es so ist. Außerdem müssen Sie auch empfinden, dass es so ist. Auf diese Weise erreicht die Affirmation Ihr Unterbewusstsein. Das Unterbewusstsein urteilt nicht, es geht davon aus, dass die Behauptung stimmt. Das Wunderbare am Unterbewusstsein ist seine Fähigkeit, Dinge geschehen zu lassen."[21] Das Positive Denken stellt für jedes Problem Lösungen in Aussicht[22] und geht von der schöpferischen, ja göttlichen Kraft der Gedanken aus. „Denken Sie daran: Sie werden zu dem, was sie denken! Üben Sie daher, ein positiver Denker zu sein. … Sie können sich selber krank oder gesund machen, durch die Gedanken, die Sie gewöhnlich denken. Erlauben Sie kranken Gedanken

---

[20] Ebd., 44.
[21] *Mischell*, Techniken, 429.
[22] Vgl. den Titel des Buches von *Robert H. Schuller*, Lösung: Es gibt eine Lösung für jedes Problem.

nicht in Ihren Körper einzufließen"[23]. Hingewiesen wird auf Techniken von Affirmation, Visualisierung und auch Schlaftechniken, die zur Gesundung des Menschen führen sollen.

Positives Denken ist dem weltanschaulichen Konzept der Neugeist-Bewegung (*New Thought*) verpflichtet, das Gott bzw. das Göttliche als gesetzmäßig wirkende Kraft versteht und die Übel und Unvollkommenheiten des Lebens als Folge der Nichterkenntnis des wahren göttlichen Lebens ansieht. Zahlreiche Vertreter dieser Richtung greifen Worte der Bibel, z. B. Jesusworte auf („Dein Glaube hat dir geholfen"), um ihre Anliegen vorzutragen. Sie geben ihnen freilich einen anderen Sinn und vereinnahmen sie für das zentrale Anliegen, dass die entscheidende Hilfe für die Meisterung des Lebens aus der Kraft des Geistes durch richtiges Denken kommt.

Thorwald Dethlefsen und Rüdiger Dahlke weisen auf dem Hintergrund eines esoterischen Welt- und Lebensverständnisses in zahlreichen Publikationen darauf hin, dass Krankheiten Ausdruck geistigen und seelischen Geschehens sind.[24] „Der Körper ist niemals krank oder gesund, da in ihm lediglich die Informationen des Bewusstseins zum Ausdruck kommen. … Der Körper verdankt seine Funktion ja gerade jenen beiden immateriellen Instanzen, die wir meist Bewusstsein (Seele) und Leben (Geist) nennen."[25] Wie beispielsweise auch die Christian-Science-Bewegung gehen Dethlefsen/ Dahlke davon aus, dass die wahrnehmbare Welt Widerspiegelung des geistigen Wesens ist. Krankheit ist „Sprache der Seele", also nicht (äußere) Belastung und Begrenzung, sondern Ausdruck eines inneren Geschehens. Sie ist insofern als „Tor der Wandlung" oder – nach einem bekannten Buchtitel – als „Weg" zu sehen, als etwas, was man, insofern es wichtige Informationen vermittelt, willkommen heißen kann. „Krank sein heißt, dass der Mensch aus einer Ordnung herausgefallen ist, heißt, dass er nicht mehr im Gesetz lebt. Dieses Kranksein wird signalisiert durch Symptome. Symptome haben Signalfunktion und können – richtig verstanden – uns einen Weg zum Kranksein und dessen Heilung zeigen. Die Symptome selbst sind keine Krankheit. Die Symptome zum Verschwinden zu bringen, ist deshalb das Unwichtigste der Welt"[26]. Damit aber sehen sie die moderne Medizin beschäftigt. Sie laboriert an den Symptomen, die lediglich Sekundärphänomene und äußere Begleiterscheinungen derjenigen Lern-Lektionen sind, die sich in Krankheiten dem Menschen mitteilen. Verständlich wird daraus die zentrale Bedeutung, die die Schulmetaphorik bei Dethlefsen und Dahlke

---

[23] *Peale*, Grundlagen, 421 und 424 f.
[24] Vgl. *Dethlefsen*, Schicksal; *Dahlke*, Krankheit; *Dethlefsen/Dahlke*, Krankheit.
[25] *Dethlefsen/Dahlke*, Krankheit, 17.
[26] Ebd., 127.

spielt. Krankheiten informieren uns über noch nicht gemachte „Hausaufgaben" (auch aus früheren Leben), sie sind „in die Stofflichkeit gestürzte Schattenteile des Bewusstseins"[27].

Dem Krankheitsverständnis von Dethlefsen und Dahlke entspricht das Verständnis von Heilung. Somatische wie psychische Symptome gehören zur Ebene des Ausdrucks. Heilung aber kommt durch Bewusstwerdung und Erkenntnis. Es kann sogar gesagt werden, dass Erlösung durch Erkenntnis kommt, womit an eine klassische gnostische Maxime erinnert wird. Denn Heilung ist priesterlicher Dienst, der den Menschen mit dem göttlichen Urprinzip versöhnt und insofern auch Heiligung und Heil schafft. Auch der Tod wird von Dethlefsen und Dahlke auf eine letztlich zu vernachlässigende Symptomebene gezogen. Entsprechend ist die „Aussöhnung mit dem Tod als (Er)Lösung unseres Lebens die beste Basis für Heilung. … Wir müssen lernen, unsere westliche Art des Wertens, die in der Einstellung gipfelt, dass das Leben gut und der Tod schlecht ist, zu überwinden. Betrachtet man das Leben wie die esoterische Philosophie als Schule, verschieben sich sogleich die Gewichtungen. Möglichst lange in der Schule zu bleiben ist keine besonders hervorragende Leistung"[28]. Das esoterische Welt- und Lebensverständnis führt hier zu einer verharmlosenden Betrachtung von Krankheit, Leiden und Tod.

In ihren Büchern haben Dethlefsen und Dahlke umfassend die Lektionen und seelischen Fehlhaltungen aufgelistet, auf die sich die entsprechenden Symptome beziehen: Wenn „ein Mensch in seinem Leben … unbeugsam wird, korrigiert ein Wirbelbruch diese Einseitigkeit – es wird ihm das Rückgrat gebrochen. Dem kann man vorbeugen, indem man sich freiwillig beugt"[29]. Solche „erklärenden" Sätze, die in der Konfrontation mit leidenden Menschen nur als respektlos bewertet werden können, lasten die Verantwortung für alle leidvollen Erfahrungen allein dem Individuum an. Jeder Mensch sucht sich seine Unfälle und Krankheiten gleichsam selber aus. „Die Verantwortung für das, was uns in unserem Leben zustößt, tragen wir immer selbst. … Wenn jemand leidet, leidet er immer nur unter sich"[30]. Ein Verständnis von Krankheit als Träger von Informationen neigt offensichtlich dazu, Kausalzusammenhänge herzustellen und Lektionen zu formulieren, die dem konkreten Leiden nicht mehr gerecht werden.

Die genannten Beispiele ließen sich vielfältig erweitern: Auch im Neoschamanismus, in der so genannten Psychoszene, in Angeboten ostasiati-

---

[27] Ebd.
[28] *Dahlke*, Krankheit, 24.
[29] Ebd., 307.
[30] Ebd.

scher Spiritualität, in einzelnen pentekostal-charismatischen Ausdrucksformen christlicher Frömmigkeit spielen Heilungspraktiken und -versprechen eine zentrale Rolle. Die Suche nach Heilung ist eine zentrale Kraft gegenwärtigen spirituellen Fragens. Auch wenn zahlreiche spirituelle Antworten verkürzt und zum Teil äußerst fragwürdig sind, ist die Sehnsucht, die hinter ihnen steht, als Herausforderung für das gegenwärtige christliche Zeugnis ernst zu nehmen. Die Suche nach seelischer und körperlicher Heilung muss offensichtlich in kirchlichen und gemeindlichen Handlungsvollzüge deutlicher berücksichtigt werden.

Für alle skizzierten Beispiele ist kennzeichnend, dass sie sich unter das Ideal der Ganzheitlichkeit stellen. Dies ist jedoch insofern nicht berechtigt, als eine Tradition bestimmend ist, die den Leib als etwas Äußeres betrachtet. Menschsein wird primär als durch den Geist konstituiert verstanden. Die These, dass der Geist die Materie bzw. die Seele den Leib regiert, steht in Spannung zu der behaupteten Konzeption der Ganzheitlichkeit, von der erwartet werden kann, dass sie die Leiblichkeit des Menschen mit einschließt. Die eröffneten Heilungsperspektiven sind einem Verständnis des Menschen verpflichtet, das der Wechselseitigkeit leiblicher und geistig-seelischer Prozesse nur begrenzt bzw. nicht gerecht zu werden vermag. Gleichzeitig ist unverkennbar, dass in heutigen Heilungsangeboten antimaterialistische und antiorthodoxe Affekte zum Ausdruck kommen. Krankheit und Heilung werden vor allem aus einer individualistisch geprägten Anthropologie betrachtet. Die psycho-soziale Dimension von Krankheit und Gesundheit wird weitgehend ausgeblendet. Die Betonung der Dominanz des Geistes bzw. des Geistigen führt bei nicht wenigen spirituellen Angeboten zu überzogenen Heilungsversprechen und einer Verharmlosung der Gebrochenheit menschlichen Lebens.

4. Aspekte eines esoterischen Wirklichkeitsverständnisses

Es ist durchaus angemessen, von einem esoterischen Wirklichkeitsverständnis[31] und von „Grundzügen des esoterischen Menschen- und Weltbildes"[32] zu sprechen. In einem Esoterik-Führer wird mit Recht darauf verwiesen, dass den vielfältigen Offerten moderner Esoterik zwei Prämissen zugrunde liegen: „1. Der Vorrang des Geistes über die Materie. Dieser Geist ist ein göttlicher Geist, und der Mensch ist ein irdischer Aspekt eines kosmischen, göttlichen Lebens. 2. Der Vorrang des Individuums, d. h. nicht die

---

[31] Dies tut beispielsweise *Edmund Runggaldier*. Ders., Philosophie.
[32] *Grom*, Hoffnungsträger, 98.

gesellschaftlichen Zwänge formen das Bewusstsein, sondern ein individu-eller Bewusstseinswandel ist Voraussetzung gesellschaftlicher Transforma-tion"[33]. Die erste Prämisse deutet auf die zentrale Bedeutung des Konzeptes „Geist bestimmt Materie" hin, die zweite unterstreicht die enge Verbindung esoterischer Spiritualität mit der modernen Individualkultur. Andere Be-zeichnungen für das, was sich esoterischer Erkenntnis als Geist erschließt, sind „Selbstorganisationsdynamik", „Bewusstsein" oder der Begriff der Energie, „die sich dank Emanation (Ausgießung) und Metamorphose in vielen Entwicklungsstufen, Formen, Dichtegraden und Schwingungen (Frequenzen)"[34] feinstofflich und grobstofflich manifestieren kann. Gott ist im Kontext dieses Verständnisses von Wirklichkeit nicht Schöpfer, sondern Geist bzw. geistiges Prinzip des Universums. Esoterische Religiosität ist durch einen „panergetistischen Monismus" geprägt, der in spiritueller Hinsicht die Botschaft enthält: „Vertraue dem Kosmos; er ist in allen Schichten – bis in deine körperliche Gesundheit hinein – Energie, die dich trägt."[35] Folgende charakteristische Grundzüge können festgehalten werden: das Analogie- bzw. Korrespondenzprinzip zwischen Mikrokosmos und Makrokosmos („wie oben, so unten"), das u. a. für die Astrologie bedeutsam ist; die Anschauung von einer lebenden Natur, die in Hierarchien unterteilt ist und wie ein Buch gelesen werden soll, „in dem man beliebig blättern kann und das voller Enthüllungen der verschiedensten Art steckt"[36]; eine intuitiv geprägte Weltbetrachtung, die auf Einheit (Monismus) und Ganzheitlich-keit zielt und alles im Spannungsfeld zwischen Stoff und Geist in Blick nimmt, wobei sich das Erkenntnisstreben auf die Welt des Geistes richtet; die Anschauung vom Astralleib des Menschen, einem feinstofflichen Orga-nismus, der den Charakter eines Energiemantels hat und den grobstoffli-chen Körper umgibt; die Lehre von der sogenannten Seelenreise des Men-schen und den Sphären der jenseitigen Entwicklung des Menschen, die mit der Erwartung der Höherentwicklung des Menschen durch Karma und Reinkarnation verbunden ist.

Erkenntnistheoretisch ist moderne Esoterik bestimmt durch die An-nahme einer unmittelbaren Erfahrbarkeit geistiger Wesenheiten „durch Offenbarungserlebnisse", die man in der Geschichte der Esoterik als „Ewige Philosophie" (*philosophia perennis*) „zu finden und andererseits auch heute zu erfahren glaubt"[37]. Dabei richten sich die Erfahrungen auf die Welt des

---

[33] *Luczyn*, Esoterik-Führer, 10 f.
[34] *Grom*, Hoffnungsträger, 100.
[35] Ebd., 99 f.
[36] *Faivre*, Esoterik, 26. Vgl. dazu auch *Stuckrad*, Esoterik.
[37] *Grom*, Hoffnungsträger, 98.

Unsichtbaren und die Vermittlungsgestalten des Okkulten: z. B. auf Engel, Geister, Medien, Initiatoren.

5. Schlüsselthemen im Dialog

Was bedeuten kompositorische Religionsformen und spirituelle Ansätze esoterischer Prägung für die christlichen Kirchen? Wie kann eine sinnvolle Verhältnisbestimmung zu ihnen aus der Perspektive des christlichen Glaubens erfolgen? Ist es angemessen, sie als Zeichen religiöser Produktivität der Moderne und als Chance zu werten? Oder ist der „Drang zum Spirituellen" (Geoffrey K. Nelson)[38] lediglich ein Strohfeuer, welches das Fortschreiten der Säkularisierungsprozesse nur vorübergehend aus dem Blickwinkel herausdrängt. Erweist sich am Ende der Pantheismus spiritueller Bewegungen als „höflicher Atheismus" (Arthur Schopenhauer), als Anzeichen dafür, dass die „Gotteskrise" in eine „religionsfreundliche Atmosphäre getaucht" (Johann Baptist Metz) ist?

Wie immer man auf solche Fragen antworten mag, offensichtlich ist, dass fortschreitende Säkularisierungsprozesse gegenläufige Bewegungen erzeugen. Es sind keineswegs allein säkulare Zeitgenossen, auf die sich die Kommunikation des Evangeliums heute beziehen muss, sondern z. B. auch spirituell Interessierte. Eine Kirche, die um ihren Auftrag weiß, wird dem Dialog mit ihnen so wenig ausweichen dürfen wie dem Gespräch mit „Konfessionslosen" oder Vertreterinnen und Vertretern nichtchristlicher Religionen. Wenn es so ist, dass viele Menschen kombinatorische Religionsformen vertreten und entsprechende Praktiken vollziehen, dann ist der christliche Glaube heute auch im Gegenüber und in Bezugnahme zu solchen spirituellen Ansätzen zu artikulieren. Entsprechendes gilt im Blick auf populäre Formen von Religiosität, für die die „Verflüchtigung der Religion ins Religiöse" (Hubert Knoblauch) charakteristisch ist. Dabei wird immer beides eine Rolle spielen: Anknüpfung und Widerspruch, Dialog und kritische Auseinandersetzung. In der Studie der Vereinigten Evangelisch-Lutherischen Kirche und der Arnoldshainer Konferenz „Religionen, Religiosität und christlicher Glaube" wird die Auffassung vertreten, dass die Religionsbegegnung immer auf drei verschiedenen Ebenen erfolgt: der Ebene der Mission, des Dialoges, des Zusammenlebens bzw. der Konvivenz, ein Begriff, den der Missionswissenschaftler Theo Sundermeier prägte.[39] Im Grundsatz gilt dies auch für die Begegnung zwischen esoterisch geprägter

---

[38] Vgl. *Nelson*, Drang.
[39] Vgl. *Arnoldsheimer Konferenz*, Religionen, 118–129.

Spiritualität und christlichem Glauben und zwar unabhängig davon, wie viel religiöse Substanz spirituellen Ansätzen und esoterischen Praktiken und Weltanschauungen zugestanden wird und ob sie als Religion, Religiosität, religionsartige Erscheinung, Volksreligion, alternative Form des Religiösen, Weltanschauung oder Wissenssystem betrachtet werden.[40] Die Trias von Mission, Dialog und Konvivenz lässt sich aus einem christlichen Selbstverständnis heraus gut begründen. Zur Konvivenz gehört der Dialog. Dialogfähigkeit setzt nicht nur Lernbereitschaft und Hörfähigkeit voraus, sondern auch Auskunftsfähigkeit im Blick auf die eigenen Glaubensgrundlagen.

Was immer über spirituelle Suchbewegungen in säkularen Kulturen zu sagen ist, in ihnen melden sich reale Bedürfnisse nach religiösen Erfahrungen, die auch Folge von offensichtlichen Verdrängungsprozessen sind. Mit ihren Themen und Praktiken besetzen beispielsweise spirituelle Ansätze Bereiche, die von den christlichen Kirchen an säkulare Anbieter übergegangen sind, vor allem von Seelsorgern zu Therapeuten. Lebensberatung ist eine zentrale Aufgabe moderner spiritueller Bewegungen geworden. Es sieht nicht so aus als wäre dies nur eine vorübergehende Erscheinung.

Für die christliche Einschätzung spiritueller Ansätze esoterischer Prägung ist u. a. deren Stellungnahme zum Christentum maßgeblich. Wie werden Inhalte und Anliegen des christlichen Glaubens im Spiegel moderner Esoterik betrachtet? Welches Verständnis der Bibel, der christlichen Tradition, Jesu Christi, Gottes, des göttlichen Geistes wird vermittelt? Welches Bild von der Geschichte des Christentums wird entwickelt? Wie erscheint das Christliche in der Interpretation spiritueller Ansätze? In esoterisch geprägten Ansätzen erscheint es als eine spezifische Verpackung religiöser Wahrheit.[41] Grundsätzlich gilt, dass auch andere Verpackungen die gleiche Wahrheit auszusprechen in der Lage sind. „Wer glaubt, dass die Religionen dieser Welt sich voneinander unterscheiden, der sieht lediglich die Unterschiede in der Verpackung."[42] Esoterischer Inklusivismus beansprucht, Platz für alle Glaubensrichtungen zu haben und hält den Kirchen vor, keinen Platz für esoterische Spiritualität zu haben und „am Konkreten (zu) haften"[43]. Die Vereinnahmung und Abwertung der christlichen Tradition in solchen Interpretationen können den Dialog zwischen christlichem Glauben und spirituellen Ansätzen schwer machen. Wer glaubt, im

---

[40] Vgl. dazu auch *Hödl*, Formen, 485.

[41] „Wenn ich häufig die Bibel zitiert habe, dann deshalb, weil auf Grund unserer Kultur und Erziehung uns deren Gedankengut am nächsten steht. Doch alle Religionen lehren letztlich das gleiche – die eine Wahrheit." So *Dethlefsen*, Schicksal, 195.

[42] Ebd.

[43] Ebd.

Besitz der Urerfahrung aller religiösen Traditionen zu sein, kann mit Andersglaubenden kaum erwartungsvoll kommunizieren. Eine christliche Annäherung und Anerkennung dieses Verständnisses von esoterischer Spiritualität als absolutem „Urwissen" kann nur um den Preis der Selbstaufgabe erfolgen.

Kritische Verhältnisbestimmungen zu spirituellen Suchbewegungen aus der Perspektive des christlichen Glaubens finden sich in offiziellen kirchlichen Texten nur vereinzelt. Zwei wichtige Stellungnahmen konzentrieren sich auf das Thema New Age. In der bereits erwähnten evangelischen Studie „Religionen, Religiosität und christlicher Glaube" (1991) findet sich ein kurzer, ganz auf das Wesentliche konzentrierter Abschnitt zur New-Age-Spiritualität, in dem darauf hingewiesen wird, dass man das Wesen dieser Spiritualität „nicht als genuinen Ausdruck irgendeiner der großen Weltreligionen oder als denkbare Variante christlichen Glaubens" zu betrachten hat, sondern als „synkretistisches Konglomerat" (Reinhart Hummel) „aus östlicher und archaischer Religiosität, westlichem Okkultismus und moderner Psychologie".[44] Die New-Age-Bewegung wird „als Ausdruck einer tiefen Krise" interpretiert, in die der Säkularismus geraten ist. „Die New-Age-Religiosität erinnert daran, dass die Moderne von Anfang an begleitet war von romantischen, okkulten und mystischen Unterströmungen, die nicht weniger zu ihr gehören als das aufklärerische Vernunftdenken."[45]

Die ebenfalls pointiert abgrenzende Vatikanische Stellungnahme aus dem Jahre 2003 zur New-Age-Bewegung war zweifellos ein verspäteter Text, zumal das utopische Geschichtsdenken eher an Bedeutung verloren hat und die New-Age-Spiritualität nur einen Teilaspekt moderner Esoterik ausmacht. Gleichwohl fasst der Text neben seiner pastoralen Orientierung zentrale Einwände zusammen, die aus der Perspektive eines christlichen Verständnisses von Gott, Mensch und Welt gegenüber einer esoterischen Weltanschauung zur Geltung zu bringen sind[46]: Von Gott reden kann sich nicht darin erschöpfen, von einer unpersönlichen Energie, einem geisthaften Prinzip oder der Urenergie des Kosmos zu sprechen. Vielmehr setzen die Sprache der Bibel und der Vollzug des christlichen Gottesdienstes ein Gottesverständnis voraus, nach dem dieser der von der Welt zu unter-

---

[44] *Arnoldsheimer Konferenz*, Religionen, 38.
[45] Ebd., 39 f.
[46] Das in englischer Sprache erschienene Dokument trägt den Titel „Jesus Christ – The Bearer of the Water of Life. A Christian Reflection on the ,New Age'", Vatican City 2003. Die pointiert abgrenzenden Passagen finden sich im 4. Kapitel unter dem Titel „New Age and Christian Faith in Contrast", ebd. 49–58. Deutsche Übersetzung: Jesus Christus der Spender lebendigen Wassers. Überlegungen zu New Age aus christlicher Sicht, Werkmappe Nr. 88/2003, hrsg. vom *Referat für Weltanschauungsfragen der Erzdiözese Wien*, Wien 2003.

scheidende Schöpfer des Himmels und der Erde ist, Vater, Sohn und Heiliger Geist, der als schöpferische Macht der Liebe in allem gegenwärtig ist und sich den Menschen heilvoll zuwendet. Die Gottebenbildlichkeit des Menschen besagt nicht, dass der Mensch göttlich ist, vielmehr zeigt sie den Menschen als Beziehungswesen. Das Heil ist im christlichen Verständnis ein freies Geschenk Gottes und wird nicht in einer selbstverursachten Bewusstseinstransformation gefunden. Das christliche Gebet ist ein dialogisches Geschehen und zielt nicht auf das Verschmelzen des Ichs mit der kosmischen Energie. Freiheit und Verantwortung sind wesentliche Themen christlicher Anthropologie. Das Konzept von Karma und Reinkarnation steht in Spannung zum christlichen Verständnis des Todes und der Erlösung. Christlicher Glaube lässt das Individuum nicht in einem kosmischen Selbst aufgehen, sondern ruft den Einzelnen zur Liebe, zur Verantwortung und zur Gemeinschaft, die keineswegs alle Differenzen aufhebt.

6. Sehnsucht verstärken, nicht erfüllen

Unterscheidungen und Abgrenzungen sind in dem Maße angebracht und notwendig, in dem ein spirituelles Wissenssystem Anspruch auf Wahrheit und die authentische Interpretation der christlichen Überlieferung erhebt. Es gehört zugleich zur inkarnatorischen Struktur christlicher Glaubensverantwortung, dass diese nicht an den Sehnsüchten der Menschen vorbei erfolgt. Die Übersetzung dessen, was beispielsweise Heilung gemäß dem christlichen Verständnis bedeutet, ist eine stets neu zu ergreifende Aufgabe. Dabei muss sich die pastorale Praxis auch mit den Einseitigkeiten und Verkürzungen ihrer eigenen Geschichte befassen. Denn in der Geschichte des westlichen Christentums gibt es eine lange Tradition der Trennung zwischen Heil und Wohl, zwischen Seele und Leib. Die heilvolle Erfahrung der Nähe Gottes ist auch und gerade dem zugesagt, der die körperliche Heilung nicht erlangt. Heilungserfahrungen sind nicht automatisch Erfahrungen des wahren Lebens. Für das christliche Verständnis des Heils ist allerdings grundlegend, dass der Mensch nicht bei sich selbst bleibt. Es gehört zu den Essentials christlichen Glaubens, dass der Mensch sich Sinn und Ziel des Lebens nicht selbst schaffen kann. Wenn es um die Erfahrung der göttlichen Gnade geht, ist er Empfangender.

Hinter der Suche nach Heilung stehen unterschiedlich zu bewertende Ausdrucksformen menschlicher Sehnsucht nach Sinn und Transzendenz: das ständige Suchen ohne Ziel, die Überzeugung von einem heilen Selbst, das durch Meditation und Therapie gefunden werden kann, Vertrauen auf apersonale kosmische Kräfte, Sehnsucht nach dialogischer Gotteserfahrung und Suche nach Wahrheit, Sinn und Heil. Wie ernst die Heilungssehnsucht in religiöser Hinsicht genommen werden muss, kann nicht pauschal beantwortet werden. In pastoraler Hinsicht geht es vor allem darum, suchende Menschen zu begleiten, unterschiedliche Motive und Gesprächssituationen wahrzunehmen und die eigene spirituelle Kompetenz zu vertiefen.

Die „spirituelle Unruhe des menschlichen Herzens", seine Exzentrizität und Suche nach Selbsttranszendenz gehören „zu den Spuren des Wirkens des Geistes in der Schöpfung".[47] Wie geht der christliche Glaube mit der menschlichen Sehnsucht um? Er erfüllt sie nicht einfach, er verstärkt sie und stellt sie in den Horizont des Reiches Gottes. Christlicher Glaube stärkt die Hoffnung und gibt den Leidenden eine Stimme. Er ist Einweisung in den Lobpreis und in die Klage. Er stärkt die Liebe zum Leben, die Hoffnungsfähigkeit im Leiden und die Dankbarkeit für das Lebensmaß. Indem er die Sehnsucht verstärkt, deckt er falsche Versprechungen auf. Er bewahrt den Menschen davor, sich Illusionen hinzugeben. Auch in der Begegnung mit spirituellen Ansätzen und Suchbewegungen sind die christlichen Kirchen zur Unterscheidung herausgefordert. Die biblische Tradition und der sich von ihr her verstehende Gottesglaube wissen um die Zweideutigkeit religiöser Sinnsuche.[48] Religiosität und Religion können unterdrücken und befreien, zerstören und heilen. Zum christlichen Glauben gehört ein Wissen um die Begrenztheit, Vorläufigkeit und Gebrochenheit menschlichen Lebens. Zu den Grundfähigkeiten des Menschen gehört die Bekämpfung und Abwehr von Krankheit, zugleich jedoch die Fähigkeit, unvermeidbares Leiden auszuhalten bzw. denen, die es aushalten müssen, solidarische Hilfe zu gewähren. Der Heilungsoptimismus vieler spiritueller Anbieter ist bestimmt von einer offensichtlichen und teilweise erschreckenden Oberflächlichkeit in der Wahrnehmung menschlichen Leidens. Dem leidenden Menschen helfen keine vereinfachenden „Selber-Schuld"-Erklärungen für das, was ihm in seiner Lebensgeschichtemt zugemutet wird. Die Frage, wie mit Begrenzungen, mit Schuld, Krankheit, Leiden und dem Tod umgegangen wird, ist ein zentrales Kriterium zur Beurteilung spiritueller Angebote und ihren Ansprüchen auf Wahrheit und Glaubwürdigkeit.

---

[47] *Schwöbel*, Geist, 356.
[48] Man denke an die prophetische Kultkritik, die von Jesus betonte Unterordnung der Religionsgesetze unter ihren humanen Zweck, das urchristliche Verständnis des Todes Jesu als Ende von sakralen Opferritualen.

III Räume der Spiritualität

Verstehen als Weg

Über die epistemologische Bedeutung spiritueller Praxis[1]

Teresa Peter

Wenn der Konferenztag mit einem Morgenimpuls beginnt – Reflexion einer (gemeinsamen) Praxis

Ich will mit der Reflexion einer spirituellen Praxis beginnen, die uns während der Konferenztage verband, und zwar mit dem Morgenimpuls, der jeden Konferenztag eröffnete.[2] Und so frage ich: Wieso halten wir auf einer wissenschaftlichen Konferenz einen Morgenimpuls? Was steckt hinter dieser Praxis? Dient sie der Gemeinschaftsbildung oder damit das ganze Unternehmen nicht zu kopflastig wird? Hilft uns diese Praxis dabei, aufmerksamer auf uns selbst und die anderen Teilnehmer und Teilnehmerinnen achten zu können, wirklich hören, verstehen und reden zu können, vielleicht sogar damit umgehen zu können, dass die eigenen Beiträge nicht jene Resonanz erfahren, welche wir erhoffen? Würden wir etwas Ähnliches auch im Zusammenhang der akademischen Lehre machen, uns wünschen, freiwillig anbieten oder doch davor warnen? Ist dieser Kontext der Konferenz so ganz anders als jener der akademischen Lehre? Es zeigt sich ein Ja und Nein. Ja, weil hier tatsächlich Freiwilligkeit besteht und nicht geprüft wird (schon gar nicht der Inhalt des Morgenimpulses). Nein, weil wir auch hier versuchen zu lernen, zu verstehen, vielleicht sogar neu und anders zu verstehen.

Dieser Morgenimpuls heißt nicht mehr Morgengebet oder Meditation, er nennt sich „Morgenimpuls" und erscheint so in einer säkularen Gestalt, sodass jeder und jede hineinlegen kann, was er und sie will, ein bisschen mehr oder weniger Spiritualität oder sogar Religion. Dieser Morgenimpuls gehört nicht zum Kerngeschäft dieser Tagung. Ist er eine Ergänzung oder doch die Grundlage? Hilft er uns dabei, uns zu verständigen oder spaltet er

---

[1] Dieser Artikel entstand im Rahmen des vom Fond zur Förderung wissenschaftlicher Forschung in Österreich (FWF) finanzierten Projektes „Doing Spiritual Theology" (Projekt-Nummer: V168–G15); vgl. http://www.uibk.ac.at/systheol/teresa-peter/forschung/ (Zugriff am 20.06.2015).

[2] Die Tagung „Der Christ der Zukunft wird ein Mystiker sein …", welche vom 21.–23. Mai 2015 in der Akademie der Diözese Rottenburg-Stuttgart in Stuttgart-Hohenheim stattfand, sah am 22. und am 23. Mai 2015 jeweils einen fünfzehnminütigen Morgenimpuls vor dem Frühstück vor. Viele KonferenzteilnehmerInnen folgten der Einladung zu dieser Morgenbesinnung.

uns? Müssen wir ihn ausgliedern, damit wir uns intellektuell verständigen können? Oder müssen im Morgenimpuls jene Menschen wieder zusammenfinden und zum Thema finden, die sich in den stark intellektuellen Phasen der Tagung verloren haben? Kann ein rein intellektueller Zugang als gemeinsamer Nenner dienen oder gibt es mehrere gemeinsame Nenner, die nicht alle für alle Menschen gleich leicht zugänglich sind?

Schon dieser Morgenimpuls stellt viele Fragen, die mich seit einigen Jahren interessieren, über die ich mit anderen Menschen rede, über die ich nachdenke, lese und die ich mitunter mit ins Gebet, in die Meditation nehme. Daraus entstand dieser Artikel „Verstehen als Weg". Bewusst verbinde ich in diesem Titel zwei Wortfelder miteinander, welche zunächst möglicherweise in zwei verschiedene Richtungen ziehen. „Verstehen" erinnert an Epistemologie und damit auf einen ersten Blick vielleicht an Intellektualität; „Weg" ist ein Wort, das meist im Feld der Spiritualität angesiedelt ist.

Die zentrale Frage, welche in diesem Artikel thematisiert wird, lautet: Welche Rolle kann eine spirituelle Praxis in Verstehensprozessen spielen? Ich werde im ersten Teil mit Textzeugnissen und mit Beobachtungen, die im Zuge der Interpretation dieser Textzeugnisse entstanden sind, beginnen. In einem zweiten Schritt werde ich auf einige Theorie-Elemente aus der Tradition der thailändischen Waldmönche und aus der ignatianischen Tradition zu sprechen kommen.

1. Was mir Menschen erzählen und was ich heraushöre – Interviewtexte und deren Interpretation

In diesem Abschnitt werde ich einige Textzeugnisse von Personen vorstellen, die im Zuge meines Forschungsprojekts[3] ihre Gedanken und Erfahrungen mit mir geteilt haben. Diese sind entweder im buddhistischen Kontext verwurzelt und praktizieren einen buddhistischen Weg oder sind in der christlichen, genauer noch in der ignatianischen Tradition beheimatet. Die Auswahl der Zeugnisse orientiert sich an jenen Beobachtungen, welche ich im Zuge der Interpretation dieser Texte gemacht habe. Passend zu unserem Tagungsthema will ich die folgenden zwei Beobachtungen herausgreifen, die ich in der Folge weiter ausführen und anhand von Beispielen illustrieren werde:

1. Verstehen umfasst weit mehr als das intellektuelle Begreifen von bestimmten Inhalten. Der Blick auf die Disposition und die begleitenden

---

[3] Vgl. Forschungsprojekt „Doing Spiritual Theology" (siehe Anm. 2).

Geistesbewegungen ist ebenso wichtig – oder sogar wichtiger – als der Blick auf die konkreten Inhalte. Diesen Blick einzuüben, kann eine spirituelle Praxis darstellen (vgl. 1.1 Inhalte auf dem Fundament der Bewegungen des Geistes).

2. Im Prozess des Verstehens können sich Momente ereignen, in welchen Zusammenhänge neu oder in einem anderen Licht erscheinen. Für solche Momente offen zu sein und solche Momente zu fördern, kann ebenfalls eine spirituelle Praxis darstellen (vgl. 1.2 Das Phänomen des „pop up", des „bubble up", des Lichtens).

Zunächst ist es jedoch erforderlich, einige immer wiederkehrende Begriffe zumindest so weit zu klären, dass verständlich wird, wie diese Begriffe hier verwendet werden. Das betrifft die Begriffe „intellektuell" bzw. „Intellektualität" und „Geist". Den Begriff „intellektuell" bzw. „Intellektualität" verwende ich in einem engen Sinn synonym mit dem Begriff „Verstand" und meine damit die Fähigkeit des Denkens, Überlegens und Kombinierens. Der Begriff des Geistes, der mir in meinen Untersuchungen sehr oft im buddhistischen Kontext begegnet ist, scheint ein weiter Begriff zu sein, der alle Aktivitäten des menschlichen Bewusstseins umfasst und trägt. Selbstverständlich könnte man sich mit dieser Begriffsexplikation sehr ausführlich beschäftigen, was ich an dieser Stelle aber nicht tun kann.

1.1 Inhalte auf dem Fundament der Bewegungen des Geistes

An vielen Stellen der im Zuge der Untersuchung geführten Gespräche dokumentieren sich eine zunächst vielleicht überraschende Unterscheidung und damit verbunden eine entscheidende Verschiebung von Prioritäten. Es wird unterschieden zwischen den Inhalten, mit denen sich Menschen – in Lehr-, Lern- oder Forschungsprozessen – beschäftigen, und den sich dahinter oder darunter verbergenden Bewegungen und Vollzügen des Geistes.

Der Ausdruck „Bewegungen des Geistes" oder „Geistesbewegungen" hat in diesen Überlegungen eine große Bedeutung und ist gleichzeitig schwer zu fassen. Vielleicht machen die folgenden Textzeugnisse deutlicher, was damit gemeint sein kann. Vorweg will ich diesen Ausdruck folgendermaßen beschreiben: Ich würde sagen, Bewegungen des Geistes sind die die Denkinhalte in einem Denkprozess begleitenden emotionalen Gestimmtheiten und Empfindungen, welche nicht nur die Realität einfärben, sondern auch Realität konstruieren.

Der Unterscheidung von Inhalt und Geistbewegung folgt die Bewertung, dass der Blick auf die (oft chaotischen) Bewegungen des Geistes entscheidender ist als der Blick auf die Einzelinhalte. Es ist wichtiger, den Geist zu verstehen und für dessen Qualität Sorge zu tragen, als den Geist dazu zu verwenden, um bestimmte Aufgaben zu erfüllen. Es geht mehr darum zu lernen, zu sein, als darum zu lernen, etwas Bestimmtes auf eine bestimmte Art und Weise zu tun. Der Geist selbst soll verstanden werden, es ist nicht mehr oder nicht ausschließlich der Geist, der bestimmte Dinge verstehen soll. Die Aufmerksamkeit wird stärker auf die Konstruktion der Wirklichkeit gerichtet als auf das Nachdenken und Sprechen über die Wirklichkeit. Aufgrund dieser fundamentalen Neuordnung sind Selbsterkenntnis und Erkenntnis untrennbar miteinander verbunden, die Transformation der am Verstehensprozess beteiligten Personen ist unvermeidbar.

Der Blick auf die Geistesbewegungen hinter den Geistesinhalten hat noch weitere Konsequenzen. So wird die Wahl der zu erlernenden Inhalte sekundär, da die Geistesbewegungen so gut wie an jedem Inhalt studiert werden können. Das Studium sogenannter profaner Inhalte kann zur tiefen spirituellen Übung werden, Menschen ohne besondere Ausbildung können zu inspirierenden Lehrmeistern werden. Eine weitere Konsequenz liegt darin, dass sich die Quantität des zu erlernenden oder zu bearbeitenden Materials drastisch reduziert. Langsamkeit, Gesättigt-Sein und häufige Wiederholung derselben Inhalte stellen sich ein. Es kommt zu einer subtilen, indirekten Art des Lehrens und Lernens.

1.1.1 Die schockierende Eifersuchtserfahrung

Das erste Textbeispiel, das ich in diesem Zusammenhang einbringen will, stammt von einer buddhistischen Nonne (*Bf*). Es geht hier nicht explizit um Forschungs- oder Lernprozesse, aber in dieser Sequenz zeigt sich der scharfe analytische Blick auf die eigenen Geistesbewegungen.

> „ähm and then towards the end of my time at university a very close friend became very seriously ill quite suddenly and I was extremely concerned, very upset. (2) and then what was even more upsetting was later on as she was recovering ähm because we were part of a group of friends and she was very extravert, very entertaining and I was very quiet but then when she was ill I, I became more extravert and ähm sort of actually kind of ähm took her place a little bit in the group and I remember noticing as she was getting better that I wasn't, I wasn't very happy about that because äh it was like threatening my new place, and äh this was a very important turning-point actually because it was so äh shocking to me, so that I should experience this and I realized it was like jealousy and ((Räuspern)) I really wanted to do something about it, I just

didn't, didn't like it and so I began ähm another friend had begun meditating, so I began to meditate, ..."[4]

Bf spürt, dass sie ihrer Freundin die Genesung von einer Krankheit nicht gönnt, weil dadurch für *Bf* selbst weniger Aufmerksamkeit und Anerkennung abfällt. Etwas, was nach alltäglichen Kriterien als positiv beurteilt wird (Genesung), wird von *Bf* emotional als negativ erlebt (Bedrohung). Diese Erkenntnis, dass das Destruktive, das Leiderzeugende, das Schockierende nicht von außen, sondern von innen kommt, wird zum Wendepunkt für *Bf*. *Bf* kann mit dieser Erkenntnis und dieser Erfahrung nicht mehr so weiterleben wie bisher. Sie braucht eine Antwort, eine (Er-)Lösung. Das Ringen mit schwierigen Emotionen wird ihr zur antreibenden Kraft auf ihrer Suche, und die Frage, ob spirituelle Wege hilfreiche Angebote zum Umgang mit solchen Emotionen machen, wird ihr zum Kriterium bei der Beurteilung dieser Wege und der damit verbundenen weltanschaulichen Positionen. Für die schockierende Erfahrung ihrer eigenen Eifersucht, welche sie schließlich zu einer Erweiterung ihres Horizonts führt, ist ein genau analysierender, ehrlicher und nach innen gerichteter Blick eine notwendige Voraussetzung.

1.1.2 Die Fähigkeit der Entkoppelung

Eine entscheidende Veränderung, die sich bei Menschen, welche Meditation praktizieren, einstellt, ist nach Ansicht von *Dm*, einem buddhistischen Lehrer, die Erfahrung der Entkoppelung von Empfindung und Reaktion. Hinter dieser Erfahrung stehen zentrale buddhistische Theorien (z. B. das Paticcasamuppada). Menschen lernen zu erkennen, dass nicht alles, was sich in ihrem Geist ereignet, *wahr ist. Damit kommt Distanz und Skepsis dem eigenen Geist gegenüber ins* Spiel; unserem Geist ist nicht immer und unter allen Umständen zu trauen. *Dm* formuliert folgendermaßen:

„… I think one of the big changes anybody who engages in meditation suddenly realizes after doing it for a period is you become less reactive. you know, say, things that normally (-——-) irritate you, annoy you, you don't react to quite so much. you see the irritation in your mind and don't necessarily go with it. you can detach yourself from it. so it's almost as if, I think

---

[4] In den Interviewzitationen werden folgende Transkriptionszeichen verwendet: (Ziffer) – Sprechpause in Sekundenangabe; @ – Lachen; (---) – unverständliche Stelle. Da es sich um gesprochene Sprache handelt, orientiert sich die Interpunktion an der Sprechmelodie (Punkt – Senken der Stimme; Beistrich – leichtes Senken der Stimme, etc.). Auf Großschreibung nach dem Punkt und die Einhaltung grammatischer Interpunktionsregeln wird daher verzichtet.

what you see, and I think this is what everybody used to have meditation, you
know, either in a Buddhist context or in a secular context, see is, you have this
ability to unhook yourself from things that you are thinking. so, that not
everything that goes through your mind is true."

In der Theravada-Tradition lernt *Dm*, den Blick auf den eigenen Geist bzw.
auf die chaotischen Abläufe im eigenen Geist zu richten, was er als Offenbarung erlebt. Es geht nicht mehr um ein bestimmtes Thema, das der Geist
bearbeitet, analysiert oder argumentiert, sondern um die Bewegungen des
Geistes selbst. Dabei kommt es zu einer Konfrontation mit dem eigenen
Selbstbild und mit unangenehmen Wahrheiten über sich selbst. Erkenntnis
und Selbsterkenntnis hängen eng zusammen. Auf die Frage nach einem
konkreten Beispiel für diese Konfrontation antwortet *Dm*:

„well, difficult emotional things, for example contacting ahm anger, and
really beginning to see that there is a lot of anger, there is a lot of aggression
often in the mind, irritations, unkindnesses which are there, and that's not
pleasant truth a lot of it. particularly if you had a kind of, think of you as being
relatively passive, unaggressive and it was all the stuff going to your mind. (4)
so it's actually beginning to look very closely at what's going on but without
judgment and that was the big thing, important thing, without judgement.
just to see it as it was."

1.1.3 Sinnvolles Lernen anhand veralteten Wissens

Dass Verstehen mehr umfasst als das intellektuelle Begreifen von wichtigen
Inhalten, zeigt sich auch im Zusammenhang mit Prozessen des Lehrens,
Lernens und Verstehens, von denen *Hm*, ein buddhistischer Mönch, berichtet. Seiner Ansicht nach kann der Blick auf den Inhalt gerichtet sein oder
aber auf den Prozess. Diese unterschiedliche Blickrichtung korrespondiert
mit der Unterscheidung zwischen einer realistischen, naturwissenschaft-
lich-exakten Ebene und einer existentiellen Ebene. Die von *Hm* konkret
eingebrachte Erfahrung ist folgende: Er lernt – als spirituelle Übung – eine
Liste mit Pali-Bezeichnungen (altindischer) Krankheiten auswendig. Vom
Standpunkt des Informationsgehalts her beurteilt, erscheint diese Bemü-
hung völlig sinnlos zu sein. Auf der realistischen, naturwissenschaftlich-
exakten Ebene betrachtet, ist die Liste veraltet und überholt. Und doch
macht es Sinn, wenn die existentielle Ebene, wenn der Vollzug, der Prozess in
den Blick kommt. Der Sinn liegt in der Weiterentwicklung, in der Schulung
des Geistes. *Hm* beschreibt seine diesbezügliche Erfahrung folgendermaßen:

„und dann, dann hab ich mir gedacht, was soll das, also die alten Pali-Namen[5], das ist sowieso nicht der richtige, das ist tatsächlich, also das ist, (1) wenn ich meine Schwester, die Medizin studiert, fragen würde, hätte ich eine bessere Liste, …, ich hab's aber trotzdem, trotzdem auswendig gelernt und immer wieder benutzt und das ist einer meiner Lieblingsdhammalisten[6] sozusagen, die ich rezitiere und … die hat irgendwie dann gewirkt, weil ich mich auf diese Sache eingelassen hab und das ganze Ding als Paket mitgenommen hab und dann, von da aus mir die bestimmten Sachen hat das dann beim Chanten[7] Klick gemacht, hab ich gedacht, aha, so ist das und, und so eignet man sich solche, solche Lehren sagen wir mal, ein bisschen vom Intellektuellen an dadurch, dass man sie einfach immer wieder, immer wieder benutzt und immer wieder versucht sie anzuschauen, ….“

1.1.4 Die Versuchung, das „Oder“ zu leben

Der christliche Theologe *Bm* berichtet von seiner Versuchung, das „Oder“ zu leben anstelle des „Und“, womit Folgendes gemeint ist: *Bm* arbeitet in drei Bereichen, in der Lehre, in der Forschung und in der spirituellen Begleitung von Menschen. Inhaltlich beschäftigt er sich v. a. mit Fragen des interreligiösen Dialogs und mit der ignatianischen Spiritualität. Auch er beobachtet genau, was sich in seinem Innern abspielt, und entlarvt seine Sehnsucht danach, sich stärker auf eine Sache zu fokussieren (das „Oder“ zu leben), als Versuchung und egoistisches Begehren.

„yes, ah, I will say that, ah (2) in my life one, my temptation has been ah is always the same, is to say or instead of and. … for example my, my journey, my daily work, weekly work is divided or distributed in three areas, no? I one third of my time is to give ahm lessons, I mean to teach, … one third of my time is guidance, … and the other third is studying and writing. sometime I have the impression that I am a bad teacher, a bad guide, spiritual guide and a bad writer …. so sometimes I should be, should only one thing and @not like this@ make of, of mixture which is. but I realise that is my, my need of craving or my need of being good in one thing and so it's very ego-sensitivity. because

---

[5] Mit „Pali“ wird jene Sprache bezeichnet, in welcher die ältesten buddhistischen Schriften erhalten sind.

[6] „Dhamma“ (oft großgeschrieben) wird meist für die Lehre des Buddha verwendet, „dhamma“ (oft kleingeschrieben) meint häufig ein Geist-Objekt, einen Gegenstand des Denkens. In dieser zweiten Art dürfte das Wort hier verwendet sein. Es handelt sich um eine Liste, um eine Aufzählung von Dingen (hier von Krankheiten), von denen sehr viele in der buddhistischen Tradition gibt.

[7] „Chanten“ meint einen rezitierenden Sprechgesang.

the service to my realities is to do these three things and to also to combine the spiritual, the Ignatian spirituality and the inter-religious dialogue so it's, that is what I have to do, not what I would like or what I imagine what I have to do."

1.2 Das Phänomen des „pop up", des „bubble up", des Lichtens

In mehreren Gesprächen wird von einem Phänomen berichtet, das sich mit dem Ausdruck „Aha-Erlebnis" benennen lässt. Dahinter verbirgt sich ein Moment im Prozess des Verstehens, in welchem Kreativität und Inspiration wichtige Rollen spielen. Wenn sich dieses Phänomen ereignet, dann blubbert etwas Neues, Unerwartetes hoch. Das Phänomen des Aha-Erlebnisses steht zwischen den beiden Polen Gestaltbarkeit und Nicht-Machbarkeit. Es ist nicht machbar, ereignet sich aber im Zusammenhang mit bewusst gestalteter – und zwar auch durch Ideen gestalteter – Erfahrung. Es kann seinen Ursprung auch in einer Verbindung von intensiver Meditationspraxis und intellektueller Auseinandersetzung haben. Meditation kann als Werkzeug dienen, um Texte besser zu verstehen. Wissen ist dabei zu unterscheiden von Verstehen, und Lehre als Ermöglichung von Verstehen ist etwas anderes als Wissensvermittlung. Verstehen meint einen Prozess der Verinnerlichung. Einsichten, welche sich als Aha-Erlenbisse ereignen, sind nicht in erster Linie neue Einzelerkenntnisse, sondern Einsichten, welche ein neues Licht auf bereits bekannte Zusammenhänge zu werfen vermögen. Von außen betrachtet können Aha-Erlebnisse trivial aussehen, für jene Person aber, welche dieses Erlebnis macht, ist das, was sich ereignet, ganz entscheidend. Etwas oft Gehörtes, etwas sehr Vertrautes kann plötzlich anders und neu erscheinen. Das Aha-Erlebnis ist oft begleitet von Emotionalität. Es erfüllt mit Glück, Gelassenheit, Energie und einem Gefühl der Erhebung.

1.2.1 Komplementarität von Studieren und Leer-Werden

Der buddhistische Lehrer *Cm* spricht von der Komplementarität von Meditationspraxis und Forschung und reflektiert diese Verbindung folgendermaßen:

> „… you know, it's like one half of your mind is just constructing reality and then the other is talking about it to yourself. the scholarly part is the part that's talking and trying to make connections between words and ideas and symbols and, you know, that's the intellectual understanding, as you know, is an intellectual, it can be rich and deep and nuanced and textual, ahm but a lot

of Buddhist practice is putting that aside and developing this other part of the mind that really is in direct contact with the construction of experience in the moment, and lot of times we can only get an access that if we turn off the other part. so partly practice for me is a respite, is an antidote, is a balance to too much thinking. but it's often also the case that that inquiry into the nonverbal parts of consciousness can be guided very well by some of the ideas that come in from the other side. so lot of time working, emptying my mind of all of that, but then something will bubble up, some, oh so that's what that is, you know, or why don't you try to look at it this way and so forth for."

Cm stellt einen engen Zusammenhang her zwischen seiner eigenen Meditationspraxis und seiner Forschungstätigkeit. Die beiden Bereiche komplementieren einander. Cm ist der Ansicht, dass es die zwei folgenden Aufgaben des Geistes gibt: (a) Realität konstruieren und (b) über Realität nachdenken und sprechen. Das Bewusstsein dafür, dass es neben (b) auch noch (a) gibt und dass (a) von großer Bedeutung ist, kommt hier zum Ausdruck und war auch das Thema meiner ersten Beobachtung.

Der (b)-Bereich des Geistes stellt den akademischen Bereich dar und meint das intellektuelle Verstehen, das reich, tief, nuanciert und textlich fundiert sein kann. Dennoch stellt es eben nur einen Teil des Geistes dar, und die buddhistische Praxis zielt darauf ab, diesen Bereich beiseite zu schieben, um für den anderen Bereich (a) Platz und Aufmerksamkeit zu schaffen. Damit wird etwas relativiert, das in der akademischen Welt beinahe uneingeschränkte Aufmerksamkeit beansprucht. Für Cm ist die Praxis schließlich Gegenmittel, Balance zu und Ruhepause von zu viel Denken.

Gleichzeitig kann die Erforschung des Geistes ((a)-Bereich) durch Ideen aus dem (b)-Bereich geleitet sein. Die beiden Bereiche (a) und (b) werden so beschrieben, dass ihre gegenseitige Verwiesenheit deutlich wird. Es lässt sich nicht festlegen, welchem Bereich die Priorität zukommt. Cm berichtet davon, dass es passieren kann, dass gerade dann, wenn er sich bemüht, den Geist zu leeren ((a)-Bereich), etwas hochkommt, das ihm zu einer neuen Sichtweise im Bereich (b) verhilft. Der Ausdruck „bubble up" klingt nach Unplanbarkeit, nach Unverfügbarkeit und Überraschung. Obwohl das, was da hochkommt, nicht das Ergebnis des Denkens ist, hat es einen Bezug zu und eine (unerwartete) Bedeutung für das Denken.

Als konkretes Beispiel für ein solches Ereignis beschreibt Cm eine Meditation, in welcher er einen Windhauch auf seinem Gesicht verspürt. Er denkt nicht darüber nach, aber plötzlich kommt der Gedanke der buddhistischen Unterscheidung von „sensation" und „feeling" hoch, und er versucht diese Unterscheidung in der konkreten Situation anzuwenden und zu verstehen. Der geistige Prozess, der sich in dieser Situation ereignet, ist nicht ein eigentliches Nachdenken-Über, sondern ein intuitives In-Berührung-Sein.

> „one example is perhaps that ahm (2) one of the distinctions is they make in Buddhist psychology is the difference between the sensation and the feeling tone that arises with the sensation. the sensation is just the raw touch, the feeling tone is pleasure or pain, pleasure or displeasure. … so if I'm practicing and I'm feeling a breeze on my face for example and I am not thinking about it, but then what might bubble up is the, is the thought, well what is the actual sensation there, and what is the liking of the sensation, see if I can tell the difference, you know, how it's really two things put together laminated rather than a single whole and …, I am not thinking about it, but I'm trying to touch more directly intuitively. what exactly does it feel like? and, you know, part of it feels like a sensation, and a part that feels like the pleasurable part of the sensation. so, things like that."

1.2.2 Intensives Sitzen und intensives Studieren

Der buddhistische Lehrer *Fm* beschreibt den Entstehungsprozess von Gedanken und Büchern im Zusammenhang mit Überlegungen zu Inspiration und Kreativität. Ein Buch zu schreiben bedeutet für ihn, auf Lebenserfahrungen zu antworten. Um das tun zu können, ist es für *Fm* notwendig, viel zu meditieren, viel zu lesen und ansonsten wenigen beruflichen Verpflichtungen nachkommen zu müssen. Eine Kontradiktion oder eine Spannung zwischen den beiden Vollzügen „denken" (intellektuelle Anstrengung) und „sitzen" (meditative Anstrengung) kennt *Fm* nicht, ganz im Gegenteil erlebt er sie als aufeinander bezogen und sich gegenseitig befruchtend. *Fm* berichtet über die Entstehungszeit eines seiner Bücher:

> „yeah, it's a, at that time, what was I doing? I was doing a lot of sitting, ahm a lot of meditation, I was focused on that, I didn't, at the time I, if I had a job, it was only a part-time one, so lot of sitting, a lot of reading and studying and then it kind of popped up by itself and I still find that lots of my best ideas just happened (2) they come up by themselves, sometimes in the morning if I am lying in bed before I get up, if I was thinking about something the day before sometimes the answer would just sort of come up in my mind."

Trotz der Nichtmachbarkeit dieser Prozesse gibt es Bedingungen für deren Möglichkeit. Man kann offen dafür sein und deren Entstehen fördern. *Fm* verwendet dafür die sprechende Formulierung „help it happen", in welcher sowohl die Aktivität („help") als auch die Passivität („it happen") der Person einen Ausdruck finden. Eine Fähigkeit, welche in einem Zusammenhang mit der Ermöglichung solcher Momente des Verstehens steht, ist laut *Fm* jene, den unangenehmen Zustand der offenen Frage nicht zu scheuen und nicht vorschnell durch Analyse, Kategorisierung und Beschreibung aus diesem Zustand zu entfliehen. Es zeigt sich die epistemologische Bedeutung dieser Fähigkeit. In einem Gesprächssauschnitt mit *Fm* heißt es:

> „if you have a question or a problem rather than (2) ahm (5) too quickly trying to organize and answer, if, if you are willing to dea-, if you are willing to dwell in the somewhat uncomfortable space of questioning without having an answer, without reaching too soon for an answer and dwell in that, because usually the questions are, so often the questions are better than any answers we can give anyway, but ah if we can dwell with the questioning and be comfortable enough with that then (2) it seems to open the door or it creates the space for some, for some deeper aspect of the mind to (2) function, whereas if we are usually conceptualizing and being logical and rational and trying to work it out then there's not that openness for something to come from that ….“

1.2.3 Neu die Relevanz erfahrbar werden lassen

Anhand von zwei konkreten Erfahrungserkenntnissen oder Erkenntniserfahrungen (wenn man so formulieren darf) zeigt *Af*, eine christliche Theologin, auf, was sie unter „Highlights" oder „Sternstunden" versteht. Es wird *Af* zum „Highlight", als sie den Zusammenhang von Dogmen und Erfahrung erkennt, und wenn Erfahrung und Denken ineinander wirken (wechselseitige Stimulation, Integration und Korrektur), erlebt *Af* „Sternstunden". „Highlights" und „Sternstunden" sind nicht machbar. Es kann geschehen, muss aber nicht und geschieht eher selten.

Die erste Sternstunde, von welcher *Af* berichtet, bezieht sich auf *Afs* Verstehensprozess der Zwei-Naturen-Lehre, ihr christologisches Aha-Erlebnis. Während sich *Af* bereits im Studium intensiv mit den christologischen Streitigkeiten beschäftigt hat, geht ihr auf langen Exerzitien die christologische Frage noch einmal neu und anders auf. Für das, was sich hier ereignet, finden sich vielfältige Ausdrücke: *Af* geht etwas auf, es wird ihr etwas erschlossen, es eröffnet sich ihr etwas, was vorher noch nicht da war, ohne dass dieses Neue sogleich auf einen konkreten neuen Inhaltsaspekt fokussiert werden kann. Das Neue, das *Af* aufgeht, hängt mit dem existentiellen Erkennen der Relevanz der christologischen Frage zusammen. *Af* merkt, es geht bei dieser Frage „um alles".

Die zweite Sternstunde zeigt sich im Zusammenhang mit der Beschäftigung mit dem Gnadenparadox. Auch hier spricht *Af* davon, dass sich ihr im Rahmen von Exerzitien etwas erschlossen hat. Etwas, was zunächst unsinnig und verdreht erscheint, zeigt im Zuge intensiver Beschäftigung seine Bedeutsamkeit, es „lichtet" sich. In den Worten von *Af* hört sich das folgendermaßen an:

> Af: „… es gab mal eine andere Erfahrung mit Blick auf dieses Gnadenparadox, (.) lebe so, ne, (.) wo, wo ich echt tagelang in den Exerzitien auch drüber
> Yf: Also das Ignatianische
> Af: Ja, wo man dann ja letztlich nicht so genau weiß, auf wen's letztlich wirklich zurückgeht. aber, dieses Gnadenparadox, äh vertraue so auf Gott, als ob alles von dir abhinge
> Yf: Mhmm, ja
> Af: und äh setze dich so ein, als ob alles von Gott abhinge, da denkt man ja erst mal ((Gurgellaut)) da, da musst du sieben Handstände machen, bist völlig beknackt. ähm, aber, also ohne, dass ich jetzt darüber nachgedacht hätte oder so, aber irgendwie auf einmal lichtete sich mir das. also ich hatte es vorher immer schon intellektuell auch spannend gefunden und mir gedacht, da steckt was drin, aber so von dem Erfahrungswert lichtete es sich und ich glaube, ich verstehe es jetzt auch ein bisschen besser und inspiriert mein Theologie-Sein."

Wenn sich etwas lichtet, dann zeigt sich langsam etwas, das auch davor schon da war, das aber z. B. aufgrund von Dunkelheit noch nicht gesehen werden konnte. „Lichten" löst Assoziationen von langsamem Sichtbar-Werden, von etwas Prozesshaftem aus. Ein Wald oder Nebel kann sich lichten. Insofern steht das Plötzliche „auf einmal", das von *Af* in diesem Zusammenhang auch verwendet wird, in einer gewissen Spannung dazu. Zum Motiv des „Lichtens" gesellt sich eine kleine Ergänzung hinzu. Das „Lichten" hat mit Erfahrung zu tun, „so von dem Erfahrungswert lichtete es sich". Das „Lichten" wird als Ergänzung zur intellektuellen Beschäftigung dargestellt. Das „Lichten" steht nicht in Konkurrenz zur intellektuellen Beschäftigung, wird aber durch diese auch nicht überflüssig, sondern es geht um eine echte Ergänzung. Die Tatsache, dass sich das Gnadenparadox „gelichtet" hat, ermöglicht es, dass *Af* dieses besser versteht und es ihre Theologie inspiriert.

2. Was sich in der Fachliteratur findet

In diesem Abschnitt werde ich einige Theorie-Elemente aus jenen Traditionen vorstellen, aus welchen meine Gesprächspartner und -partnerinnen stammen. Es kann hier nur um kurze Verweise gehen, um ein kurzes Aufzeigen von möglichen Verbindungslinien.[8]

2.1 Aus der Tradition der thailändischen Waldmönche

Hier konzentriere ich mich auf einen buddhistischen Gelehrten, der interessanterweise zwei klassische Mönchsrollen miteinander verbindet. Sein Name ist Ajahn Buddhadāsa, und er verbindet die Rolle eines traditionellen Waldmönchs mit Fokus auf der asketischen Praxis und die Rolle eines Stadtmönchs mit Fokus auf der Lehre.

Ajahn Buddhadāsa lebte von 1906–1993. Sein Name, den er sich nach einer wichtigen Lebenswende selbst gegeben hat, bedeutet „Knecht Buddhas". Ajahn Buddhadāsa wird zum Kritiker und Reformer in seiner Tradition und bleibt doch Teil des buddhistischen Systems; er ist lokal verwurzelt und hat gleichzeitig eine universale Vision. Passend zu unserer Thematik will ich die zwei folgenden großen Linien seiner Lehre herausgreifen:

– Es gibt zahlreiche Dynamiken im menschlichen Geist, welche das Verstehen erschweren oder sogar verunmöglichen.
– Es gibt Möglichkeiten, diese hinderlichen Dynamiken (stückweise) zu handhaben und damit für das „Wunder des Verstehens" frei zu werden.

2.1.1 Für das Verstehen hinderliche Dynamiken

Obwohl der Mensch – nach der Ansicht von Ajahn Buddhadāsa – an sich zum Verstehen fähig ist[9], gibt es zahlreiche Dynamiken des Geistes, welche dieses Verstehen erschweren. Diese Dynamiken erfassen die Menschen

---

[8] Im Forschungsprojekt „Doing Spiritual Theology" wird mit zwei Zugängen zur Forschungsfrage gearbeitet. Der eine Zugang versucht mit Hilfe qualitativ-empirischer Methoden Zeugnisse heute lebender Menschen auszuwerten (Interviews), der andere Zugang besteht in der Bearbeitung von Fachliteratur. Diese beiden Zugänge finden sich auch in diesem Artikel, auch wenn hier der erste (über die Interviewanalyse) ausführlicher ausfällt.

[9] Unter normalen Umständen ist der Geist eigentlich rein. Mit dieser Ansicht, die Buddhadāsa in Buddhas Worten zu finden glaubt, spricht er sich gegen die Meinung des Abhidhamma aus, das behauptet, dass der Geist immer voller Begehren sei. Vgl. *Buddhadāsa*, I and Mine, 307.

nicht nur hin und wieder, sondern der menschliche Geist hat eine Neigung, eine Tendenz dazu, diesen Dynamiken zu verfallen. Ajahn Buddhadāsa, der sich auch mit dem Christentum beschäftig hat, vergleicht diese unheilsamen Dynamiken mit der erbsündlichen Struktur des Menschen.[10] Es finden sich bei Ajahn Buddhadāsa verschiedene Systematisierungen zu diesen das Verstehen behindernden Dynamiken. Er spricht von zehn Fesseln des Geistes (*samyojana*)[11] und von fünf Hindernissen (*nivarana*)[12], womit er klassische buddhistische Unterteilungen übernimmt und eigenständig interpretiert.

An anderer Stelle, in einer Rede[13], welche Ajahn Buddhadāsa 1988 in Suan Mokkh vor ausländischen Meditationsschülern gehalten hat, spricht er vom Gefängnis des Lebens („The prison of life"). Mit diesem bildhaften Ausdruck will er verdeutlichen, dass, wann immer *upādāna* („attachment, grasping and clinging"[14], Anhaftung, starkes Begehren) auftritt, damit eine Gebundenheit und ein Gefängnis und in weiterer Folge *dukkha* (Leiden, Frustration) einhergehen („wherever there is upādāna, right there is prison"[15]). Das Leben selbst ist kein Gefängnis, aber wir machen es zu einem aufgrund unserer Unwissenheit und aufgrund von *upādāna*, das in vielfältigen Formen[16] erscheinen kann.

Upādāna kann man aber nicht sinnvoll von außen studieren, sondern man muss es von innen studieren.

> „The external learning is from books, ceremonies, practices, and things like that. Everything that we must learn, the Tathagata [der Gesegnete, der zur Wahrheit Gelangte] has explained in terms of the body which is still alive. That means a living body, with a living mind, not a dead one. That's where real learning takes place, so learn there. Learn from that inside, which means

---

[10] Buddhadāsa stellt eine Parallele zwischen der christlichen Lehre der Erbsünde und dem Konzept von „avijja" (Unwissenheit) her. Der Mensch neigt dazu, innerhalb seiner Gefühle zu denken. Vgl. *Buddhadāsa*, I and Mine, 309.

[11] Dazu zählen Persönlichkeitsglaube, Zweifelsucht, Hängen an Riten und Ritualen, sinnliches Begehren, Groll, Begehren nach Feinkörperlichem, Begehren nach Unkörperlichem, Dünkel, Aufgeregtheit und Unwissenheit. Vgl. http://www.palikanon.com/wtb/samyojana.html (Zugriff am 20.06.2015).

[12] Dazu zählen Sinnlichkeit, „ill-will", Faulheit bzw. Erstarrung, Ablenkung und Zweifel. Vgl. http://www.palikanon.com/wtb/nivarana.html (Zugriff am 20.06.2015).

[13] Vgl. *Buddhadāsa*, Prison.

[14] *Buddhadāsa*, Prison, Abs. 2.

[15] *Buddhadāsa*, Prison, Abs. 1.

[16] Ajahn Buddhadāsa spricht die folgenden zehn Formen von Gefängnissen an: Gefängnis der Instinkte, der Sinneskontakte, des Aberglaubens, der heiligen bzw. prestigeträchtigen Institutionen, der Lehrer, der heiligen Dinge, der Gutheit, der Ansichten, der Reinheit bzw. Unschuld und der Vorstellung von „ich". Vgl. Buddhadāsa, Prison.

learn within yourself while still alive, before you die. External studies, learning from books and all those different ceremonies and rituals, hasn't really accomplished anything of value. So let's study inside. Please remember these words ‚learn inside‘.“[17]

Als mir besonders interessant erscheinende und starke Hindernisse des Verstehens (und damit als Gefängnisse) thematisiert Ajahn Buddhadāsa folgende Punkte:
- Schriften und Riten,
- Diskussionen und Ansichten,
- Vorstellungen von „ich“ und „mein“.

Zum ersten Punkt: Das Studium der Schriften kann zum Hindernis des Verstehens werden.

> „It would not be justified to say that only a thorough study of the scriptures could lead to a right knowledge of Buddhism. The propagation of Dhamma [meist verstanden als Lehre des Buddha] relies on sound and words but however much is being achieved through sound and words, it would still be insufficient if a person were to know nothing about the anguish or suffering of the mind. The more one gets attached to books or scriptures, the greater would be the obstacle to reaching a right understanding of the Buddhist religion. It is always possible that one may become obsessed with books or scriptures. The learning would be a poison to true understanding as was mentioned by the Buddha himself.“[18]

Man kann gut informiert sein und doch nicht wirklich verstehen, das ist die große Gefahr. Ein unangemessenes Verständnis der eigenen Religion führt zur Entwicklung von *attachment* (starke Anhänglichkeit) an Praxisformen, Riten oder Schriften.

Zum zweiten Punkt: Auch Diskussionen und Ansichten können zum Hindernis für das Verstehen werden. Die eigenen *ditthi* (Ansichten, Gedanken, Ideen, Theorien, Meinungen, Glaubenssätze) können zu einem gefährlichen Gefängnis werden. Wenn *ditthi* zum Gefängnis wird, dann bleiben wir allem, das außerhalb unserer eigenen Ideen liegt, gegenüber verschlossen und in nur einer einzigen Art, etwas zu verstehen, eingeschlossen.[19]

---

[17] *Buddhadāsa*, Prison, Abs. 4.
[18] *Buddhadāsa*, I and Mine, 21–23.
[19] Vgl. *Buddhadāsa*, Prison, Abs. 14.

Zum dritten Punkt: „Clinging to self as self, and then as belonging to self, attaching to ‚I' and ‚mine,' this is the true prison, the heart and soul of all prisons."[20] „Atta" (Ich-Vorstellung) entsteht, wenn der Geist falsch „gesetzt" ist. Dann ist der Geist voller Selbstsucht. In dieser grundsätzlich falschen Einstellung des Geistes besteht eine große Gefahr für den Menschen. Alles Leiden entsteht aufgrund dieser falschen Setzung. Trotzdem interessieren sich die Menschen nicht wirklich für diese Ursache. Sie versuchen die Probleme und Leiden der Welt auf anderen Wegen zu lösen. Die Bindung an „atta" verbreitet sich überall. Unkenntnis (avijja) ist der Grund für das Entstehen von „atta".[21] Ajahn Buddhadāsa bezeichnet hingegen den folgenden Satz als das Herz des Buddhismus: „Nothing whatsoever should be clung to as ‚I' or ‚mine'."[22]

2.1.2 Den Geist beobachten und entwickeln

Auf Grundlage der kurz skizzierten Diagnose wird von Ajahn Buddhadāsa ein möglicher Ausweg aus diesen unheilsamen Dynamiken aufgezeigt, dieser liegt im Wesentlichen in der gezielten Beobachtung von Körper und Geist. Die Übung von *samadhi* (Sammlung, Konzentration) und *vipassana* (Einsicht, intuitives Erkennen) dient dazu, *upādāna* (Anhaftung, starkes Begehren) zu überwinden und sich aus dem Gefängnis zu befreien, „we study Dhamma [die Lehre des Buddha, die Wahrheit] and develop the mind in order to destroy the prison that now traps us"[23].

„Study" bedeutet dabei zunächst die Beobachtung des eigenen Geistes. Nur wer den eigenen Geist beobachtet, kann *Dhamma* (die Lehre des Buddha, die Wahrheit) verstehen und kann dann in der Folge auch die Bücher verstehen, die er liest. Wer Bücher liest, ohne den eigenen Geist zu beobachten, kann sogar in die Irre geführt werden.

„Only those familiar with the observation of mind can really understand Dhamma. Those who merely read books cannot understand and, what's more, may even go astray. But those who try to observe the things going on in the mind, and always take that which is true in their own minds as their standard, never get muddled. They are able to comprehend dukkha [Leiden, Frustration], and ultimately will understand Dhamma [die Lehre des Buddha, die Wahrheit]. Then, they will understand the books they read."[24]

---

[20] *Buddhadāsa*, Prison, Abs. 15.
[21] Vgl. *Buddhadāsa*, I and Mine, 107–111.
[22] *Buddhadāsa*, Heartwood, 29.
[23] *Buddhadāsa*, Prison, Abs. 1.
[24] *Buddhadāsa*, Heartwood, 25.

Dieses Praxiswissen setzt Ajahn Buddhadāsa auch mit dem wahren Buddhismus gleich. „The real Buddhism is not books, not manuals, not word for word repetition from the Tipitaka[25], nor is it rites and rituals. ... The real Buddhism is the practice by way of body, speech, and mind that will destroy the defilements, in part or completely."[26]

Die Geistesbeobachtung und -entwicklung, wie sie von Ajahn Buddhadāsa interpretiert wird, setzt sich aus vier Tetraden (Beobachtung des Körpers, Meisterung der vedana[27], Kontemplation des citta[28] und Kontemplation von Dhamma[29]) zusammen. In der vierten Tetrade wird *Dhamma*, die Wahrheit, untersucht. Der Geist ist durch die vorherigen drei Tetraden gut vorbereitet und sensitiv/sanft (Pali: *mudu*) und nicht mehr hart, er kann jetzt seine Aufgabe des Studierens von *Dhamma* gut erfüllen.[30] Das bedeutet, dass der Geist zunächst sanft gemacht werden muss, bevor er *Dhamma* gut studieren kann.

2.2 Aus der ignatianischen Tradition

Ich kann jetzt hier nur noch kurz auf ein aus der christlichen Tradition stammendes Element hinweisen, in welchem sich möglicherweise ebenfalls eine Vorstellung von Verstehen als Weg zeigt. Es ist dies die Theorie und Praxis der Anwendung der Sinne aus den ignatianischen Exerzitien. In der zweiten Vorbemerkung des Exerzitienbuches heißt es mit Blick auf das Verhältnis von Exerzitant und Exerzitienbegleiter:

> „Denn wenn derjenige, der betrachtet, das wirkliche Fundament der Geschichte [dieser Betrachtung oder Besinnung] nimmt, es selbständig durchgeht und bedenkt und etwas findet, was die Geschichte ein wenig mehr erläutern oder verspüren lässt – sei es durch das eigene Nachdenken oder sei es, insofern der Verstand durch die göttliche Kraft erleuchtet wird –, so ist es

---

[25] Mit „Tipitaka" werden die Schriften des Theravāda-Buddhismus bezeichnet, dazu gehören das Vinaya-Pitaka (die Sammlung der Ordensregeln), das Sutta-Pitaka (die Sammlung der Lehrreden) und das Abhidhamma-Pitaka (die philosophische Sammlung).

[26] *Buddhadāsa*, Handbook, 25.

[27] „Vedana" ist der Sammelbegriff für die drei Gefühle angenehm, unangenehm und neutral. Es sind damit nicht Emotionen gemeint, sondern die innerlich erfolgende Bewertung von Empfindungen. *Cm* spricht diese Thematik in seinem Beitrag an und spricht von der Unterscheidung zwischen „sensation" und „feeling", vgl. 1.2.1.

[28] „Citta" meint Geist, Bewusstsein oder Bewusstseinszustand.

[29] Es können hier verschiedene Dinge damit gemeint sein, die Lehre des Buddha, gegenständliche Objekte oder die Wahrheit, vgl. Anm. 6.

[30] Vgl. *Buddhadāsa*, Ānāpānasati, 92 f..

von mehr Geschmack und geistlicher Frucht, als wenn der, der die Übungen gibt, den Sinn der Geschichte viel erläutert und erweitert hätte. Denn nicht das viele Wissen sättigt und befriedigt die Seele, sondern das Innerlich-die-Dinge-Verspüren-und-Schmecken."[31]

Wie kann dieses „Innerlich-die-Dinge-Verspüren-und-Schmecken" nun praktiziert werden? Im Exerzitienbuch finden sich drei Gebetsmethoden, die der „Erhellung und Durchdringung der Heilsmysterien"[32] dienen. Diese drei Methoden sind die Meditation (Besinnung), die Kontemplation (Betrachtung)[33] und die Anwendung der Sinne (*applicatio sensuum*), auf welche ich an dieser Stelle kurz eingehen will.

Die Methode der Anwendung der Sinne setzt die Kontemplation und die Meditation (und damit die Vertiefung in bestimmte Glaubenswahrheiten) voraus und beruht auf der Theorie der verschiedenen Arten von Sinnen. Neben den äußeren, körperlichen und den imaginativen Sinnen ist hier die Rede von „inneren Sinnen" (schauen, hören, riechen, schmecken und tasten), welche „zur ursprünglichen Struktur des Menschen, zur Gottebenbildlichkeit" gehören und dem Menschen das notwendige „Feingefühl" verleihen, um „das Anrühren an den Unanrührbaren"[34] zu ermöglichen.

Die Methode der Anwendung der Sinne hat nach F. Marxer die folgenden vier Aspekte:

– Konzentration: Die Gebetsmethode der *applicatio sensuum* ist eine „Konzentration auf die wesentlichen Aspekte des dem Betrachter gegenüberliegenden Objekts, das möglichst tief in seine Seele aufgenommen werden soll. Fixierung im Objekt und Verinnerlichung im Subjekt gehen miteinander"[35].

– praktische Zielrichtung: Ziel ist die Begegnung mit Gott und der Dienst. Die *applicatio sensuum* ist „nicht ein unverbindliches Phantasiesprühwerk, kein frommes Mysterienspiel, dem die staunenden Sinne zuschauen"[36].

– liebende Anschauung: Es geht um eine „affektive Intuition", um ein „liebendes Schauen"[37].

---

[31] *Ignatius von Loyola*, Übungen, Anm. 2.

[32] *Marxer*, Sinne, 12.

[33] An dieser Stelle kann nicht näher auf die genaue Unterscheidung dieser drei Gebetsmethoden eingegangen werden. Nur so viel sei hier angedeutet: Meditation und Kontemplation unterscheiden sich nach Ignatius in Bezug auf den Gegenstand, auf die Gebetsform und in Bezug auf den spirituellen Zustand des einzelnen Menschen. Vgl. dazu *Melloni*, Exercises, 33 f.

[34] *Marxer*, Sinne, 44.

[35] Ebd., 39.

[36] Ebd.

[37] Ebd.

– höhere Sinnlichkeit: „Durch das Indienstnehmen der imaginativen Sinne, durch das Gewährenlassen ihrer Betätigung an den ihnen adäquaten Objekten wird auch die Objektwelt selbst valorisiert. Sie erhält eine nicht umgängliche Bedeutung in der Hinbeziehung auf den Gott anbetenden und lobenden Menschen."[38]

Die Anwendung der Sinne kann als sehr einfache (oder sogar primitiv-anschauliche) Methode angesehen werden oder aber als sehr subtile, ins Mystische gehende Gebetsmethode.[39] Hugo Rahner ist der Ansicht, dass sich diese beiden Interpretationsweisen nicht anti-thetisch gegenüberstehen, sondern miteinander verbunden werden können und sich ergänzen; er schreibt:

> „… gerade die in der Gegenwärtigsetzung der Heilsgeschichte (im Schauen, Hören, Verkosten und Küssen der heiligen Personen und Dinge) sich gleichsam auffüllende Seele wird dadurch befähigt, leise und unaufhaltsam hinanzusteigen zu jenem ‚Hineingezogenwerden in die Umarmung Gottes zu seiner Liebe und zu seinem Lobpreis' (Ex. Nr. 15), die den für jeden Betenden einmaligen und fordernden Willen Gottes ertastet und findet."[40]

Der Mensch wird befähigt, sich für ein Gnadengeschehen zu öffnen, die Gegenüberstellung von Verstand und Herz wird überwunden; Hugo Rahner schreibt: „Dieses Einswerden von Verstand und Herz, von Gedachtem und Gebildetem, von Denken und Fühlen will Ignatius in den höchsten Formen der ‚Anwendung der Sinne' den sich Übenden erreichen lehren.[41]

3. Zum Schluss: Über die Inkongruenz von Form und Inhalt

Indem ich diesen Artikel, der auf einem Vortrag basiert, verfasse und auf die Verflochtenheit von Spiritualität und Verstehen aufmerksam mache, gerate ich in ein Dilemma. Ich erhoffte mir ja, dass sich mittels des gehaltenen Vortrags ein kleines Stückchen Verstehen ereignet, und das erhoffe ich mir ebenso mit Blick auf diesen Artikel, und trotzdem wähle ich eine Form, welche vieles von dem eben Beschriebenen unberücksichtigt lässt. Es bleibt dem und der Einzelnen überlassen, ob und wie sie und er sich von den

---

[38] Ebd., 40.
[39] Vgl. *Rahner*, Anwendung, 352.
[40] Ebd., 364 f.
[41] Ebd., 364.

gehörten und gelesenen Inhalten berühren lässt. Das erscheint mir einerseits richtig und angemessen, da das ja tatsächlich die Freiheit und Eigenverantwortung der einzelnen Personen betrifft; andererseits könnte man – im Sinne der hier vorgetragenen Inhalte – auch argumentieren, dass es eben doch Erfahrungswissen und bewährte Wege gibt, wie ein „vertieftes Verstehen" eher gelingen kann, und dass nicht jede und jeder Einzelne diese Wege neu erfinden und für sich ganz neu erschließen muss, sondern dass wir auch in diesem Bereich (wie in so vielen anderen) auf der Erkenntnis anderer aufbauen können.

Nun, wie könnte eine Form aussehen, die den hier vorgetragenen Inhalten mehr entspricht? Bräuchte es mehr Zeit und weniger Inhalt, damit Erkenntnis und Selbsterkenntnis ineinander greifen können? Bräuchte es Begleitung und Anleitung, damit die Beobachtung der eigenen geistigen Vorgänge eher gelingen kann? Welche spirituelle Praxis könnte die intellektuelle Beschäftigung ergänzen? Wie ist in diesem Kontext mit der Pluralität der spirituellen Praxisformen umzugehen und wie mit dem Zusammenhang von spirituellen Praxen und deren religiöser Beheimatung?

Ich ende mit vielen Fragen, ebenso wie ich begonnen habe. Dazwischen liegen einige (mehr oder weniger fremde) Spuren, denen ich ein Stück weit zu folgen versucht habe, die meine Aufmerksamkeit auf mir interessant erscheinende Zusammenhänge gelenkt haben und die zum Nachgehen einladen.

Spiritualität und Ästhetik

Gabi Erne

Die Gemeinschaft der Heiligen
Eine spirituell-ästhetische Anleitung

Gemeinschaft

Befestige an der Wand eine Pappe (ca. 2 x 3 m für 60 Pers.), darauf ein festes Papier und lade dann die Menschen ein, gegenseitig ihre Körperumrisse zu zeichnen.

Je mehr Personen auf der Fläche abgebildet sind, umso schwieriger wird es, den einzelnen zu erkennen, durch die Transparenz der Zeichnungen ist es jedoch immer möglich.

Eine Gemeinschaft ist entstanden, weil alle Personen durch unzählige Überkreuzungen der Umrisslinien miteinander verbunden sind und jede/r einzelne sichtbar bleibt.

Heilige

In Kirchenfenstern dargestellte Heilige sind nur sichtbar, wenn draußen heller Tag ist. Richtig leuchten, in aller Farbigkeit, sieht man sie nur, wenn direkt die Sonne durch sie hindurch scheint.

Ein solches Sichtbarwerden, nicht nur durch normales Tageslicht, sondern durch den besonderen Sonnenstrahl der Liebe, des liebend wahrgenommen Werdens, brauchen nicht nur die Heiligen, sondern ein/e jede/r von uns, auch im alltäglichen Leben.

Es ist nicht immer selbstverständlich solch einen Sonnenstrahl zu erkennen, zu genießen und ihn voller Dankbarkeit anzunehmen. Auch Heilige müssen das mitunter üben, das Empfangen und auch das Geben der liebenden präsenten Aufmerksamkeit.

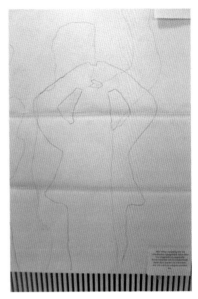

Abb. 1

Abb. 2

Abb. 3

Abb. 4

Zufall und Entscheidung

Stelle Acrylgläser (Baumarkt, 15 x 15 cm) bereit, mittlere CD-Schreiber, Acrylfarben in Schälchen (rot, gelb, blau, grün, orange, violett) und je Farbe 3 feine Borstenpinsel.

Und nun lade ein, sich mithilfe des Acrylglases als Rahmen, eine solche, durch Zufall entstandene Kreuzung, auf der großen Fläche, mit Bedacht auszusuchen und diese mit dem CD Schreiber direkt auf das Glas zu übertragen. Die dadurch entstandenen Flächen können nun farbig gestaltet und anschließend rückseitig, mithilfe eines gerollten Tesastreifens am Fenster platziert werden.

So leuchten wir in der Gemeinschaft der Heiligen!

Gegenwart

Die Idee ist, dass die Gruppe, nun auf dem Papier mit den Umrisslinien, so weiter malt, z. B. kleine Flächen füllt, dass das Wandbild jederzeit, auch aus gestalterischer Sicht, so wie es gerade ist, auch gelassen werden kann. Hierbei ist der Prozess, der Dialog mit Farbe und Pinsel wichtiger, als etwas zur Vollendung hin Geplantes.

Fragmente, Unfertiges, Skizzen lassen Freiräume zu und BetrachterInnen können weiter assoziieren. Sie sind Gedanken ins Offene, nicht unbedingt zu Ende gedacht und sie haben für mich viel zu tun mit dem Leben. Hier bricht etwas ab, da ist etwas nicht konsequent verfolgt worden, es ist ziemlich weit davon entfernt von dem, was vielleicht einmal der Plan war.

Gerade durch die Wertschätzung der Gegenwart, ohne Frage nach dem Woher und Wohin, ist auch dieses Bild im Fluss, offen für jede Veränderung. Zu jedem Zeitpunkt kann es zu Ende sein, oder neu beginnen.

Abb. 5

Abb. 6

Regeln, Variationen

Suche mit Hilfe von quadratischen Passepartouts Ausschnitte aus dem nun farbigen Wandbild und schneide sie heraus.

Das Bild wird löchrig, aber nicht zerstört. In jedem der herausgeschnittenen Teile ist etwas vom Ganzen enthalten.

Die Quadrate können als Spielmaterial in Reihungen, Ordnungen etc. zu neuen Bildern zusammengesetzt werden.

„Wir sehen vorläufig nur ein rätselhaftes Spiegelbild, dann aber von Angesicht zu Angesicht. Heute erkenne ich bruchstückhaft, dann aber werde ich erkennen, wie ich von Gott erkannt worden bin." (1 Kor. 13,12)

Abb. 7

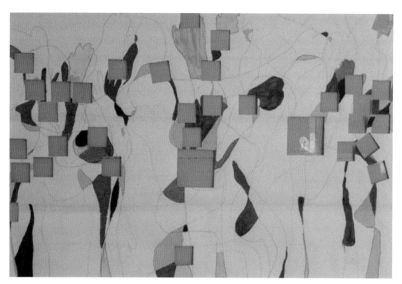

Abb. 8

Abb. 9

Performance mit Himmelsleiter

Am Fuße der Leiter: Raum

Als Adam das Paradies verlassen musste fing es nach kurzer Zeit und zu allem Unglück hin auch noch an zu regnen. Ohne nachzudenken nahm Adam seine Arme nach oben und richtete sie mit gegeneinander aufgestellten Händen über sich auf. *Adams Schutzhütte* – das war der erste menschengemachte Raum, das erste Dach überm Kopf.

Seither sind wir in Erinnerung an das Paradies, wo solch ein Schutz nicht nötig war, darum bemüht, dieses Dach wieder zu öffnen, der Spiritualität „offenen" Raum zu geben.

Körpergebet:

Beide Arme angewinkelt neben der Körpermitte, Hände geöffnet.
Ich stehe Gott vor Dir,
Beide Arme ausgestreckt nach unten, Handflächen zur Erde.
verbunden mit der Erde die Du liebst
s. oben
Ich stehe Gott vor Dir,
Beide Arme ausgestreckt nach oben, Handflächen zum Himmel.
ausgestreckt zum Himmel, den Du versprichst
s. oben
Ich stehe Gott vor Dir,
Rechter Arm ausgestreckt nach oben, Handfläche zum Himmel, linker Arm nach unten, Handfläche zur Erde
als Tochter und Sohn des Himmels und der Erde
s. oben
Ich stehe Gott vor Dir,
Beide Arme ausgestreckt nach unten, Handflächen zur Erde
der Erde treu
Beide Arme angewinkelt, die Hände, etwa in Brusthöhe, halten eine große Schale
und offen für Dich.

3. Stufe: Verwandlung

Es gibt viele Arten von Leitern und v. a. auch Verwandlungsleitern. Diese hier war heute Morgen noch eine Hausmeister-Leiter, jetzt ist sie eine Himmelsleiter.

Dann gibt es noch: Rettungsleitern, Feuerwehrleitern, Sprungturmleitern, Räuberleitern, Standleitern, Strickleitern, Liebesleitern zum Fensterln, Dachdeckerleitern, Leiterwagen, Stockwerkbettenleitern, Halbleiter, Jakobsleitern, Tonleitern, Kirschbaumleitern, Heubodenleitern, Minihaushaltsleitern, Bibliotheksleitern, Baumhausleitern, Hochsitzleitern, Freuds Traumleitern, Diebesleitern, Fluchtleitern, Bockleitern, Ausziehleitern, Karriereleitern, Kirchturmglockenleitern, …

Fast alle diese Leitern müssen sich anlehnen, oder sie bringen wie diese hier eine Stütze mit. Probieren wir aus, wie das ist. Stellen Sie sich vor, Sie wären eine Leiter.

(Hände nach oben ausstrecken)
Und nun suchen Sie sich jemanden zum anlehnen. Das geht auch Rücken an Rücken.

Künstlerleitern, z. B. von Chagall, die schweben auch schon mal frei Richtung Himmel …

(Ein Sprung!)
Bei Leitern geht es darum, Höhe zu gewinnen, etwas zu erreichen, Stufe um Stufe. Aber das Hinauf ist an das Hinunter gebunden.

(Bewegung nach oben und unten)
Wir können Leitern aber auch von der Senkrechten in die Waagrechte bringen.

(Hände auf die Schultern der Vorderperson legen)
Hinter mir steht jemand, der mich hält, vor mir steht jemand, dem ich Halt gebe: Und schon haben wir das Himmelreich mitten unter uns.

4. Stufe: Zwischenraum

„Man kann nicht alles mit dem Kopf verstehn!/Ich freue mich./Das ist des Lebens Sinn./ Ich freue mich vor allem, dass ich bin./In mir ist alles aufgeräumt und heiter:/Die Diele blitzt. Das Feuer ist geschürt./An solchem Tag erklettert man die Leiter,/Die von der Erde in den Himmel führt./Da kann der Mensch, wie es ihm vorgeschrieben,/Weil er sich selber liebt – den Nächsten lieben." *(Mascha Kaléko, Sozusagen grundlos vergnügt)*

(Mit dem Staubwedel die Zwischenräume ausputzen)
Ja, Leitern haben nicht nur Sprossen. Eigentlich haben sie viel mehr Lufträume, Freiräume, offene Räume, eben Zwischenräume. Im Haus ist es ja auch so. Sehr mühselig, die freien Stellen auch frei zu halten, keine Stapel zu bilden, die Spinnweben aus den Zimmerecken zu entfernen …
Mascha Kaléko ist mit ihrem Gedicht eine ganz besondere spirituelle Raumpflegerin.
„*In mir ist alles aufgeräumt und heiter:/Die Diele blitzt. Das Feuer ist geschürt./An solchem Tag erklettert man die Leiter,/Die von der Erde in den Himmel führt.*"
Und wie pflegen Sie Ihre Zwischenräume?
Gespräch zu zweit, wobei die erste Person 3 Minuten lang „ohne Unterbrechung" erzählen darf, wo und wie und wann sie ihre Zwischenräume, ihre Freiräume findet und staubfrei hält. Beim Gong wechseln und anschließend ein Wort oder einen Satz in die Zwischenräume der „Leiterkarten" schreiben.

Ganz oben: das Heilige

Das Haus bestellen, Zwischenräume pflegen, „Raum geben für das Heilige", das kann man üben. Und irgendwann, so stelle ich es mir vor, wie Hilde Domin sagen: „Ich setzte den Fuß in die Luft und sie trug".
Himmlische Musik: Eierschneider, Stairway to heaven- Miniorgel, Marimbas
Oben angekommen. Und jetzt wieder hinuntersteigen?
Oder mit Wittgenstein schweigen, worüber man nicht sprechen kann?
Die Leiter wegwerfen, nachdem ich auf ihr hinaufgestiegen bin?
Goldschnipsel fliegen, zuerst einzelne…

Gabi Erne,

inspiriert von dem Thema der Tagung, von vielen Künstlern, die sich mit Leitern beschäftigt haben, wie Yoko Ono, Albrecht Genin, Marc Chagall, etc., von Sabine Ahrens, Thomas Erne, den Playing Artist Kolleginnen Annegret Zander und Martina Vanicek, sowie den Gedichten und Gedanken von Hilde Domin, Mascha Kaléko, Ludwig Wittgenstein.

Und Dorothee Sölle (aus: Die Himmelsleiter im Central Parc)

„Gott suchen bedeutet nach einem rabbinischen spruch/auf einer leiter zu sein/ und die nächste höhere sprosse zu sehen/die leiter verbindet/ lernen und lehren/es ist eine Art zu atmen/ohne die wir nicht sein können/ jeder ein lehrer/jeder ein lerner/leben wir auf der leiter."

Abb. 10

Abb. 11

Abb. 12

Abb. 13

Abb. 14

Abb. 15

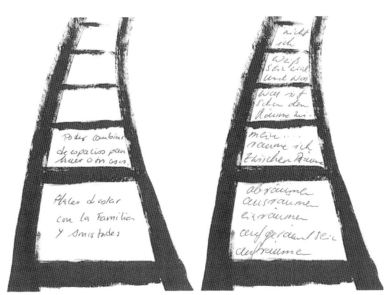

Abb. 16

Abb. 17: Treppenaufgang zum Westflügel im Tagungshaus Hohenheim der Akademie der Diözese Rottenburg-Stuttgart

Die Himmelstreppe – Momente spirituellen Erlebens

Die TagungsteilnehmerInnen können diese Sammlung nutzen, oder Eigenes auf Papierstreifen schreiben und an den Treppenabsätzen platzieren.

Beispiele aus Ernes „spirituellen Küchengesprächen":

Wenn ich für andere koche, verstehe ich mich als Mittlerin, das Herz zu öffnen. *(Karin, 64 J)*.

Man braucht auch eine Bereitschaft zum Genießen. (Matthias, 29 J)

Auf jeden Fall schmeckt man die Liebe, mit der ich meinen Apfelkuchen backe. *(Brigitte, 89 J.)*

Wenn man wütend ist gelingt der Kuchen nicht. *(Hannah, 19 J.)*

Es ist nicht nur die Summe der Zutaten, die bei einem Gericht das Besondere ausmachen. *(Gerald, 36 J)*

Gerade in der Unverfügbarkeit des Gelingens spüre ich den Heiligen Geist. *(Irina, 38 J)*

Hefeteig geht nur auf, wenn Du ganz bei der Sache bist. Du musst den Teig lieben. *(Helga, 69 J.)*

Beim Kochen passiert etwas, was so vorher noch nicht da war. *(Martin, 58 J.)*

Wortbänder – Feed-back mit Power writing

Power writing ist ein Spiel mit folgender Anleitung:
Jede Teilnehmerin erhält einen Karton als Unterlage und eine neue Kassenrolle, dazu einen dicken weichen Graphitstift (z. B. 8–12 B), mit dem man sehr großzügig und schwungvoll schreiben kann.

Zu einem Gedanken, einem Stichwort, einem Thema, in unserem Fall ging es um ein Feed-back zur Tagung, wird nun eine bestimmte Zeit gegeben, (z. B. sieben Minuten) innerhalb derer OHNE UNTERBRECHUNG geschrieben werden soll. Dabei müssen die Sätze und Wörter nicht sinnvoll gesetzt werden. Wichtig ist v. a., dass der Fluss nicht abreißt und wirklich unablässig geschrieben wird.

Ist die Zeit um, suchen sich die Teilnehmerinnen aus ihrer Wörterschlange, die sich neben ihrem Stuhl aufgetürmt hat, einen Abschnitt (ca. 1,20 m) aus, den sie dann, eine nach der anderen, der Gruppe vortragen.

Diese Abschnitte werden aus dem Band herausgenommen und untereinander auf einer Tafel zusammengesetzt, so, dass Zeilen und schließlich ein Text mit ganz unterschiedlichen Handschriften entstehen.

Power writing ist nicht nur in ästhetischer und spielerischer Hinsicht eine sehr schöne Form, um „Blitzlichter" zu sammeln. Es ist erstaunlich, wie präzise Gedanken und Stimmungen Gestalt gewinnen können, wenn „nicht lange nachgedacht" wird.

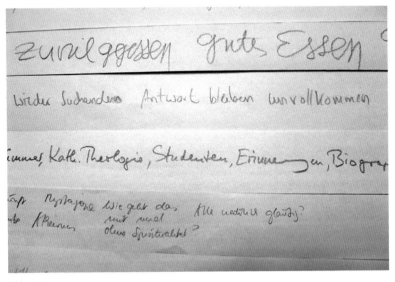

Abb. 18

„Der verletzte Wanderer" (Michel de Certeau)

„Räume" und „Sprachformen" des Glaubens neu erschließen

Margit Eckholt

1. Neuland erkunden und kartographieren für die (systematische) Theologie

1.1 Der „Megatrend Spiritualität" und neue Wege theologischer Erkenntnis

Zu lange ist die (systematische) Theologie davon ausgegangen, dass das, worum es der Theologie geht – die Lehre von Gott und der *intellectus fidei* –, über die in der Moderne festgelegte loci-Lehre, die verschiedenen Erkenntnisorte der Tradition (Schrift, dogmatische und lehramtliche Aussagen, spezifische, festgelegte Gestalten der Theologie der Kirchenväter und der Scholastik, aber auch Geschichte und Vernunft[1]), zu erschließen ist und dabei „selbstverständlich" über den den theologischen Orten vorgegebenen Referenzrahmen der Kirche „gesichert" ist. Diese Selbstverständlichkeiten sind am Beginn des 21. Jahrhunderts weggebrochen, in einem – wahrscheinlich noch zu Konzilszeiten – nicht absehbaren Ausmaß. Sinnsucher setzen sich heute entweder explizit von christlichen Traditionen ab oder beziehen sich – auch außerhalb des dogmatischen Rahmens der Kirche stehend – auf Traditionen des Christentums, und Sinnsuche wird auch innerhalb christlicher und kirchlicher Räume zu einer neuen Frage.[2] Das scheint hinter dem auf neue Weise verwendeten Begriff des „missionarischen Kirche-Seins" durch, eine Rede, die auch Papst Franziskus in seinem Schreiben *Evangelii gaudium* aufgreift, nicht als „Bekehrung der Anderen", sondern im Sinne der Selbst-Bekehrung und der Einsicht, dass Glaubensidentitäten gar nicht anders als mit je neuem Aufbrechen und Wachsen verbunden sind.[3] Glaube hat immer mit Erschütterung zu tun, mit Dynamik und Bewegung, und Glaube ist an unterschiedlichen Lebens- und Praxisgestalten ablesbar. In den *intellectus fidei* muss genau diese Dynamik, Erschütterung und Bewegung eingeschrieben werden. Theologie ist in diesem Sinn auf eine Ästhetik des Glaubens bezogen; der Glaube zeigt sich in un-

---

[1] Vgl. dazu: *Eckholt*, Poetik; *Körner*, Orte.
[2] Vgl. z. B. *Comte-Sponville*, Atheist; *Gerhardt*, Sinn.
[3] *Papst Franziskus*, Apostolisches Schreiben *EVANGELII GAUDIUM*.

terschiedlichen Glaubensgestalten und realisiert sich in verschiedensten Praktiken, und auch in den *logos* des Glaubens ist diese Dynamik des Sich-Zeigens und der Praktiken einzuschreiben. Das heißt: ein Neuland für die Theologie zu erkunden.

Sicher, es gab Mahner und Propheten bereits in der Konzilszeit, die dieses Neuland erkundet und der Theologie neue Wege erschlossen haben. Karl Rahner hat seinen „Grundkurs des Glaubens" 1971 veröffentlicht angesichts der Veränderungen der Glaubenslandschaften und Glaubenszugänge und hat unter Bezugnahme auf das Dekret zur Priesterausbildung *Optatam totius* des Zweiten Vatikanischen Konzils eine „Einführung in den Begriff des Christentums" vorgelegt. „Dieses Ganze der Theologie", so zitiert Rahner das Dekret, „soll in einem hinreichend langen *Einführungskurs* dem Theologen vermittelt werden, indem darin das Mysterium Christi so dargelegt wird, daß der Sinn, der Aufbau und das pastorale Ziel der theologischen Studien dem Theologiestudenten schon am Beginn seiner Beschäftigung mit der Theologie klar werden"[4], und, um auf diesem Weg dem Theologiestudierenden zu ermöglichen, „sein persönliches und priesterliches Leben als Glaubensleben besser zu begründen und mit diesem Glauben zu durchdringen"[5]. Hier weist Rahner auf den Zusammenhang von Leben und Glauben hin und auf die Notwendigkeit einer „vertieften" Begründung dieses Glaubenslebens. Die in den einführenden Passagen benannte Dynamik, Bewegung, Lebendigkeit des Glaubens ist in den Blick genommen. Diese Reflexion auf den Glauben soll jedoch in einem speziellen Kurs am Beginn des Theologiestudiums erarbeitet werden und sie steht – im Duktus des Dekrets der Priesterausbildung – im vertrauten Referenzrahmen der Kirche. Dabei unterscheidet Rahner zwischen einer „Theologie des Geistes und des Intellekts" und „einer Theologie der Herzen, der Entscheidung und des religiösen Lebens"[6]; die Einführung in den „Begriff" des Christentums ist auf Ebene der „Theologie des Geistes" angesiedelt. Er setzt damit eine Trennung zwischen (systematischer) Theologie und geistlicher Theologie fort, die seit der Moderne und der Entstehung dieser „geistlichen Theologie" im engeren Sinn (die zudem noch zwischen Mystik und Aszetik unterschieden hat) festgeschrieben worden ist.[7] Das, was heute als Neuland der Spiritualitäten die Theologie zu dynamisieren beginnt, wird hier noch in traditionelle Bahnen gelenkt.

---

[4] *Rahner*, Grundkurs, 15.
[5] Ebd.
[6] Ebd.
[7] Vgl. als Einführung in die Theologie der Spiritualität: *Peng-Keller*, Einführung; *Peng-Keller*, Theologie; *Peng-Keller*, Leben; *Schlosser/Steinmetz*, Wissenschaft.

An anderer Stelle – einem im Jahr 1966 veröffentlichten Aufsatz – spricht Rahner von der „Frömmigkeit heute und morgen".[8] Das „Neue" der Frömmigkeit von morgen ist die für jeden Einzelnen in jedem Moment „neue" und „unmittelbare" Gottesbeziehung:

> „Um in diesem Sinn der kargen Frömmigkeit den Mut eines unmittelbaren Verhältnisses zum unsagbaren Gott zu haben und auch den Mut, dessen schweigende Selbstmitteilung als das wahre Geheimnis des eigenen Daseins anzunehmen, dazu bedarf es freilich mehr als einer rationalen Stellungnahme zur theoretischen Gottesfrage und einer bloß doktrinären Entgegennahme der christlichen Lehre."[9]

In diesem Zusammenhang spricht Rahner von einer „Mystagogie in die religiöse Erfahrung", „von der ja viele meinen, sie könnten sie nicht in sich entdecken, einer Mystagogie, die so vermittelt werden muß, daß einer sein eigener Mystagoge werden kann"[10]. In diesem Zusammenhang fällt dann der immer wieder zitierte, oftmals aber auch aus dem Zusammenhang gerissene Satz:

> „Nur um deutlich zu machen, was gemeint ist, und im Wissen um die Belastung des Begriffes ‚Mystik' (der recht verstanden, kein Gegensatz zu einem Glauben im Heiligen Pneuma ist, sondern dasselbe) könnte man sagen: der Fromme von morgen wird ein ‚Mystiker' sein, einer, der etwas ‚erfahren' hat, oder er wird nicht mehr sein, weil die Frömmigkeit von morgen nicht mehr durch die im voraus zu einer personalen Erfahrung und Entscheidung einstimmige, selbstverständliche öffentliche Überzeugung und religiöse Sitte aller mitgetragen wird, die bisher übliche religiöse Erziehung also nur noch eine sehr sekundäre Dressur für das religiös Institutionelle sein kann."[11]

Mit diesen Überlegungen hat Rahner entscheidende Impulse für die Erneuerung von Pastoral und Katechese gegeben und auf diesen Feldern zur Ausgestaltung neuer erfahrungsbezogener, biographisch ausgerichteter theologischer Ansätze beigetragen, ebenso zu interdisziplinären Studien zu den neuen Phänomenen von Religiosität und Spiritualität, und in der Befreiungstheologie hat sich in Konsequenz dieser Mystagogie eine „Theologie des Volkes" entfaltet, die Theologie nicht als Expertenwissen, sondern als

---

[8] *Rahner*, Frömmigkeit.
[9] *Rahner*, Frömmigkeit, 22.
[10] Ebd.
[11] Ebd., 22 f.

Aufgabe aller Gläubigen – im Sinne der Bildung ihres *sensus fidelium* im Dienst einer befreienden (christlichen) Praxis – sieht.

Wie verhält sich aber diese mystagogisch orientierte Theologie, auf deren Feld sich auch die gegenwärtige Theologie der Spiritualität verortet (so z. B. die Studien von Simon Peng-Keller[12]), zu der Einführung in den „Begriff" des Christentums, die Rahner auf der Ebene einer „Theologie des Geistes und Intellekts" ansiedelt und die zur systematischen/dogmatischen Theologie im engeren Sinn – der Frage nach Gott, Jesus Christus, dem Geist, dem Heil und der Befreiung des Menschen, der Gemeinschaft der Glaubenden usw. – gehört? Fallen heute nicht immer noch (systematische/dogmatische) Theologie und Spiritualität auseinander, ebenso wie Theologie und Pastoral? Das ist auch im pastoralen Lehramt von Papst Franziskus zu beobachten. Der Papst gibt über seine geistlichen Ansprachen und Predigten zentrale Impulse für die weitere Entfaltung einer pastoralen und geistlichen Theologie, in der Konsequenz der genannten „Theologie des Volkes"[13]; seine Reden sind von deren Glaubensdynamik, Bewegung und Ästhetik geprägt und geben dem *sensus fidelium* großen Raum; sie öffnen zudem neue Räume und Sprachformen des Glaubens in den „Polylogen" unserer Zeit – mit anderen Religionen und Kulturen, mit anderen Konfessionen, mit Nicht-Glaubenden, mit einer höchst verwundbaren, von Gewalt und Unfrieden geprägten Welt. Daneben steht aber eine dogmatische Theologie, deren kirchlich-rechtlicher Referenzrahmen unbeweglich bleibt.[14] Steht es heute darum nicht an – und ist dies nicht eine besondere Herausforderung der Theologie –, diese Dynamik der Mystagogie und mit ihr eine Glaubensanalyse, die durch die Erschütterung, die Dynamik und Bewegung des Glaubens selbst geprägt ist und damit das Neuland der Spiritualitäten heute betreten hat, auf den *intellectus fidei* und damit die erkenntnistheoretischen Grundlagen von Theologie hin zu buchstabieren? Kann nicht erst dann das „Neue" der Spiritualität das „Erbe weiser christlicher geistlicher Erfahrung der Jahrhunderte" wirklich wahren, so dass es demzufolge, wie Rahner es im Blick auf die „christliche Frömmigkeit von morgen" formuliert hat, zu einer „schöpferischen Entdeckung und zeitgerechten Gestaltung des urprünglichsten Wesens" des Christentums kommen kann?[15] Und hat genau das dann nicht die Konsequenzen, den gegebenen kirchlichen Referenzrahmen der *loci theologici* in einen weiteren Horizont zu stellen?

---

[12] Vgl. Anm. 7.
[13] Vgl. *Eckholt*, Papst; zur „Theologie des Volkes": *Eckholt*, Theologie.
[14] Vgl. z. B. *Eckholt*, Stimme.
[15] Vgl. *Rahner*, Frömmigkeit, 19.

1.2 Das „Neuland" der Spiritualität und die Sinnsucher in und außerhalb der Kirche

„Wir müssten das Volk Gottes zu einer Gestalt führen, religiös zu sein (post-religional), die mit der kommenden ‚Wissensgesellschaft' kompatibel ist, mit der post-agrarischen und post-autoritären Gesellschaft, mit einer Gesellschaft, die die Unterordnung und die Ontologie der Herrschaft als die tiefste Repräsentation der Realität nicht mehr akzeptiert, demgegenüber die volle Freiheit, das Risiko, die persönliche Option, die Kreativität."[16]

So formuliert es der spanische Jesuit und lange in Panama tätige Befreiungstheologe José María Vigil. Er stellt – auf dem Hintergrund seiner Zusammenarbeit mit einem interdisziplinären Netzwerk spanischer Wissenschaftler – einen religiösen Wandel „axiologischer Art" fest,

„denn eine bestimmte Art von Religiosität, die noch aus der Steinzeit stammt und sich auf den Tempel, den Priester und das Opfer konzentriert, ist in die Krise geraten. Auch in Lateinamerika nimmt die Zahl derjenigen Personen zu, die nach Spiritualität dürsten, aber am Rande der Kirchen und der religiösen Institutionen, am Rande von Glaubensvorstellungen, Dogmen und Riten in einer post-religiösen Welt, und in welcher auch in Lateinamerika die Zahl der Agnostiker und Atheisten ansteigt."[17]

Marià Corbí, der in Barcelona das „Centro de Estudio de las Tradiciones de Sabiduría" gegründet hat, spricht in diesem Zusammenhang von einer „Laienspiritualität, ohne Glauben, ohne Religion, ohne Götter"[18]. Ähnliche Entwicklungen werden in den ein breites Publikum erreichenden Texten des französischen Philosophen André Comte-Sponville deutlich[19], der eine „Spiritualität ohne Transzendenz" entwirft: „Von einer Spiritualität ohne Gott zu sprechen ist, …", so Comte-Sponville,

„keineswegs ein Widerspruch. Im Okzident überrascht das manchmal. Da jahrhundertelang die einzig gesellschaftlich relevante Spiritualität in unseren Ländern die Religion (des Christentums) war, galten ‚Religion' und ‚Spiritualität' schließlich als gleichbedeutend. Aber das stimmt nicht!"[20]

---

[16] *Vigil*, Teología, 599.
[17] Ebd., 596 f.
[18] *Corbí*, Hacia.
[19] *Comte-Sponville*, Atheist.
[20] Ebd., Atheist, 165.

Auf dem Hintergrund eines unter anderem von Spinoza angeleiteten Ansatzes formuliert er dann:

„Wenn alles natürlich ist, ist die Spiritualität es auch. Das spricht mitnichten gegen das spirituelle Leben, sondern macht es überhaupt erst möglich. Wir sind auf der Welt und von dieser Welt: Der Geist ist Teil der Natur."[21]

Wer sich als „spiritueller" Mensch bezeichnet, muss nicht unbedingt mehr „religiös" sein; hinter dem Begriff „spirituell" kann sich ein „höchst profanes Glück" finden, so die Wiener Religionssoziologin und Pastoraltheologin Regina Polak.[22]

Was in diesen wenigen Notizen deutlich wird: Es sind Neu-Zeiten, in denen Christen ihren Glauben heute auf dem Areopag der Religionen und Spiritualitäten im „bewegten Raum" der Städte, Großstädte und Mega-Cities neu erschließen müssen, im Gespräch mit Menschen auf der Suche nach neuen Räumen und Sprachen des Glaubens in der säkularen und gleichzeitig plurireligiösen Stadt, in einem bewegten Umfeld, in dem der Mensch neu gefordert ist, sein Leben zu entwerfen, in der „Stadt der Zukunft", im „Anthropozän"[23], wie Wissenschaftler diese Neu-Zeiten nennen, in denen der Mensch Leben neu definiert und in denen Christen sich fragen, wie das, was sie glauben, der Geschwindigkeit dieses Lebens standhalten kann, und wie genau hier, in diesen neuen, bewegten, fragilen, unübersichtlichen Räumen, wachsen kann, was sie glauben. Christliche Theologien sind insofern zu einem Neu-Denken herausgefordert, als die neue Präsenz von Religionen und Spiritualitäten gerade auch für Kulturwissenschaften von Interesse ist und die religiösen Phänomene in kultur- und religionssoziologischer Perspektive sehr intensiv erforscht werden. Es scheint fast, dass die neuen religiösen Entwicklungen in diesen bewegten Räumen eher auf nicht-theologischen Feldern bedacht werden; Spiritualitäten und religiöse Praktiken sind zu einem neuen, attraktiven Faktor für Kulturwissenschaften geworden.[24]

„‚Spiritualität' ist ... ein Platzhalter für die Transformationsprozesse im ‚religiösen Feld' selbst, die durch die inter- und intrareligiösen Pluralisierungsprozesse forciert werden – zwischen und in den Religionen, aber auch

---

[21] Ebd.
[22] *Polak*, Spiritualität, 91.
[23] Vgl. dazu *Manemann*, Kritik.
[24] Vgl. z. B. *Bochinger/Engelbrecht/Gebhardt*, Religion; *Gräb/Charbonnier*, Individualisierung; *Eckholt*, Glauben.

innerhalb der je einzelnen Person in ihrer jeweiligen religiositätspluralen Identität ....“[25]

„Der Begriff ‚Spiritualität‘“, so Polak, „ermöglicht es also, Veränderungen menschlicher Sinnstiftungspraxis inner- und außerhalb des ‚religiösen Feldes‘ wahrzunehmen und diese in ihren religiösen wie den nicht-religiösen Dimensionen wahrzunehmen – eben ‚transreligiös‘.“[26] Christliche Theologien sind auf diesem Feld gefordert, ihren Begriff von Spiritualität neu zu präzisieren und ihn als „heilsames Gegengewicht zu einer Instrumentalisierung spiritueller Praxis“[27] einzuspielen und dabei im lebendigen Dialog mit den Kulturwissenschaften und in Anerkennung der Erforschung von religiösen Phänomenen durch diese das Spezifikum der Theologie neu zum Klingen zu bringen. Das wird nur dann gelingen, wenn die Theologien den liquiden und bewegten Raum der Stadt ernst nehmen und sich nicht aus Angst vor einem scheinbaren Profilverlust abgrenzen und in neuer exklusiver Kirchlichkeit ihre Verortung an der säkularen Universität verspielen. Der Raum der Stadt verlangt von der Theologie das Ernstnehmen einer Pluralität von Akteuren und die Fähigkeit einer Übersetzung ihrer Grundannahme einer „vorgängigen Gabe des Geistes“[28] in die liquiden Räume der Kultur. Dazu wird ein Begriff von Spiritualität hilfreich sein, wie er im US-amerikanischen Kontext von der Ordenstheologin Sandra Schneiders vorgelegt worden ist, die Spiritualität als eine anthropologische Konstante versteht, die in religiösen wie nicht explizit religiösen Formen auftritt. Spiritualität ist eine „actualization of the basic human capacity for transcendence“, „the experience of conscious involvement in the project of life-integration through self-transcendence toward the horizon of ultimate value one perceives“.[29] Spiritualität wird also nicht definiert, so zitiere ich die Interpretation von Polak, „als praktisch-gelebte Ausdrucksform einer bestimmten Konfession oder Religion, sondern als anthropologisch jeder konkreten Religiosität vorgängige allgemein-menschliche Fähigkeit des Menschen, ‚Sinn‘ zu leben, zu erfahren und zu denken bzw. sich im Modus von Erfahrung und deren Reflexion auf eine letzte Wirklichkeit sinn- und identitätsstiftend zu beziehen“[30]. Spezifiziert in christlicher Perspektive ist Spiritualität für Schneiders dann die „Ausrichtung auf den in Jesus Christus

---

[25] *Polak*, Spiritualität, 94.
[26] Ebd.
[27] *Peng-Keller*, Leben, 241.
[28] Ebd., 241.
[29] *Schneiders*, Approaches, 16.
[30] *Polak*, Spiritualität, 94.

sich offenbarenden Gott und die Transformation des Lebens durch den Heiligen Geist"[31].

Der neue Raum der Stadt mit seinen vielfältigen Areopagen sprengt den für die *loci theologici* definierten Referenzrahmen der Kirche in gewisser Weise auf bzw. definiert ihn neu, wenn das geschichtlich-eschatologische Konzept von Kirche, das die Konzilskonstitution *Lumen gentium* vorlegt, ernst genommen wird.[32] Dieser Referenzrahmen wird sich in dieser eschatologischen Perspektive von der „neuen Stadt" Gottes her verstehen müssen, einer „neuen Stadt" ohne Tempel und Altar, in der das „Lamm" – so der Text der Offenbarung (Offb 21,22–23) – dem Miteinander der Vielen Orientierung geben kann: den Schwächsten Leben zu ermöglichen, Barmherzigkeit zu üben, Hoffnung wider alle Hoffnungslosigkeit wachsen zu lassen.[33] Sinnformen und Lebenspraktiken, die sich darauf beziehen, können viele sein. Theologie kann sich der Frage nicht verschließen, was die Vielen in der Stadt glauben und wie sie glauben, auch ohne religiös zu sein; eine komplexe „Unterscheidung der Geister" tut not, Spiritualität in und über das hinaus, was christlicher Glaube Kirche nennt, zu erschließen und dabei vor allem das christliche Spezifikum von Spiritualität herauszuarbeiten: Von Spiritualität kann dann die Rede sein, wenn sich in den Praktiken und Sinngestalten des Menschen die Spur eines Anderen einschreibt, wenn diese nicht menschengemacht sind, sondern in höchst vielfältiger Weise Antwort, Suche, Bereitung der Sehnsucht usw. beinhalten.

In genau diesem neuen Sinn wird Spiritualität zu einer Herausforderung für den *intellectus fidei* und ist sie nicht nur Gegenstand einer „Theologie der Spiritualität": Wenn sie als eine „Lebensform aus dem Geist", d. h. dem Geist Gottes verstanden wird, so ist sie immer über Grenzen hinaus; Gott kann ich dort entdecken, wo der Missionar noch nicht war, über alle Grenzen hinaus, wie es der französische Jesuit, Theologe, Philosoph und Kulturwissenschaftler Michel de Certeau in vielen seiner Texte formuliert.[34] So verändert sich der Referenzrahmen der *loci theologici*, wird er geweitet auf die „Stadt Gottes" hin, die aus der Zukunft Gottes der Kirche ihre Orientierung gibt und den Weg durch die Geschichte weist, ihre Räume zu weiten, um Gott dort zu entdecken, wo er noch nicht einmal erahnt worden wäre. Im gegenwärtigen neuen missionarischen Kontext – vielleicht den ersten christlichen Jahrhunderten vergleichbar – wächst ein „neuer Stil des Christlichen"[35], der es erfordert, neue Räume des Glaubens zu erschließen und mit

---

[31] Peng-Keller interpretiert hier Sandra Schneiders (vgl. *Peng-Keller,* Einführung, 13).
[32] Vgl. *Eckholt,* Glauben.
[33] Vgl. *Susin,* Stadt.
[34] Vgl. *de Certeau,* Etranger.
[35] Der Begriff „Stil" wird heute aufgegriffen von: *Christoph Theobald,* christianisme.

neuen Sprachformen das zu „kartographieren" und zu „vermessen", was Quelle des Glaubens ist: das Evangelium des menschenfreundlichen Gottes, das Jesus Christus erschlossen hat, der, wie es im Epheserbrief heißt, „durch den Glauben ... in eurem Herzen wohne".

> „In der Liebe verwurzelt und auf sie gegründet, sollt ihr zusammen mit allen Heiligen dazu fähig sein, die Länge und Breite, die Höhe und Tiefe zu er-messen und die Liebe Christi zu verstehen, die alle Erkenntnis übersteigt. So werdet ihr mehr und mehr von der ganzen Fülle Gottes erfüllt. Er aber, der durch die Macht, die in uns wirkt, unendlich viel mehr tun kann, als wir erbitten oder uns ausdenken können, er werde verherrlicht durch die Kirche und durch Christus Jesus in allen Generationen, für ewige Zeiten. Amen." (Eph 3,17–21)

Paulus, der erste große Missionar, ruft hier zu diesem „Kartographieren" des Glaubens auf: die Länge und Breite, die Höhe und Tiefe soll „ermessen" werden. Das ist ein spiritueller Weg, der, gegründet in der Liebe, „die alle Erkenntnis übersteigt", dazu führt, „daß ihr in eurem Innern durch seinen Geist an Kraft und Stärke zunehmt" (Eph 3,14–19). Auch die neue Fröm-migkeit, wie Rahner sie 1966 in seinem Aufsatz zur „Frömmigkeit heute und morgen" benannt hat, wird diese „Kartographie des Glaubens" vollziehen; sie wird in genau diesem Sinne „christlich" sein, aber ob sie, wie Rahner es 1966 schrieb, „christlich und kirchlich sein (wird), wie sie in der Kirche schon immer gelebt wurde"[36], darf und muss heute angesichts der vielen Sinnsucher in- und außerhalb von Kirche angefragt werden.

1.3 Spiritualität und Ästhetik: Eine neue Positionierung der Theologie auf dem Feld der Kulturwissenschaften

Die systematische Theologie verortet sich erst langsam im sogenannten „cultural turn" der Kulturwissenschaften, der in den letzten Jahrzehnten unterschiedliche Wege eingeschlagen hat, ausgehend vom *linguistic turn*, über den *iconic, spatial, postcolonial* und hin zum *sensual turn*, in dem Hans-Joachim Höhn seine im Frühjahr 2015 erschienene Erkenntnislehre „Praxis des Evangelium – Partituren des Glaubens. Wege theologischer Erkennt-nis"[37] verortet.

---

[36] *Rahner*, Frömmigkeit, 15.
[37] *Höhn*, Praxis.

„Beim ‚cultural turn' wird zunächst nur die alte anthropologische und er-
kenntnistheoretische These neu diskutiert und bestätigt, dass der Mensch
nicht über ein unmittelbares Verhältnis zur Wirklichkeit verfügt. Im Zentrum steht die Vorstellung einer Konstruktion der (Zugänge zur) Wirklichkeit in bzw. über kulturelle Codes. Menschliches Verhalten erscheint dabei
eingebettet in ‚symbolische' Strukturen und Sinnwelten, denen entsprechende Leitmedien, Lebensformen und -praktiken zuzuordnen sind, von
denen ein Sich-zurecht-finden in der Welt abhängig ist. Diese Codes, Medien
und Praktiken sind traditionell primär Gegenstand wissenschaftlicher Reflexion gewesen."[38]

Dann macht Höhn die Besonderheit des *cultural turn* deutlich, die gerade
für unsere Frage nach dem *intellectus fidei* auf dem Neuland der Spiritualitäten von Bedeutung ist:

„Die Innovation des ‚cultural turn' besteht im Umschlag des Forschungs-
fokus von der Gegenstandsebene auf die Ebene von Analyse- und Deu-
tungskonzepten: Der Untersuchungsgegenstand avanciert selbst zum Erkenntnisinstrument und -medium. Hierbei geht es also um mehr als um die
Hinwendung zur sozio-kulturellen Sphäre menschlichen Daseins und um
das Anlegen kritischer Maßstäbe an soziale Konstruktionen der Wirklichkeit
oder an religiös-symbolische Sinnwelten. Sie sind nicht bloß Objekt wissenschaftlicher Reflexion und Kritik, sondern zugleich auch Zugangsweise
und Wahrnehmungslieferant hinsichtlich der Frage: Was heißt es und wie
geht es, sich in dieser Welt zurechtzufinden?"[39]

Was Glaube ist, ist in diesem Sinn nicht etwas „Gegebenes", ein „Objekt",
über das Texte, Gegenstände, Orte, Biographie usw. Auskunft geben. Was
Glaube ist, hat eine Gestalt, entsteht, wächst, bildet sich zurück, verändert
sich, je nach Verortung und Zeiten des Menschen; Glaube bildet „sinn-volle"
und „sinn-liche" Gestalten aus. Es geht um diese ästhetische Dimension des
Glaubens in ihrer Vollzugs- und Werdegestalt[40], wenn in interdisziplinären
Perspektiven die vielfältigen und verschiedenen Gestalten von Spiritualität
in den Fokus rücken und für die systematische Theologie zu einem Neu-

[38] Ebd., 243.
[39] Ebd., 243 f.
[40] Aus religionssoziologischer Perspektive formuliert ähnlich: *Regina Polak*, Spiritualität, 94:
„Der Begriff Spiritualität … indiziert (er) das Praktisch-Werden, das Lebendig-Werden von
als erstarrt wahrgenommener Religiosität und Religion. Es geht hier um die ‚gelebte Religion'." Vgl. auch: *Martin*, Sehnsucht.

Denken führen im Dienst des neuen Stils des Christlichen, der sich auf den vielen Areopagen unserer Zeit abzeichnet.

Das ist dann weder allein – um Rahners Unterscheidung aufzugreifen – auf der Ebene einer „Theologie des Geistes" zu verorten noch auf der einer „Theologie des Herzens". Es geht hier um das beide Verbindende, um den dynamischen Prozess der Entstehung der Glaubens-Reflexion. Vielleicht ist dies sogar in gewisser Weise eine Stufe, die dem „Grundkurs" Rahners noch vorgelagert ist. Es geht um die fragilen, subtilen, momenthaften Ver-Bindungen von Erkennen, Lieben, Gestalten und um Praktiken, es geht um die Bewegtheit und Dynamik des Glaubens, um das Leichte und das Schwer-Fällige des Glaubens, es geht um das je neue Suchen von Räumen, um das Performative und Ästhetische, das etwas zeigt, an dem etwas ablesbar ist, noch vor aller Begriffsprägung, vor allem *intellectus*, vor der „Erfahrung" – im Sinne eines starken, reflexiven Erfahrungsbegriffs –, vor aller „Umsetzung" in eine Praxis, sei es im Dienste des Aufbaus der Kirche oder im Dienst von Freiheit, Gerechtigkeit und Frieden. Es geht hier um eine neue Weise der Verbindung von Glauben und Praxis, es geht um aus dem Leben erwachsene „Praktiken" des Glaubens, „Praktiken" der Spiritualität, die die „Partituren" des Evangeliums – oder anderer geistlicher Texte, Gebete, Lieder usw. – zum Klingen bringen und die dann zu der von politischer Theologie oder Befreiungstheologie in den Blick genommenen Glaubenspraxis von Gerechtigkeit und Compassion führen können. Das ist, so interpretiere ich Höhn, gemeint, wenn er das Neue des *cultural turn* darin sieht, dass der „Untersuchungsgegenstand" – sprich der Glaube, das, was in der Religionssoziologie „Praktiken der Spiritualität" genannt wird – zum „Erkenntnisinstrument und -medium" wird. Ein neuer Schritt der Glaubensanalyse ist es nachzuzeichnen, wie im „Glauben" – verbal verstanden – die „Partituren" des Evangeliums „aufgeführt" werden, wie „Geistbegabung" zu dieser „mise en scène" führt.

Rahner spricht im „Grundkurs" von einer „Differenz" zwischen ursprünglich christlichem Daseinsvollzug und der Reflexion: „Die Einsicht in diese Differenz ist eine Schlüsselerkenntnis, die für eine Einführung in den Begriff des Christentums eine notwendige Voraussetzung darstellt."[41] Diese Differenz sei in der Theologie – die Ebene der „Theologie des Geistes" muss an dieser Stelle erinnert werden – immer mit zu bedenken. Der hier vorliegende Essay zu einer Theologie im Neuland der Spiritualitäten heute und auf den vielen Areopagen unserer Zeit geht hier einen anderen Weg; die subtilen, fragilen, flüchtigen Vermittlungen zwischen Existenzvollzug und Denken werden in den Blick genommen; das Subjekt, seine biographische,

---

[41] *Rahner*, Grundkurs, 14.

kulturelle, räumliche, zeitliche Verhaftung, Lebenspraktiken, -einstellungen und -haltungen erhalten Relevanz, all' das, was sich zeigende, Gestalt annehmende „existentielle Wahrheit" ist. Das führt dann nicht zu einer neuen „Theologie der Spiritualität", sondern die Praktiken der Spiritualität verändern die Theologie als Ganze und tragen bei zur Entfaltung eines neuen Stils des Christlichen. Ein solcher neuer Stil ist bereits von Yves Marie-Joseph Congar OP in den 50er Jahren des letzten Jahrhunderts auf dem Hintergrund des sich immer mehr entchristlichenden Frankreichs eingefordert worden: Die Kirche, so Congar, „ist heute aufgerufen, einen neuen Stil ihrer Gegenwart in der Welt zu finden". „Die Kirche sollte weniger *von* der Welt und mehr *in* der Welt sein. Sie sollte nur die Kirche Jesu Christi, das vom Evangelium geformte Gewissen der Menschen sein, aber wäre sie es!"[42] Dieser Stil bildet sich nicht im bloßen „Innenraum" von Kirche aus, sondern auf den vielen Plätzen der Welt und an Orten, die vielleicht gar nicht im Blick sind aus einer traditionellkirchlichen Perspektive. Wenn Papst Franziskus von Jesus spricht, der „von innen" an die Türe der Kirche anklopft, um herausgelassen zu werden[43], so hat er diese neue Dynamik des Glaubens im Blick und eine sich aus dieser Dynamik erneuernde Kirche, die im Dialog und in Auseinandersetzung steht mit den vielen Sinnsuchern unserer Zeit und die selbst „auf der Suche ist", eine „verletzte Wanderin", um ein Bild von Michel de Certeau aufzugreifen[44], die sich immer wieder neu auf den Weg macht, Den zu suchen, der ihr Grund ist, und Ihn zu suchen, weil Er ihr Ziel ist. Der *intellectus fidei*, der in diese Suche eingeschrieben ist, verankert sich im Gespräch mit den Kulturwissenschaften und bezieht sich auf die vielen Praktiken der Spiritualität in ihrer Performanz und Ästhetik.

Um nochmals das Zitat von Höhn zu erinnern:

> „Die Innovation des ,cultural turn' besteht im Umschlag des Forschungsfokus von der Gegenstandsebene auf die Ebene von Analyse- und Deutungskonzepten: Der Untersuchungsgegenstand avanciert selbst zum Erkenntnisinstrument und -medium."[45]

Die Praktiken der Spiritualität heute, wie Glauben „konfiguriert" wird, seine Dynamik und Fragilität, die Suche nach Räumen, diesen Glauben zu leben, und die Suche nach neuen Sprachen, die aus den Lebenswelten der vielen

---

[42] *Congar*, Kirche, 94 f. Das ist eine Kirche, „die nicht nur den Rahmen für Menschen bildet, die eine ,Religion' ,praktizieren', sondern ein Zeichen darstellt, das den Glauben erweckt, ein Milieu, das den mündigen Glauben erzieht und nährt." (*Congar*, Christus, 229).

[43] *Kardinal Jorge Mario Bergoglio*, Rede.

[44] Vgl. *Dosse*, Michel de Certeau.

[45] *Höhn*, Praxis, 243 f.

Sinnsucher heute erwachsen, all dies gehört auf neue Weise hinein in den *intellectus fidei*. Mit dem Begriff der Spiritualität/en ist genau diese ästhetische Gestaltwerdung des Glaubens in den Blick genommen: in ihrer Dynamik und Fragilität, in ihrer Veränderbarkeit, ihren Grenzüberschreitungen, interkulturellen Bewegungen, zu denen auch Verlust und Neuwerden in der Auseinandersetzung mit Fremdem gehört. Eine solche Theologie schließt nicht die Augen vor der vielfältigen „Gott"-Suche heute, den Sinn-Suchern im säkularen Kontext der Areopage unserer Zeit, sie lässt sich dadurch „heraus-rufen", „heraus-fordern", sie sieht sich auf der Suche mit ihnen, und neue Räume, die sie christlichen Glauben erschließen hilft, neue Sprachformen, zu deren Herausbildung sie ihren Beitrag leistet, sind verwoben mit den Räumen der vielen Sinn-Sucher unserer Zeit. Nicht abstrakte Wahrheitsansprüche sind hier von Bedeutung, diese trennen und ziehen Mauern hoch; was verbindet, ist die „existentielle Wahrheit"[46], und in diesem Zusammenhang verortet Fundamentaltheologie ihr Erkenntniskonzept neu. Nochmals Höhn: Wenn es um die „Vertretbarkeit des christlichen Glaubens" geht, genügt es nicht,

> „lediglich auf die diskursive Vernunft zu verweisen. In einer Zeit, in der den Menschen nur noch das in den Sinn kommt, was ihre Sinne anspricht, ist die Theologie schlecht beraten, wenn sie nur auf die intellektuelle Dimension des Glaubens und auf seine ethische Praxisrelevanz achtet. Eine rational einsichtige Darlegung christlicher Glaubensgehalte ist zwar ebenso wichtig, wie eine praktische Demonstration ihrer moralischen Lebensrelevanz unersetzbar bleibt. Der Glaube geht jedoch nicht darin auf, um ihn zu wissen und gemäß diesem Wissen zu agieren. Er erschöpft sich weder in dogmatischen Wissens- noch in moralischen Tatbeständen. Es bedarf auch einer Ästhetik des Glaubens, die sinnenfällig seine Relevanz für eine Antwort auf die Frage erörtert, was es heißt, von einem vernunftgemäßen Anderen der Vernunft zu reden."[47]

Für eine fundamentaltheologische Erkenntnislehre bedeutet dies eine Öffnung zum *semiotic turn*; Höhn fordert so, dass Theologie

> „auch geeignete Verfahren vorstellen [muss], die zur Erkenntnis dessen führen, was diesen Aussagen zu Grunde liegt und sie rechtfertigt. Die pra-

---

[46] Ebd., 234. Höhn formuliert diesen Begriff auf dem Hintergrund seiner Auseinandersetzung mit dem Wahrheitskonzept der „reformed epistemology", wie es Alvin Platinga vorgelegt hat (vgl. *Höhn,* Praxis, 226–236).

[47] *Höhn,* Praxis, 235 f.

xisrelevante Grundfrage, die damit verbunden ist, lautet: Wie kommt man heute dazu, die zentralen Gehalte des christlichen Glaubens für existenziell belangvoll, rational vertretbar und sozio-kulturell vermittelbar zu halten? Die theorierelevante Kernfrage lautet: Wie kann man zeigen, dass es beim Relevanz-, Intelligibilitäts- und Plausibilitätsnachweis von Vollzug und Gehalt des christlichen Glaubens derart mit rechten Dingen zugeht, dass vom dabei eingesetzten Nachweisverfahren wissenschaftstheoretisch einschlägige Relevanz-, Intelligibilitäts- und Plausibilitätskriterien erfüllt werden?"[48]

In diese Perspektive schreiben sich auch die vorliegenden Überlegungen ein, und in genau diesem Sinn geht es nicht um eine „Theologie der Spiritualität", sondern darum, die Praktiken der Spiritualität im *intellectus fidei* selbst zu verankern, sie auch aus dem Dialog mit den Kulturwissenschaften und kulturwissenschaftlichen Methodiken zu eruieren, ein Gespräch, das Theologie zur Grenzgängerin macht und darin die Grenzen des kirchlichen Referenzrahmens der *loci theologici* weitet: hin zu einem neuen Stil des Christlichen, dessen Relevanz und Plausibilität eine „öffentliche Theologie" reflektiert.

2. Das Neuland der Spiritualitäten: Systematische Theologie im Dialog mit den Kulturwissenschaften

2.1 Ein ursprünglicher Raum: Michel de Certeaus „Arbre en gestes", ein kulturwissenschaftlicher Zugang zum Gebet

Michel de Certeau (1925–1986), ein im deutschen Kontext noch zu wenig erschlossener Autor, Theologe und Philosoph, Grenzgänger zwischen den Disziplinen, Kulturen und intellektuellen Milieus im Frankreich der 60er und 70er Jahre des letzten Jahrhunderts, hat in der auch auf deutsch veröffentlichten Aufsatzsammlung „Faiblesse de croire" („GlaubensSchwachheit")[49] einen faszinierenden, dichten, fast poetischen Text über den „Menschen im Gebet" veröffentlicht: „ein Baum aus Gesten"[50]. Hier geht er dem Prozess der „Gestaltwerdung" von Glauben, den „Praktiken von Spiritualität" in ihrer Vollzugsform nach, indem er die Topographie des Gebetes der frühen Kirche – eine Tradition, die auch heute in (kontemplativen) Klöstern, aber auch in verschiedenen alltäglichen Gebetspraktiken gepflegt

---

[48] Ebd., 305 f.
[49] *De Certeau*, GlaubensSchwachheit; zu de Certeau: *Eckholt*, Wanderer; *Eckholt*, Mystik.
[50] *De Certeau*, GlaubensSchwachheit, I. Eine Tradition lesen: Der Mensch im Gebet, ein Baum aus Gesten, 33–40. Die Seitenangaben werden im Folgenden im Text notiert.

wird – nachzeichnet. In subtilen Schritten weist er auf, wie über die Gesten und Praktiken des Beters bzw. der Beterin ein Raum des Gebetes eröffnet wird, in den dann das „eingeschrieben" ist, einer „Spur" gleich, was das Gebet ausmacht: vom Geist (Gottes) bestimmtes Leben. Was „Spiritualität" ist, entfaltet sich hier aus den alltäglichen Praktiken; es wird kein vor-definierter Begriff von Spiritualität gegeben, sondern „auf dem Weg", im Gehen des Gebetsweges bildet sich eine Gestalt aus, die dann hinweisen kann auf „Mehr", die „zeigt" und „anzeigt" und die so – im Sinne des von Höhn benannten *sensual turn* – ein sinnliches und sinnenfälliges Zeichen ist für Gottes „Präsenz". Certeau spricht von einer „mystischen Geographie", einer „Landkarte" des Gebets, die über den Aufweis der Gesten, Haltungen, Bewegungen und Ausrichtungen im Raum – hier ist vor allem die „Ostung" von Bedeutung – entsteht. Auf zentrale Momente dieses Textes soll im Folgenden hingewiesen werden.

Das Gebet ist eine „Praktik", durch die der „sakrale Raum" entsteht, ausgestattet und „möbliert" wird und der Mensch zu einem „Zentrum" geführt wird:

> „Das Gebet schafft sich einen sakralen Raum, den ‚Kreis des Gebets' der Mönche des christlichen Altertums, die Kreise (mandalas), in die der indische Neophyt eingeführt wird, die Kirche, die dazu bestimmt ist, die Gläubigen um den Altar zu versammeln, die Zelle, in der der Mönch seine geistigen Fähigkeiten ins ‚Zentrum' einholt. Das Gebet organisiert diese Räume mit den Gesten, die einem Ort seine Dimensionen und einem Menschen eine religiöse ‚Orientierung' geben. Es möbliert diesen Raum mit ausgesonderten, gesegneten und geheiligten Gegenständen, die sein Schweigen buchstabieren und zur Sprache seiner Intentionen werden." (33)

Was in der klassischen Theologie der Spiritualität „Geist" genannt wird, wird von Michel de Certeau über die Inszenierung, das Abstecken und das Ausstatten eines Raumes, über die damit verbundenen Elemente und Gesten ausgedrückt. Der Begegnungsraum von Gott und Mensch, für den das Gebet steht, ist „embodied", ist an den Körper des Menschen gebunden.

> „So gesehen ist das Gebet paradox. Doch sein Akt enthüllt die Bedeutung des Paradoxons: Die Geste ist Geist. Wenn das Gebet danach trachtet, Gott zu begegnen, findet das Rendezvous immer auf der Erde des Menschen statt, im Kreuzungspunkt seines Körpers und seiner Seele." (33)

In diesem und auch anderen Texten bezieht sich Michel de Certeau auf die – in einer religionsgeschichtlichen Perspektive die verschiedenen Religionen verbindende – Orantenhaltung und bezieht sich auf die Gebetstexte des frühen Mönchtums:

> „Wörtlich ‚verweist' er [d. h. der Beter, M. E.] die sinkende Sonne in seinen Rücken, und aufrecht stehend erhebt er im Kampf gegen die Nacht die Hände zu jenem Punkt des Horizonts, von dem aus das Licht, gleichsam als Antwort, seine geöffneten Handflächen erreichen wird. Zwischen Abend und Morgen, zwischen Oben und Unten, zwischen Sterben und Geburt ist Arsenios nichts als eine Geste des Wartens und ein vom Verlangen ermatteter Körper. Er ist der Mensch im Gebet, gewissermaßen ein Baum zwischen Himmel und Erde ..." (33)

Dieser Mensch im Gebet ist „nichts als Sehnsucht", er ist der, der in der Nacht auf Den wartet, ohne Den sein Warten, seine ganze Haltung und Praktik sinn-los sind. Der, auf den er wartet, ist Der, der ihn anruft, wie es in dem von Certeau zitierten Prophetentext Ez 2,1 heißt: „Stell dich auf deine Füße, Menschensohn; ich will mit dir reden" (33): „... so macht der Stylit, dieser wachsame Asket, seinen Körper, der den Schwung der Säule verlängert, zu dem stummen Schrei, den der herniedersteigende Gott an sich zieht." (34) Der, auf den er wartet, in der Sehnsucht seiner ausgestreckten Glieder, ist Der, der auch „innen" ist:

> „Nun ist Gott aber auch ‚drinnen'. Der Körper, der sich dem Himmel entgegenreckte, sammelt sich also zu seinem Zentrum ... Die Grotte des Körpers ist dazu da, dass Gott im Verborgenen zur Welt kommt, das Begehren besänftigt, ohne es stillzustellen, den ganzen Menschen ergreift, ohne ihm jemals zu gehören." (34)

Die Gesten weisen dabei auf noch mehr hin: Gott ist nicht nur „darüber" und „drinnen", sondern auch „davor": „Das Gebet ist also auch *prosternatio* ..." (34), Sich-Beugen und Strecken zu Dem, der allem voraus ist. In der Abtei Burg Dinklage steht in einer Seitenkapelle auf einem Sockel eine Figur des „auferstandenen Christus", der einen Tanzschritt macht, hier wird der erste Moment der Bewegung im Raum, des Lebens, angedeutet. Pater Dominic Whites Tanzprojekt „Cosmic Dance"[51] knüpft an diesen Schritt an; der

---

[51] Vgl. *White*, Cosmos; vgl. hier den Text von *Michel de Certeau*, Der Mensch im Gebet, in: GlaubensSchwachheit, 39: „Wenn, nicht anders als im Fall der Gesten, auch keines dieser Objekte das Gebet selbst ist, so repräsentieren sie doch dessen Zusammenhang und Etappen in der Form innerweltlicher Beziehungen, in denen sich Gott stillschweigend offenbart. Wenn der Betende das Kreuz küsst, das Buch nimmt oder es auf dem Kissenthron niederlegt, wenn er auf die Säule gestiegen ist oder auf dem Betstuhl kniet und den Rosenkranz durch die Finger

sakrale Tanz ist ein Schreiten, Sich-Bewegen, den Raum-Austasten, das in den Gesten und Schritten in diesen Schritt des Auferstandenen ein-stimmt. Der Schritt, die Bewegung, die Geste folgen der Spur dieses tanzenden Christus. „Die Gnade tanzt … Tanzt also alle, schließt euch meinem Tanz an" (34), so Michel de Certeau. Es sind aber nicht nur die Schritte, die den Raum erschließen, sondern auch die Gesten, die die Hände zeichnen.

> „Die Hände tragen in sich eine Erkenntnis der Alltagsdinge und wissen um namenlose Liebkosungen oder Mühen; und sie besitzen die Fähigkeit, das zu sagen, wofür der Intellekt die Worte noch nicht oder nicht mehr findet. Sie umgreifen nur die Leere, und doch ist das, was sie bezeichnen, nicht eine Abwesenheit, sondern ein Sehnen oder eine Gewissheit des Glaubens." (35)

Der Beter streckt in der Nacht die Hände zu Gott aus und stimmt mit den Sonnenstrahlen am Morgen in die „Laudes" Gottes ein, als Dank für den Tag, Lob Gottes, das die einzige entsprechende Antwort auf den Ruf sein kann. Der Beter selbst ist „ein Armer":

> „Keine dieser Gebärden genügt … Der Betende ist ein Armer. Er folgt mit seinen Gesten dem lebendigen Gott, der sie weckt. Er passt seinen Körper den Orten seines Verlangens an, aber er geht immer noch weiter …" (36)

Die Beterin ist die „verletzte Wanderin"; hier und an vielen anderen Stellen bezieht sich Michel de Certeau auf den „cherubinischen Wandersmann" von Angelus Silesius.[52] Verwundet von der „Liebe" Gottes, von der Erfahrung einer Gegenwart, die nicht mehr „ist", „ohne die" der Beter aber auch nicht sein kann, macht er sich auf den Weg, auf dem sich in seinen Spuren die „Auferstehung" des Herrn einschreibt. „Von Geste zu Geste schreitet er allmählich im Gebet fort wie der Pilger, der die vielen verschiedenen Situationen seines Weges immer wieder durchlebt." (37) So bilden sich im Zusammenklang von Bewegung, Geste, Schritt, Tanz und Haltung „Praktiken" der Spiritualität aus, die Momente eines Weges sind. De Certeau schreibt das, was Spiritualität ist, in den Körper des Menschen ein, ein Moment, das in der geistlichen Theologie im Blick auf die „Aszetik" verhandelt wurde, aber für die eigentliche Bestimmung eines „geistbestimmten" Lebens wenig Relevanz hatte. Sein Ansatz baut Brücken in die kultur-

---

gleiten lässt, dann betet er nicht nur inmitten der Dinge, sondern *mit* ihnen; die Natur, deren Teil sein Körper ist, liefert ihm, worüber er zum Vater der sichtbaren und unsichtbaren Dinge sprechen kann, er befindet sich physisch und spirituell im Kosmos."

[52] Vgl. *de Certeau*, Fabel, 487.

wissenschaftlichen Diskurse und auch zu philosophischen Überlegungen wie die eines André Comte-Sponville, die den „Geist" in der „Natur" verankern, ohne dass de Certeau jedoch das, was „Transzendenz" genannt wird, auf eine „Innerweltlichkeit" beschränkt, wie es in den genannten philosophischen Ansätzen der Fall ist.[53] Der Schritt wird getan und die Geste figuriert sich auf einen „Ruf" hin: „Steh auf, Menschensohn!" Was „Geist" ist und wie er in den Gesten, in der Bewegung, in den Haltungen einen Ausdruck annimmt, ist eine „Spur", dem tanzenden auferstandenen Christus folgend, die Zeugnis gibt von einem anderen „Geist", von Dem, „ohne den" der Weg und der erste Schritt nicht möglich wären. Sprache braucht den Körper, „in dem das Leben sich einwurzelt und manifestiert, beides geformt von der alltäglichen Arbeit und Liebe und beides hingeordnet auf die Begegnung mit dem Gott-Menschen in dieser Welt" (37). Die Gebärde, die Geste „ist … Verlangen und Erwartung und zugleich bereits Empfang und Antwort. Sie ergreift schon jetzt, was sie erst noch suchen muss" (37). Den Blick auf diesen faszinierenden Text Michel de Certeaus möchte ich mit einer wunderbaren Formulierung abbrechen: „Der Betende erhebt sich, er bricht auf, er geht, er läuft *zu* Gott, aber er ist auch *in* Gott, er nimmt ihn in seine leeren Hände, empfängt ihn auf seinen geöffneten Handflächen, bewahrt ihn in der Zelle seines Körpers." (37) So ist das Gebet eine „körperliche Reise zum Jenseitigen", „Vorahnung des Sinnes und reale Anerkennung des gegenwärtigen Gottes" (37). Über die Gesten, Schritte, Haltungen strukturiert sich ein Raum, eine „mystische Geographie" wird entworfen, die mit allen Betern und Beterinnen der Geschichte verbindet.[54] Es bildet sich ein „Stil" aus, es entsteht eine „Lebensform", eine „ästhetische Gestalt", die als Weggestalt immer „Gestaltwerdung" ist, flüchtige, fragile Form des Geistes.

> „Aus allen Objekten, die das Gebet, gleichsam ein Baum, im Gezweig seiner Gesten birgt, bildet es seinen Dialog mit Gott. Der Körper ist Symbol, zusammen mit den gesegneten und für den Kult geweihten Dingen, die selbst ‚symbolisch', mikrokosmische Werkzeuge, gestische Metaphern sind. Seine Zugehörigkeit zu dem gewaltigen Puzzle, das nach einer geheimnisvollen Ordnung gefügt ist, gibt dem Betenden einen Platz an einem Punkt einer mystischen Geographie, in der jeder Ort des Gebets ein ‚Zentrum' ist." (38 f.)

In der physischen Ausrichtung des Betenden zur aufgehenden Sonne, nach Osten, wird ein mystischer Sinn deutlich, und hier zeigt sich die christliche

---

[53] Vgl. *Comte-Sponville*, Atheist, 162: „Atheist sein heißt nicht, die Existenz des Absoluten zu verneinen, sondern nur dessen Transzendenz …"
[54] *De Certeau*, Der Mensch im Gebet, 40.

Interpretation dieser Annäherung an das, was Spiritualität ist: Michel de Certeau orientiert sich an den Schritten des auferstandenen Christus und mit ihm am Mensch gewordenen Gottessohn, an der Dynamik der Inkarnation; er spricht vom „Paradox" des Erbarmens, das die Geste zeigt: „Gott begegnet mit der Sprache seiner Menschheit den Händen, den Gesichtern und den Körpern, die er auf sich hin ausrichtet und die den seinen antworten." (40) Im Gebet konfiguriert sich in menschlichen Gesten und an die Körperlichkeit gebunden eine „mystische Geographie", die den „Gottesraum" öffnet, als Antwort auf den Ruf dessen, „ohne den" ich nicht sein kann.

2.2 Der „intellectus fidei" und die „Partituren des Glaubens"

Was Michel de Certeau in seinem Aufsatz über den betenden Menschen als „arbre en gestes" skizziert, ist ein Verfahren, das er auf die Interpretation der Texte der Mystik der frühen Neuzeit anwendet, der Zeit des Bruchs der Reformation, in der sich in den barockscholastischen Theologien die Lehre der *loci theologici* herausgebildet hat; „Erfahrung", „Subjektivität" und „Leiblichkeit" hatten hier keinen Ort; die geistliche Theologie entwickelte sich neben dem Mainstream der Theologie in den verschiedenen Ordensfamilien. Über die loci-Lehre wurde der kirchliche Referenzrahmen für theologisches Erkennen sehr klar abgesteckt, ein Verfahren, das die Erschütterung des Bruchs der Reformation „abzufedern" und „Glaubensgewissheit" zu vermitteln versucht, trotz des Verlustes von Sicherheiten und Anfragen durch die sich herausbildende andere „Konfession". Michel de Certeau setzt sich in seinem Werk „La Fable mystique" bewusst mit den Texten der Mystik und ihren Sprachformen und Methodiken auseinander[55], vor allem auch mit geistlichen Autoren, die eher Randexistenzen geblieben sind, wie Jean-Joseph Surin[56]. De Certeau weist in seinen faszinierenden und subtilen Interpretationen der mystischen Texte über die Struktur dieser Texte und die Paradoxa ihrer Formulierungen deren „Leerstellen" auf, in denen der „Einbruch" eines Anderen – Gottes – eine Spur hinterlassen hat. Hier meldet sich eine Sprache, die nicht mehr auf die Sicherheit der Institution Kirche baut, eine die Freiheit, Offenheit und Verletzlichkeit des Religiösen auf ganz neue Weise thematisierende Sprache, die die „Leerstelle" des Sprechens von Gott offenhält und die Theologie auch heute einlädt, zu neuen, kreativen Formen der Gott-Rede zu finden. Die mystischen Texte werden von Michel

---

[55] *De Certeau*, Fable.
[56] Vgl. *Surin*, Correspondance.

de Certeau als „Partituren" verstanden, die anleiten zu neuen „Aufführungen", auch über die Zeit ihrer Abfassung hinaus. Sie sind ein *Itinerar,* sie schicken auf die Reise, den zu suchen, „ohne den" der Wanderer nicht sein kann. Wer diesen Text als solche „Partitur" liest, entdeckt in ihm – in den „Leerstellen" des Textes – das, was Ursprung des Textes ist: eine Sehnsucht, die stärker ist als alles Fehlen, auch wenn der Text nichts anderes als Ausdruck dieses „Fehlens" ist: „ne pas sans toi", „nicht ohne Dich", in diesem Paradoxon fasst Michel de Certeau das Ereignis von Tod und Auferstehung Jesu Christi. Der mystische Text deckt dies auf, wie die Geste, wie der Gebetsschritt, der erwächst aus der Sehnsucht, die über den Schritt wiederum bereitet wird. Das Grab ist leer, Gott ist „ins Dunkel gehüllt", aber wir können ihn mit all unserer Sehnsucht erwarten, und Er ist es, der immer neu auf den Weg schickt:

> „Le désir ne cesse d'aller au-delà de ce par quoi il s'exprimait jusque-là. C'est le commencement d'un voyage. („Die Sehnsucht geht beständig über das hinaus, worin sie sich bis dahin ausgedrückt hat. Das ist der Beginn einer Reise.")[57]

Michel de Certeau beschränkt sich auf eine kulturwissenschaftliche Analyse, er argumentiert nicht als Theologe, er spricht von „Mystik" und – so die vorliegende Interpretation seiner Texte – von „Mission". Die „Praktiken der Spiritualität", die Michel de Certeau in seinen vielfältigen Interpretationen aufdeckt, sind Weggestalten; was „Mystik" ist, bildet sich auf dem Weg heraus, im je neuen, von der „Sehnsucht" angeleiteten Aufbrechen; das ist das, was ich mit „Mission" zum Ausdruck bringen möchte. In dieser Gestalt der Interpretation der Texte und Riten legt de Certeau Pisten aus, die für eine systematische Theologie, die dem Gestaltwerden von Spiritualität und der Dynamik der spirituellen Praktiken nachzugehen versucht, auch heute noch hilfreiche Orientierungen bieten können. „Mystik" im Sinne von de Certeau ist heute angesagt, das Freisetzen neuer Erfahrung, das Wecken von Sehnsucht, genauso aber „Mission", das Beschreiten neuer Räume des Glaubens, die Suche nach neuen Formen eines Sprechens von Gott, das neue „Intonieren" der alten Partituren christlicher Gott-Rede. Ein neues ästhetisches Erschließen des Glaubens in seinen Vollzugs- und Lebensformen steht an; zum *intellectus fidei* gehört das Erkunden dieser „Glaubensästhetik", gehört das Erschließen dessen, wie sich die religiöse Suche von Menschen in den Texten und anderen uns vorliegenden Zeugnissen niedergeschlagen hat, wie die Erfahrungsräume strukturiert und konfiguriert sind. Diesen Prozessen nachzugehen, bedeutet für den *intellectus fidei* ein „anderes" Denken, ein

---

[57] *De Certeau*, Etranger, 5.

„Neu-Denken", über die benannten, in den 60er- und 70er Jahren letzten Jahrhunderts wegweisenden Impulse von Rahner hinaus. Das sind heute Such-Bewegungen, Essays, die helfen werden, das Gespräch mit den Kulturwissenschaften zu führen und als Theologie nicht in das Abseits zu geraten. Spirituelle Praktiken werden in unterschiedlichen Disziplinen der Kulturwissenschaften heute analysiert; der Dialog mit ihnen ist für die Theologie nicht einfach, aber ein Denker wie Michel de Certeau kann Brücken bauen. Bereits vor 50 Jahren hat er diesen Dialog gewagt und hat es verstanden, das in den Dialog der Kultur einzuspielen, was Glaube ist, in einer nicht-theologischen Sprache, aber ohne das zu verraten, was die Theologie „geistbestimmtes Leben" nennt: dass Glaube, dass Spiritualität nicht machbar sind, sondern Geschenk, Gnade sind. Michel de Certeau hat hier die Spuren seines Lehrers Henri de Lubac, eines der Erneuerer der Gnadenlehre im 20. Jahrhundert, weiter ausgelegt in die säkularen Diskurse seiner Zeit hinein. Heute, in Zeiten, in denen Naturwissenschaften auch in den Kulturwissenschaften das Paradigma des Denkens vorzugeben beginnen, wird das Feld der Spiritualität zu einem der Felder, in denen Theologie gegen alle „Naturalismen" das einspielen kann, was Geist und was Glauben ist: die *forma spiritualis naturae rationalis*, wie Peter Hünermann in Anlehnung an Johannes vom Kreuz formuliert.[58] Was sich in den Debatten um den Begriff der Spiritualität abzeichnet, ist kein Randphänomen, das in einer „Theologie der Spiritualität" abzuhandeln ist, sondern es führt in das Herz der Theologie, die Gnadentheologie. Der fundamentaltheologische Erkenntnisweg, der die Relevanz von „Erkenntniswegen" und „Erkenntnismedien" sowie einer „Glaubensästhetik" herausarbeitet, wird so – aber das sind Wege für weitere Reflexionen – auf dieses Herz der Theologie, die Gnadentheologie, hin zu vermitteln sein.

---

[58] *Hünermann*, Bernhard Welte, 532 f.

IV Spiritualität im Alltag

Spiritualität im Alltag – Erfahrungen und Exerzitien in der Großstadt

Ein Bericht über den Workshop von Pater Helmut Schlegel (OFM)

Farina Dierker, Isabella Grath, Samuel Jambrek[1]

1. Das Projekt Zentrum für christliche Meditation und Spiritualität in Frankfurt a. M.

Zu Beginn des Workshops von Pater Helmut Schlegel stand die Ausgangsfrage, wo es bereits Orte gibt, an denen in Großstädten Spiritualität und Exerzitien im Alltag praktiziert werden.

Die Teilnehmenden, die aus verschiedenen Bereichen kamen (Pastoralreferenten, Seelsorger, Studierende der Pädagogik und der Theologie, eine Dozentin der Theologie sowie ein Journalist aus dem Ressort Theologie) näherten sich auf diese Weise der Thematik „Erfahrungen und Exerzitien in der Großstadt" an.

Schlegel führte aus, dass in Frankfurt die Zahl der Pfarreien reduziert wurde. Im Rahmen dieses Projektes wurden im Stadtbezirk einige der früheren Pfarrkirchen zu sogenannten „Profil- oder Themenkirchen" umgestaltet. Diese sollen die bestehenden Strukturen von Kirche in der Stadt ergänzen. Eine erste Erfahrung gab es mit der „Jugendkirche Jona", die ein Programm für Jugendliche anbietet. Im Lauf der letzten acht Jahre wurden in Frankfurt weitere Themenkirchen geschaffen: „die Kunst- und Kulturkirche, das Zentrum für Trauerpastoral und eben auch das Zentrum für christliche Meditation und Spiritualität „Heilig Kreuz".

Seit 2007 arbeitet Pater Schlegel mit Mitarbeiterinnen in diesem Projekt in Frankfurt am Main, das bis heute nicht abgeschlossen ist, sondern eher eine „immerwährende Baustelle" genannt werden will. Zu Beginn gab es kein fertiges Konzept. So experimentierte das Team beispielsweise auch mit niederschwelligen Angeboten wie „Meditation im Park", „Laufen und Beten", „Work and Pray" u. a. Entgegen der Erwartungen fanden aber eher

---

[1] Folgende Überlegungen beziehen sich auf die Protokolle von Isabella Grath (Studierende der Erziehungswissenschaften an der Universität Osnabrück) und Samuel Jambrek (Studierender des Masterstudiengangs Theologie und Kultur an der Universität Osnabrück) zu dem Workshop „Spiritualität im Alltag – Großstadtexerzitien", welcher von Pater Helmut Schlegel (OFM) auf der Tagung „Der Christ der Zukunft wird ein Mystiker sein … (Karl Rahner)", vom 21.–23.05.2015 in Stuttgart-Hohenheim, veranstaltet wurde. Zusammengefasst wurden die Ergebnisse von Farina Dierker M.A.

anspruchsvollere Angebote wie die Zen-Meditation, Kontemplationskurse, Exerzitientage, christliche Mystik u. a. eher Zulauf. Neuestens sind es Aktionen wie, „Dinner in Silence", „Spirituelle Stadtspaziergänge" oder „Tram of Silence", die viele anziehen. Bei Letzterem wird eine U-Bahn Linie der Stadt Frankfurt gemietet, sie fährt durch die Stadt und die Gäste genießen ihre Stadt schweigend und aus einem ganz anderen Blickwinkel. Sie können ihre Aufmerksamkeit z. B. stärker auf das Wetter, den Main und die Ereignisse um sie herum richten. Es wurde von den Teilnehmenden als sehr beeindruckend empfunden, die Stadt einmal ganz anders, schweigend, zu erfahren und beispielsweise abends in Ruhe die Skyline Frankfurts von der Mainbrücke aus zu erleben. Das „Dinner in Silence" ist eine Idee aus New York, ein Restaurant, in dem die Gäste ihre Mahlzeit schweigend einnehmen. Schweigen ist für viele Besucher ein wichtiges Element, Schweigen ist eine interkulturelle „Sprache", die Menschen über ihre religiösen, nationalen, Alters- und Bildungsgrenzen hinweg verbindet.

Weitere Angebote des Zentrums sind beispielsweise „Yoga im Park", interreligiöse Gespräche, „Rhythmus – Atem – Bewegung", „Tanz als Gebet", „Mystik in der säkularen Welt" u. a. Dabei bewegt vor allem die Frage, wie spirituelle Grundhaltungen im alltäglichen Leben erfahren und in dieses integriert werden können. Das Programm lädt auch Menschen anderer Konfessionen und Religionen ein und will u. a. zur vorurteilsfreien Begegnung der verschiedenen Religionen und Kulturen, zum interreligiösen Dialog und zur gewaltfreien Begegnung einladen. Dabei zeigt sich, dass die Religionen im Bereich von Meditation, Kontemplation und Mystik mehr Gemeinsames als Trennendes aufweisen. Auch gesellschaftlich relevante Themen sind im Konzept des Zentrums wichtig. Beispiel: Ein spiritueller Stadtrundgang unter dem Thema „Duft und Gestank" sollte Erfahrungen durch Sinneswahrnehmung ermöglichen und so zum umweltbewussten Umgang mit Konsum, Luxus, aber auch Abfall und Müll anregen.

Dem Konzept und der Praxis im Zentrum für christliche Meditation und Spiritualität liegt ein Verständnis von Spiritualität zugrunde, das alle Lebensbereiche des Menschen umfasst.

Spiritualität ist:

1) kontemplativ: Menschen erfahren im Schweigen eine Tiefe, die ihnen in ihrem sonst eher hektischen Leben oft verschlossen bleibt,
2) kommunikativ und versteht sich als gemeinsamer und dialogischer Weg, wie es beispielsweise in der Emmausgeschichte deutlich wird,
3) integral und betrachtet den Menschen als Einheit von Körper, Geist und Seele,
4) heilend,

5) nicht zuletzt politisch, indem sie Menschen z. B. dazu ermutigt, sich für eine Lebensweise zu entscheiden, die humaneren Lebensbedingungen entspricht.

Pater Schlegel und sein Team sehen in dem Baustellen- bzw. Werkstattcharakter ihres Projektes eine große Chance, weshalb die Stadtkirche Frankfurt dieses auch langfristig aufrechterhalten möchte. Dadurch, dass „Heilig Kreuz" keinem festgeschriebenen Plan folgen muss, ist es möglich, stets auf den Alltag der Menschen in der Stadt und auf politische Herausforderungen zeitnah einzugehen. Dahinter steht die Überzeugung, dass Spiritualität niemals vollkommen „weltfrei" ist, sondern sich vielmehr auf die Welt bezieht. Das Projekt versucht deshalb, den Mensch mit seinem gesamten Alltag und seiner Arbeitswelt einzubinden. Dies verdeutlicht Pater Schlegel an der Entdeckung, dass die Einkaufszone nicht nur als Ort für Erledigungen, sondern auch als Ort spielerischer Zwischenräume oder Ruheräume gesehen werden kann. Spiritualität in der Stadt braucht keinen spezifischen Raum und lässt sich auch gar nicht auf einen solchen Raum eingrenzen.

2. Die praktische und bauliche Umsetzung der Themenkirche „Heilig Kreuz" als Zentrum für christliche Meditation und Spiritualität

Pater Schlegel und das Team der Mitarbeitenden konzipieren und gestalten gemeinsam die Themenkirche „Heilig Kreuz" im Osten Frankfurts. Das Projekt will nicht zuletzt verdeutlichen, dass Meditation und Kontemplation als Wurzelgrund des Christentums auch in der Großstadt Raum und Resonanz finden. Die Auswahl der entsprechenden Kirche für das Projekt erfolgte aus pragmatischen Gründen, z. B. weil die Zahl der Gottesdienstbesucher aufgrund der Lage rückläufig war. Für die konkrete Umsetzung des Projektes wurde u. a. eine Umgestaltung der Kirche vorgenommen. So wurden u. a. die Kirchenbänke an einen ukrainischen Bischof verschenkt. Dadurch entstand freier Raum innerhalb der Kirche, der z. B. für meditative und kreative Gottesdienste genutzt werden kann. Die große Kirche wird auch für thematische Ausstellungen genutzt.

Eingerichtet wurden entsprechende Meditations-, Gesprächs- und Gruppenräume. Die ehemalige Krypta wurde im Stil eines japanischen Zen-Raumes eingerichtet und schafft eine Atmosphäre von Stille und Konzentration. Dort finden die meisten Meditations- und Kontemplationsübungen sowie Übungstage und ein Teil der Gottesdienste statt. Die Kirche mit ihrer großen Freifläche, ihrem beweglichen Altar und den Klappstühlen lässt sich für sehr unterschiedliche Gottesdienstformen umgestalten. So z. B für die monatlich stattfindende „EmmausMesse". Der Wortgottesdienst hat seinen Ort an verschiedenen Stellen der Kirche, danach ist eine viertelstündige Stille für individuelle Formen der Vertiefung: Schriftgespräch, kreatives Gestalten, Fürbitten aufschreiben, stille Meditation vor dem Kreuz u. a.

Das Programm bildet das o. g. Grundverständnis von Spiritualität ab. Und entfaltet sich in sechs Schwerpunkten:

1) Gebet und Liturgie in verschiedenen, vor allem meditativen Formen,
2) geistliches Leben (Praxis der Meditation und Kontemplation),
3) Wege des Heilwerdens (Umgang mit Krankheit, Zweifeln und Brüchen),
4) geistliche Wegbegleitung (persönliche Begleitungsgespräche, spirituelle Praxisbegleitung von Seelsorgerinnen und Seelsorgern),
5) Spirituelles Wissen (Wege der Mystik, aktuelle spirituelle Bewegungen in Religion und Gesellschaft),
6) Musik, Bewegung und Kreativität.

3. Workshops zu den Themen: Spiritualität – Alltag – Großstadt – Exerzitien

3.1 Gruppenarbeit zum Text „Exerzitien"

In einem ersten Schritt fand eine Textarbeit in Zweiergruppen statt. Die Studierende Isabella Grath schildert aus ihrer Gruppe Gedanken zum folgenden Text „Exerzitien":

> Exerzitien: /"ex arce ire" /aus der Burg hinausgehen,
> Exerzitien: /Schutzräume verlassen/Gewohnheiten ablegen/Sicherheiten aufgeben,
> Exerzitien: /mich aufs freie Feld begeben/Ungeschützt sein und es aushalten/ Freiheit wagen,
> Exerzitien: /den Panzer ablegen/das Herz schlagen hören/leichtfüßig werden,
> Exerzitien: /Distanz gewinnen/Leben aus der Entfernung betrachten/Neuland entdecken,
> Exerzitien: /tief durchatmen/Sonne und Regen spüren/das Spiel der Sinne genießen,
> Exerzitien: /die hart gewordene Sprache aufweichen lassen/auf neue Worte horchen/zwischen den Zeilen hören,
> Exerzitien: /nach dem Wegbegleiter Ausschau halten/miteinander schweigen/dem Herzschlag des Freundes lauschen.

Ihres Erachtens stecken in diesen Zeilen viele Anreize, die wir in unseren oft hektischen Alltag integrieren könnten, um spirituelle Erfahrungen zu ermöglichen; sie sieht hier Anleitungen, welchen man Tag für Tag folgen könnte, um das eigene Leben auf eine achtsamere Art und Weise zu gestalten. Dabei sieht sie nicht zwingend die Notwendigkeit, dass dies auf einer religiösen Ebene stattfindet, sondern sie denkt vielmehr, dass es ebenso gut in einem säkularen Rahmen geschehen kann. Wenn man aus seiner Burg hinausgeht, verlässt man seine eigene Komfortzone und wagt einen großen Schritt in eine andere, noch neue und unbekannte Richtung. Dies empfindet die Studierende als menschlich und authentisch, da es auch bedeutet, seinen Schutzwall abzulegen und verletzlich zu werden. Dabei besteht aber die Möglichkeit, mit neuen Erfahrungen bereichert zu werden, die ganz bewusst wahrgenommen werden können. In der Selbstreflektion kann auf das eigene Leben zurückgeblickt und Dinge können auf eine neu Art erkannt werden als dies in der Vergangenheit der Fall war. Dies können glückliche Momente sein oder auch sinnliche Erfahrungen, in denen man „Sonne und Regen [auf der Haut] spür[t]".

Achtsames Zuhören, sein Gegenüber genauer wahrnehmen, seine Schwingungen beobachten und empathisch sein, all das lässt spirituelle Erfahrungen zu. Diese Werte können ihrer Meinung nach auch im schulischen Rahmen vermittelt werden. Gerade in der Grundschule ist es von großer Bedeutung, den Kindern Werte zu vermitteln, die sie in ihrem sozialen Umfeld ein Leben lang begleiten werden. Besonders interessant in diesem Zusammenhang ist der Aspekt der „sinnlichen Erfahrung", welcher das Studienfach Kunst im Hinblick auf die Ästhetik betrifft. Denn es besteht ein enger Zusammenhang zwischen Ästhetik und Spiritualität. Von vielen wird z. B. der kreative künstlerische Prozess, welcher nicht immer auf ein zielgerichtetes Ergebnis hinführt, als spirituell empfunden. Dies ist auch im schulischen Kontext ein interessanter Gedanke, da auch dort der Kunstunterricht die Aufgabe hat, die Schülerinnen und Schüler in ihrer Wahrnehmung und ihren gestalterischen Fähigkeiten, aber auch in ihrer Persönlichkeitsentwicklung zu fördern. Der ästhetischen Bildung kommt deshalb im schulischen Rahmen eine wichtige Aufgabe zu, die besonders im Fach Kunst einen deutlichen Schwerpunkt finden kann.

3.2 Begriffsassoziationen: Spiritualität – Alltag – Großstadt – Exerzitien

In einem zweiten Schritt sollten die Teilnehmenden Assoziationen zu den Begriffen „Spiritualität", „Alltag", „Großstadt" und „Exerzitien" in Form von Ideen, Sätzen und Wörtern formulieren, die sie auf Karten in der Raummitte schriftlich festhalten sollten. Zunächst wurden verschiedene Verbindungen mit dem Begriff „Spiritualität" an sich beschrieben. Spiritualität hat zunächst einmal mit den Sinnen zu tun, welche die Tore zur Innenwelt des Menschen sind. Pater Schlegel stellte, ausgehend von dieser Beobachtung, die Frage in den Raum, wie alltagstauglich die liturgische Sprache aus der Sicht der Teilnehmenden eigentlich sei. Verschiedene Teilnehmende berichteten davon, dass das Leben v. a. durch tiefe Freundschaften sehr erfüllend ist. Diese Erfahrung des Verbunden-Seins kann für viele vielleicht auch in der Liturgie gemacht werden.

Das „Exerzitium" bedeutete für einen großen Teil der Gruppe, aus der Burg hinauszugehen, ganz ohne Rüstung, in aller bestehenden Verletzlichkeit. Erst dann ist es möglich, sich anderen wirklich zuzuwenden, weil erst so der Mensch an sich im Vordergrund steht.

Von vielen Teilnehmenden wurden zudem konkrete Beziehungen zwischen den Begriffen herausgestellt. Zwischen „Spiritualität" und „Alltag" werden Ergebnisse genannt wie „sinnhaft da sein", „Alltagstauglichkeit der Spiritualität", „Gegenwärtigkeit" und „Meditation". Ein Teilnehmer merkte zudem an, dass es in Großstädten in dieser Hinsicht große Spannungen und Paradoxien gebe, dass z. B. ein Kinderlachen direkt neben einem Drogentoten existiert. Diese Spannung erlebt auch Pater Schlegel. Er berichtete, dass Menschen Kerzen aufstellen, z. B. weil sie glücklich und dankbar über eine bestandene Prüfung sind oder aber weil sie einen Kranken oder Toten betrauern.

Zwischen den Begriffen „Alltag" und „Exerzitium" fanden sich Ergebnisse, wie „Inspiration der Stadt", oder „Geist der Stadt". Ein Teilnehmer bezog sich auf einen zuvor in den Zweierteams bearbeiteten Text und sagte, er komme ohne Rüstung und Schutz aus seiner Burg hinaus, sei nackt und verletzlich. Dabei würden Reichtum auf der einen Seite und Drogenabhängige, die sich selbst verletzen, auf der anderen Seite deutlich. Auch hier lässt sich die gerade bereits benannte Spannung wieder entdecken.

Zwischen „Exerzitium" und „Großstadt" werden die Begriffe „Beschleunigung" und „Entschleunigung" genannt. Eine Teilnehmerin erläuterte, wie sie in ihrem hektischen Alltag immer wieder die Möglichkeit finden kann, sich zu „entschleunigen" und zur Ruhe zu kommen.

Zwischen „Großstadt" und „Spiritualität" fanden sich Ergebnisse, wie „Leute brauchen einen Ort für Spiritualität", wobei die Frage gestellt wurde, ob dies unbedingt die Kirche sein muss; aber auch „Hektik" wurde hier benannt. Eine weitere Assoziation bezog sich auf den Lebensraum „Dorf", das einerseits mit „Klatsch und Tratsch" assoziiert wurde, der sich negativ auf das Leben von einzelnen auswirken kann, andererseits aber auch mit „Ruhe und Anonymität".

Die Teilnehmenden kamen zu dem Ergebnis, dass alle vier Begriffe in Interaktion miteinander stehen und sich wechselseitig miteinander verbinden lassen.

Die Arbeitsphase machte für die Teilnehmenden vor allem folgendes deutlich: einige Elemente von Spiritualität können sowohl im kirchlichen als auch im säkularen Rahmen erfahren werden. Es findet in dem Sinne eine Weitung des spirituellen Raumes statt, deren Bewusstmachung Pater Schlegel und sein Team mit ihrem Projekt verfolgen.

3.3 Zusammenfassung

Wichtig ist Pater Schlegel im Bezug auf seine Arbeit, dass Spiritualität gerade nicht so aufgefasst wird, dass sie sich auf christliche oder kirchliche Spiritualität einengen lässt. Das Christliche soll keinesfalls aufgegeben werden aber im Sinn der Inkarnation lässt es sich auf die Welt ein. So ist Spiritualität eine Durchdringung der Welt im Geist Jesu. In der Meditationskirche sind Menschen aller Religionen und auch solche ohne jede religiöse Bindung willkommen. Der bischöfliche Auftrag, „neue Formen der missionarischen Tätigkeit" zu praktizieren wird nicht so verstanden, dass diese bekehrt werden sollen. Wohl geht es um die Sensibilisierung der Besucher/innen für ein religiöses Bewusstsein, für die Wahrnehmung ihrer spirituellen Wurzel und ihrer Sehnsucht nach dem „Mehr". In diesem „Mehr" ist auch das Moment der Solidarität. Während es dem Menschen der Postmoderne zu oft um das „Ich" geht, muss der christliche Mensch die Frage nach dem „Wir", d. h. nach einer kommunikativen Spiritualität stellen.

Störfaktor oder Korrektiv?

Neue Spiritualitäten aus evangelischer Perspektive[1]

Schwester Nicole Grochowina

„Für Meditation haben wir jetzt keine Zeit, die Kandidaten sollen lernen zu predigen und zu katechesieren"[2] – so fasst Dietrich Bonhoeffer 1936 eine Kritik zusammen, die ihm gegenüber geäußert wurde, nachdem er darauf verwiesen hatte, wie bedeutsam es sei, bei der wissenschaftlich fundierten theologischen Ausbildung weder die eigene Seele noch den eigenen Glauben aus dem Blick zu verlieren. Damit dieses eben nicht geschehe, sei es wichtig, regelmäßige Gebetszeiten zu haben und sich frei von aller Gesetzlichkeit unter dem Wort Gottes zu sammeln und darauf auszurichten. „Dafür haben wir keine Zeit", so lautete dem gegenüber jedoch ein Statement aus der Mitte der Bekennenden Kirche, mit dem Bonhoeffer sich allerdings nicht abzufinden gedachte.[3] Vielmehr geißelte er diese Position in seinem Brief an Karl Barth als „frevelhaft", denn sie verkenne, woraus Predigt, Katechese und dann schließlich auch ein stabiler Glaube eigentlich entstehen würden. Insofern seien die dringlichsten Fragen, die sich ihm und allen jungen Theologen seiner Zeit stellen würden, diese: „Wie lerne ich beten? Wie lerne ich die Schrift lesen?" – Wenn es hier keine Antworten gebe, würde niemand geholfen werden.[4]

Gleichwohl drängt sich durch diese Episode die Frage auf, ob in der Auseinandersetzung zwischen Denken und Glauben eine grundsätzliche Problematik evangelischer Spiritualität aufleuchtet. Wäre dies so, würde sich an dieser Stelle gleichermaßen eine Schwierigkeit andeuten, wenn es um die Auseinandersetzung mit den neuen Spiritualitäten geht, weil hier dann eher Meditation, das Gebet und die Pflege der eigenen Seele, kurz: alles, was auf Erfahrung und Innerlichkeit zielt, zu finden seien. Wenn sich also die Trennung Denken und Glauben belegen ließe, könnten die neuen Spiri-

---

[1] Bei diesem Text handelt es sich um eine überarbeitete Fassung des Impulsvortrages zum Workshop „Neue Spiritualitäten aus evangelischer Perspektive" der in der Einleitung genannten Tagung. Zu danken ist allen, die bei diesem Workshop engagiert und konstruktiv mitdiskutiert haben.

[2] *Dietrich Bonhoeffer* an Karl Barth (19.09.1936), 237.

[3] Dies zeigt nicht zuletzt die Tatsache, dass er zwischen 1935 und 1937 versucht hat, seinen Ansatz vom gemeinschaftlichen Leben unter dem Wort in Finkenwalde umzusetzen. Zu Bonhoeffer gibt es zahlreiche Forschungen, vgl. von den neueren Publikationen *Tietz*, Bonhoeffer. Dazu immer noch *Bethge*, Bonhoeffer.

[4] *Dietrich Bonhoeffer* an Karl Barth (19.09.1936), 237.

tualitäten aus evangelischer Perspektive schlicht und einfach nur abgelehnt werden, da durch sie die – dann ungewollte – Frage nach dem Gebet, dem eigenen Stehen vor Gott, der Sinnhaftigkeit des eigenen Lebens, der individuellen Transzendenzerfahrung und damit etwa auch der Meditation und anderer – möglichweise auch – akonfessioneller Praktiken virulent würde.[5]

Tun sich hier aber etwa auf Grundlage des reformatorischen Erbes Grauzonen auf – und dies ist an dieser Stelle die These –, ist die Frage zu stellen, wie die neuen Spiritualitäten für die evangelische Spiritualität weniger als Störfaktor, sondern mehr als Korrektiv, als positive Herausforderung gelten können. So ist in einem ersten Schritt kurz der recht forsche Umgang innerhalb der evangelischen Theologie mit dem zu skizzieren, was in den Bereich der Innerlichkeit und der individuellen (Gottes)erfahrung fällt, ist dies doch ein wichtiges Signum innerhalb der gegenwärtigen „Wiederverzauberung" der Welt.[6] Dazu gehört es allerdings nicht allein, die Ablehnung zu beschreiben, sondern es gilt auch zu klären, warum der Eindruck entstehen kann, dass es sich bei evangelischer Spiritualität eher um eine kognitiv orientierte, ja, bisweilen auch schlicht verkopfte Form von Frömmigkeit handelt. In einem zweiten – ebenfalls knappen – Schritt geht es dann allerdings auch darum, die hier ebenfalls auftretende Grauzone auszuleuchten. Diese gibt es, weil nicht allein das reformatorische Erbe Einsichten und Wege zur Glaubensgewissheit kennt, welche eher das innerliche Glaubensgeschehen thematisieren, sondern auch wesentliche evangelische Theologen wie Dietrich Bonhoeffer – dann allerdings für das 20. Jahrhundert – die Notwendigkeit der Weltzugewandtheit und der praktischen Nächstenliebe erkannt haben, welche sich aus einem inneren Geschehen entfaltet. Hier leuchtet also auch und gerade eine Facette von verinnerlichter Gottesbeziehung innerhalb der evangelischen Spiritualität auf, die sich dann nicht mehr in stringenten und rational nachvollziehbaren Formen wiedergeben lässt.[7]

---

[5] Für eine konzisere Bestimmung von Spiritualität, die auch und gerade auf den Erfahrungsbegriff rekurriert, vgl. *Knoblauch*, Soziologie. Mit dem Fokus der Individualität vgl. *Gräb/Charbonnier*, Individualisierung.

[6] Zu dieser Wiederverzauberung können nicht zuletzt alternative Spiritualitäten beitragen. Vgl. hierzu *Siegers*, Spiritualitäten. Vgl. auch *Joas*, Glaube.

[7] Vor diesem Hintergrund hätten selbstredend auch andere Beispiele herangezogen werden können, um Vergleichbares auszusagen. Allein die Forschungen zum Pietismus bieten hier zahlreiche Möglichkeiten, individuelle Glaubenswege nachzuzeichnen und das Spiel von Spiritualität, konfessionell konnotierten Setzungen und innerer Wirklichkeit der Glaubenden auszuleuchten. Die Pietismus-Forschung kann an dieser Stelle aufgrund der vielfältigen Studien nicht hinreichend gewürdigt werden. Für die Frage nach der Bedeutung von Erfahrung vgl. *Soboth*, Gottes Wort. Vgl. auch *Breul*, Pietismus.

1. Probleme im Verhältnis von Spiritualität und evangelischer Theologie

Peter Zimmerling hielt noch 2010 in seiner Untersuchung zur evangelischen Spiritualität fest: „Nicht zuletzt aufgrund der gestörten Beziehung zwischen Theologie und Spiritualität hat sich die Wiederkehr der Religion ... bisher meist an der evangelischen Kirche vorbei ereignet. Die Quellen der christlichen Spiritualität sind in ihr weiterhin verschüttet bzw. in Vergessenheit geraten."[8] Zu diesem recht harschen Urteil kommt er, nachdem er zuvor den Zerbruch der Einheit von Theologie und Spiritualität beschrieben hat. Dabei führt er die aufkommende Vormachtstellung der Vernunft im 17. Jahrhundert an, welche nach den Erfahrungen des Dreißigjährigen Krieges den Konfessionalismus ablösen sollte. Überdies nennt er die Auseinandersetzungen im 19. Jahrhundert, die sich um die Frage rankten, wie eine so genannte atheistische Methode in der Theologie umgesetzt werden könnte. Nur wenige schlugen, so Zimmerling, in dieser Zeit eine andere Richtung ein, so dass diese Trennung zwischen Theologie und Spiritualität bestehen geblieben und geradezu zu einer „protestantischen Eigenart" avanciert sei.[9] Wo aber sei nun der Raum, in dem sich Gott inkarnieren könnte? Nach dem dialektischen Verständnis konnte dies nicht die Welt sein, denn dies wäre einer Aufhebung der Trennung gleichgekommen. Und mehr noch: Durch die Einschätzung, dass Gott der „Ganz Andere" sei, sei dieser zudem in Sphären entrückt worden, die nichts mehr mit seiner Menschwerdung mitten in der Welt zu tun hätten; die Trennung konnte also bestehen bleiben und sei geradezu zementiert worden.

Die Konsequenzen einer solchen Einschätzung seien nach Zimmerling gegenwärtig klar zu beobachten: Von dem nun entstandenen „spirituell ausgedörrten Normalprotestantismus"[10] würden sich immer mehr Menschen abkehren und sich auf ihre jeweils eigene Suche nach spirituellen Erfahrungen begeben, die eben nicht intellektualistisch, sondern existentiell und erlebbar seien und dabei ganz den individuellen Bedürfnissen entsprächen.

Auch wenn diese Charakterisierungen von Zimmerling arg holzschnittartig sind, so verweisen sie doch grundsätzlich nicht allein auf die Trennung zwischen Theologie und Spiritualität, sondern auch auf die Entfremdung evangelischer Christen von einer Konfession, die sich nicht selten in einem solch verengten Glaubensverständnis ausdrückt, das sich

---

[8] *Zimmerling*, Spiritualität, 18.
[9] Ebd., 19.
[10] Ebd., 18.

nicht mit gegenwärtigen spirituellen Bedürfnissen zu decken scheint. Dass dies zudem auch gar nicht erwünscht ist, da evangelische Spiritualität ihren konfessionellen Referenzpunkt nicht bis zur Unkenntlichkeit spiritualisieren sollte, erklären deshalb Studien, welche der evangelischen Spiritualität attestieren, „mehr als ein Gefühl" zu sein.[11]

Dabei verkennen diese, dass eine solch scharf verstandene Trennung und auch die daraus entstehende Entfremdung zwischen Theologie und Spiritualität, zwischen Wissenschaft und Glauben im reformatorischen Glaubensverständnis nicht zwingend angelegt ist. Dies bedeutet, dass auch evangelische Spiritualität in der gegenwärtig zu konstatierenden Wiederkehr des Religiösen doch gut anschlussfähig wäre. Der Grund hierfür liegt zunächst im reformatorischen Geschehen selbst, leuchtet aber auch und gerade in den Diskussionen der 1970er Jahre auf, als im evangelischen Bereich die Spiritualität wiederentdeckt und zugleich neu debattiert wurde.

2. Suche nach einer evangelischen Spiritualität

In ihrer Schrift „Evangelische Spiritualität" (1979) reagierte die Evangelische Kirche Deutschlands (EKD) erstmals auf das wachsende Bedürfnis ihrer Glieder, neu oder anders von ihren Gotteserfahrungen zu sprechen und zugleich ganz eigene Wege in ihrer Gottesbeziehung zu gehen.[12] Konzise hält die Studie fest, dass sich schon „seit einiger Zeit" Anzeichen für einen geistlichen Neuaufbruch mehrten. Diese zeigten sich darin, dass „vor allem junge Menschen" nach Ausdrucksformen von Glauben fragten, in denen „spiritueller Tiefgang und gelebte Weltverantwortung" miteinander verbunden seien.[13] Auch in „vielen Gruppen" der Kirche stelle sich diese Frage nach der Verbindung von individuellem Glauben und dem daraus resultierenden ethischen Handeln, so dass schließlich eine Arbeitsgruppe der EKD eingesetzt wurde, um dem Phänomen der „evangelischen Spiritualität" dieser Zeit auf die Spur zu kommen. Und mehr noch: In aller Klarheit wird in der dann entstandenen Schrift konstatiert, dass es innerhalb der evangelischen Kirche noch an einem „systematischen Nachdenken über Frömmigkeit und geistlichem Leben" fehle,[14] das nun jedoch einsetzen solle. Dazu zähle auch die Erkenntnis, dass der Aspekt des gemeinschaftlichen Lebens

---

[11] Vgl. *Jepsen*, Spiritualität. Hier geht es auch darum, dass Spiritualität auch eine ethische Dimension haben müsse, welche sich aus der biblischen Botschaft ergebe. Eine Privatisierung von Glauben sei demzufolge kein Merkmal evangelischer Spiritualität. Vgl. ebd., 11.

[12] *Kirchenkanzlei der EKD*, Spiritualität.

[13] Ebd., 7.

[14] Ebd., 32.

für die Ausgestaltung des eigenen Glaubenslebens lange Zeit unterschätzt worden sei, denn es wurde nicht einberechnet, dass vielleicht gerade hier gelebter Glaube seinen Ausdruck und auch seine Stütze finde. Dass nun – am Ende der 1970er Jahre – der Graben zwischen Theologie und Spiritualität also übersprungen werden musste, war den Verfassern der Schrift offenbar sehr klar.

Dies zeigt sich auch geradezu offensiv darin, dass in der Schrift gefordert wird, die Zurückhaltung gegenüber dem Heiligen Geist nun endgültig aufzugeben. Leib und Geist stünden sich nicht feindlich gegenüber, diese Trennung sei also nicht sinnvoll. Auch sprächen die „Elemente bei den Sakramenten … [zwar] ihre eigene leibhafte Sprache", doch sagten sie ebenso deutlich aus, dass „sich in Christus Leib und Geist zusammenfinden".[15]

Und schließlich wird auch zu neuen Lesarten der Bibel eingeladen: Beschauendes Betrachten der Bildsprache der Bibel, in welcher sich Hoffnungen und Erwartungen wiederfinden ließen, die direkt auf Gott lenkten und von ihm Heil und Hilfe erwarteten, stünde eben nicht – oder besser: nicht mehr – im Gegensatz zu der kritischen Erforschung dieser Texte, dies sei klar zu betonen. Die Bibel wird damit zum „Instrument religiöser Welterfahrung" eines jeden einzelnen Menschen, die aber zugleich auch weiterhin ihre – wissenschaftlich abgesicherte – Verortung im zeitgenössischen Kontext benötige. Evangelische Spiritualität sollte also trotz aller neuen Ansätze auch weiterhin „mehr als ein Gefühl" sein.

Insgesamt, so die Autoren der Schrift, solle der „elementare Erfahrungshunger"[16] der Zeit mehr – oder: überhaupt erst einmal – beachtet werden, doch dies nicht „ohne das Instrument der Bibel" und ihrer abgesicherten Auslegung. Sie sei das konstitutive Element evangelischer Spiritualität, mit anderen Worten: „Ohne Bibelverkündigung entstehen keine Christen"[17], so unterstreicht es die Schrift.

Auf der Suche nach einer evangelischen Spiritualität, welche die Bibel im Zentrum hat, dabei ihre Kraft auch aus einem gemeinschaftlich gelebten Glauben bezieht, das Wirken des Heiligen Geistes erbittet und bedankt sowie fest in Wort und Sakrament verankert ist, rückten Ende der 1970er Jahre die evangelischen Ordensgemeinschaften verstärkt in den Fokus. Dass von diesen jetzt als „Gnadenorte"[18] geredet wurde, zeigt nicht allein, dass diese nun innerhalb der evangelischen Kirche eine wachsende Akzeptanz erfuh-

---

[15] Ebd., 31.
[16] Ebd., 50.
[17] Ebd., 52.
[18] Ebd., 53–55.

ren.[19] Zugleich wird auch deutlich, dass hier Orte beschrieben wurden, an denen die neue Spiritualität Raum erhalten sollte und durfte. Damit wurden allerdings die Gemeinden und auch die wissenschaftliche Ausbildung des theologischen Nachwuchses verstärkt von ihrer Standortbestimmung und Erneuerung sowie von der Auseinandersetzung mit neueren Spiritualitäten und ihrem eigenen „elementaren Erfahrungshunger"[20] quasi entlastet, da nun Orte – wenn auch „Gnadenorte" – definiert wurden, welche all den Wünschen nach Erfahrung gerecht werden sollten. Dies markiert einen Anspruch, der bis in die Gegenwart Gültigkeit besitzt und den sich die Ordensgemeinschaften selbst auch auferlegen, denn ihre Aufgabe ist unbestritten, wenn es darum geht, Orte und Möglichkeiten bereitzustellen, an denen Menschen intensiver zu Gottsuchenden werden und entsprechende Begleitung erfahren können.[21] Dies vermögen sie auch in überzeugender Weise zu leben und zu tun, sofern sie selbst Suchende bleiben.[22]

Vor dem Hintergrund, dass spirituelle Kompetenzen zunächst primär den Ordensgemeinschaften zugesprochen wurden, mag es nun etwas verständlicher erscheinen, warum Zimmerling noch 2010 daran festhält, dass es auch weiterhin den „spirituell ausgedörrten Normalprotestantismus"[23] gebe, bei dem diese Erneuerung weder in Gottesdiensten und im Gemeindeleben noch in Liturgie und Verkündigung angekommen sei.

3. Herausforderung durch „neue Spiritualitäten"

Die so genannten „neuen Spiritualitäten", die gegenwärtig im Zuge der Wiederkehr des Religiösen aufkommen, erfordern also im Grunde – ungeachtet der Bedeutung von evangelischen Ordensgemeinschaften – eine erneute und dieses Mal wohl noch ambitioniertere Standortbestimmung evangelischer Christen und damit zugleich auch die Erneuerung ihrer Gemeinden und insgesamt auch ihrer Kirche. Dies kann und muss auch durch

---

[19] Die Geschichte evangelischer Ordensgemeinschaften ist in ihren Anfängen von zahlreichen Vorbehalten geprägt, die sich daraus speisten, dass in Gemeinden und Kirchenleitungen nicht selten die Vorstellung vorherrschte, Ordenswesen sei „un-evangelisch" und deshalb undenkbar. Vgl. aus theologischer Perspektive *Joest*, Spiritualität. Als historiographischen Zugriff vgl. *Grochowina*, Hütte.
[20] Ebd., 50.
[21] Im Grunde haben die Ordensgemeinschaften die Aufgabe, Räume bereitzustellen, in denen sich das Evangelium „ereignen" und so die Gottesbeziehung weiter prägen kann. Zur pastoraltheologischen Verortung des Ereignisses vgl. *Schüßler*, Gott, 277.
[22] Vgl. hierzu die Setzung von der Suchbewegung der Heiligen, die unabdingbar ist, um eine lebendige Spiritualität zu leben: *Hochschild*, Neuzeit, 32–41.
[23] *Zimmerling*, Spiritualität, 18.

einen wiederholten Blick auf den Schatz der evangelischen Tradition erfolgen, die neben der Konzentration auf das Wort durchaus auch das Rekurrieren auf innere Erfahrung im Glaubensleben beinhaltet.

Konkret heißt dies: Evangelische Spiritualität zeichnet sich durch eine doppelte Bewegung aus, die einen Raum an Möglichkeiten eröffnet, unterschiedliche Ansätze zu integrieren, sofern diese entsprechend der evangelischen *sola*-Prinzipien die Würdigung der Schrift, des Glaubens und der Gnade beinhalten. So gehen innerhalb der evangelischen Spiritualität die Konzentration etwa auf Christus, die Bibel, Gottes Handeln und dem persönlichen Glauben zusammen mit der Zuneigung zum Nächsten, die sich etwa in der Weltverantwortung oder in der Konkretisierung evangelischen Lebens in Familie, Beruf und Gesellschaft zeigt.[24] Hinzu treten die Freiheit des Gewissens und die Hochschätzung des Individuums, wie sie etwa in Luthers Rede von der Freiheit eines Christenmenschen zum Ausdruck kommen.[25]

Doch auch die Konzentration auf den eigenen, individuellen Glaubensweg blieb im reformatorischen Geschehen nicht unbeachtet, im Gegenteil: In seiner programmatischen Trias von *oratio*, *meditatio* und *tentatio* beschreibt Martin Luther das Ringen um die eigene Glaubensgewissheit, die Herausforderungen, die sich hier immer wieder stellen – kurz: Er beschreibt die Entfaltung der persönlichen Spiritualität.[26] Im Gebet sei die Erleuchtung und Führung des Heiligen Geistes zu erbitten. Weiterhin sei die Heilige Schrift mit Herz und Verstand zu meditieren,[27] um dann schließlich den „Prüfstein", die Anfechtung, bestehen und darin den Trost Gottes erfahren zu können. Erst durch diesen inneren Weg werde aus dem Studierenden ein „rechter Theologus", der alle Christen der Kirche zudem zu lehren vermöge.

Und ganz explizit rekurriert Luther auch auf den Erfahrungsbegriff, wenn er davon spricht, dass die Predigt niemals allein „von worten", sondern eben auch „von der erfahrung" lebe. Erst durch die Erfahrung, so Luther, blieben Wort und Sakrament für einen jeden Christen bestehen, so dass dies die eigentliche Glaubensstärkung ausmache, konkret: „Bisher hab ich gehoret und gegleubt, das Christus mein heiland sey, so meyne sund und tod uberwunden habe. Nu erfahre ichs auch, das es also sey."[28] Erst die

---

[24] Paradigmatisch hierzu: *Luther*, Freiheit.

[25] Vgl. ebd.

[26] Zur Trias vgl. *Luther*, Vorrede, 659 f. Gerade die Anfechtung setzt Luther als wichtige Notwendigkeit, um der Größe Gottes gewahr zu werden. Erst durch diese Glaubensgewissheit sei es möglich, als Christ nicht „faul, unfruchtbar [und] unerfahren" zu bleiben. *Luther*, Kapitel, 598.

[27] Vgl. *Luther*, Kirchenpostille, 62.

[28] *Luther*, Kirchenpostille, 599.

Erfahrung mache aus dem Christen also einen rechtschaffenden und vollkommenen Menschen, der sich durch diese Geduld und Hoffnung schenken
lasse und den Glauben stärke, wahrhaftig ein Kind Gottes zu sein.

Dieser Spur folgt auch – wenn auch in eher grundsätzlicher Weise – gut
vierhundert Jahre später Dietrich Bonhoeffer bei seinem Versuch, in Finkenwalde gemeinschaftliches Leben und eine gemeinsame Auseinandersetzung mit dem eigenen Glauben zu fördern. „Ausgebrannt" kämen die
Studierenden zu ihm, „leer" in Bezug auf biblisches und theologisches
Wissen, aber eben auch in Bezug auf ihr „persönliches Leben". „Wie steht es
mit deiner Seele?" – diese Frage sei angesichts der bestehenden Not immer
wieder neu durchzubuchstabieren. Am besten gelänge dies durch die
„morgendliche und abendliche Sammlung um das Wort", die durch
„ernsthafteste saubere theologische, exegetische und dogmatische Arbeit"
flankiert werden müsse. Doch die Frage nach der Seele wolle Bonhoeffer
dabei „um alles in der Welt nicht überhören, [denn: D]arum geht es mir!"[29]

Insgesamt ist also festzuhalten, dass auch die Traditionslinien evangelischer Spiritualität Möglichkeiten bereitstellen, um mit den neuen Spiritualitäten ins Gespräch zu kommen und auch dem Bedürfnis nach Erfahrung und Erlebnis zu begegnen, welches sich darin zeigt. Dazu hilft der Blick
auf das Erbe, das dann ausgehend von den Fragen der Zeit eine Weiterentwicklung erfahren darf, die unter dem Signum der Erneuerung der
Kirche zu sehen ist.

Diese Weiterentwicklung hat dann allerdings die Aufgabe, sich das Erbe
schöpferisch anzueignen, und nicht, dieses außer Acht zu lassen oder als
Steinbruch für ausschließlich Eigenes zu erwählen. Insofern sei an dieser
Stelle ein weiterer Aspekt einer evangelischen Perspektivierung auf die
„neuen Spiritualitäten" angedeutet, nämlich der Aspekt der Grenze: Das
bedeutet nicht zuletzt ausgehend von den genannten Setzungen Martin
Luthers, dass Umdeutung, Verbrauch, Kommerzialisierung christlicher
Symbole sowie die Profanisierung der Botschaft des Evangeliums oder die
Entwertung der Bibel als erste Informationsquelle über Gottes Wesen und
Wirken in der Welt vollkommen inakzeptabel sind. Auch die Domestizie-
rung der evangelischen Konfession und etwa ihrer Kreuzestheologie durch
synkretistische Ansätze und Eklektizismus, also durch Versuche, auch die
Fremdheitserfahrung gegenüber dem christlichen Gott aufzuheben und
diesen voll und ganz in diesseitige Denk- und Handlungsmuster zu integrieren, würde die evangelische Spiritualität in eine Beliebigkeit überführen,
die sie durch ihren Gottesbezug und ihre Ausrichtung auf Leben, Worte,
Werk und Auferstehung Jesu keinesfalls in sich trägt.

---

[29] *Dietrich Bonhoeffer* an Karl Barth (19.09.1936), 237 f.

Darüber hinaus ist auch die endzeitliche Dimension für sie ein konstitutives Element: Die Rede vom neuen Himmel und von der neuen Erde, in denen Gerechtigkeit wohnen, kann nicht zugunsten einer diesseitig orientierten Kultur aufgegeben werden, in der die Gebrochenheit der menschlichen Existenz im Sinne einer menschlichen Selbstverwirklichung als aufhebbar gilt.[30] Dies kann nicht der Fall sein, denn allein Gott kommt es zu, die Bruchstücke in die Vollkommenheit zu überführen und somit Ganzheitlichkeit zu schenken, welche zudem eine wesentliche Dimension des Ewigen zum Ausdruck bringt. Damit ist auch klar, dass die leitende Vorstellung vom Himmel transzendent ist, also nicht deszendent im eigenen, individuellen Himmel oder in der eigenen Hölle gepflegt werden kann.

Mit diesen kurzen Schlagworten sind einzelne Grenzen benannt, welche der evangelischen Spiritualität gesetzt sind. Sie alle lassen sich im Grunde in dem Ansatz bündeln, dass das *extra nos*, dem die Menschen ihre Rechtfertigung, ihr Aufgehoben-Sein und letztlich ihre Rettung auch und gerade aus dem Tod verdanken, nicht abgeschafft oder von einer diesseitig orientierten Kultur vereinnahmt werden kann und darf. Gleichwohl schließen diese Grenzen keineswegs aus, dass sich Gott als der Unverfügbare erfahrbar macht und auch an unterschiedlichen Orten erfahren wird, wenn sich hier Evangelium „ereignet"[31]. Die Möglichkeiten des Heiligen Geistes sind immer noch unzählig, aber sie haben in jedwedem Moment als Grund den trinitarischen Gott, der sich in der Welt inkarniert und der sich in seinen Menschen Wohnung nimmt.

Wenn Bonhoeffer also fragt, wo die Verantwortlichen seien, die sich trauten, ganz auf Gottes Ruf zu antworten, das Leiden Gottes in der Welt mit zu leben und auf diese Weise Verantwortung in der Welt zu übernehmen,[32] und wenn er sich dann weiter fragt, ob er mit seiner Lebensentscheidung zu den „letzten Auserwählten"[33] gehöre, die sich für einen solchen Weg entschieden, so ist diese Frage auch für die evangelische Spiritualität zu stellen, die eben die religiöse Unbestimmtheit nicht haben kann und deshalb auch nicht der „Synkretismusfreude"[34] erliegen darf, selbst wenn diese den momentanen Zeichen der Zeit entsprechen sollte. Sie darf eben kein „verbaler Platzhalter [sein] für die Bezugnahme auf Transzendentes aller Art". Vielmehr geht es darum, „akzeptable Formen christlicher Lebensgestaltung zu entwickeln" und diese auch weiterhin identifizierbar zu machen.[35] Hier

---

[30] Vgl. *Ebertz*, Wüste, 20.
[31] Vgl. *Schüßler*, Gott.
[32] Vgl. *Bonhoeffer*, Jahre.
[33] *Bonhoeffer*, Brief, 179.
[34] *Ebertz*, Wüste, 16.
[35] *Beese*, Spiritualität, 4.

leuchtet das Stichwort einer Bekenntniskultur auf, die weder die Selbstvergewisserung noch die Entäußerung der Glaubensgewissheit scheut.

Diese Grenzziehung ist wichtig, selbst wenn die Existenz und einzelne Aspekte der zeitgenössischen Spiritualitäten den evangelischen Glauben in sehr positiver Weise herausfordern, etwa wenn sie sehr deutlich machen, dass es in der heutigen Zeit weniger um die Sicherheit des Habens und die Gewissheit von Antworten geht, sondern die Suche – auch die Suche im Geist Jesu – das eigentliche Lebensmoment ist. Dies heißt gleichsam, dass Suchende und Fragende in der Kirche einen neuen Stellenwert erhalten müssen – und klar sein muss, dass die eigenen Antworten zwar einer Glaubensgewissheit entsprechen, aber dennoch weiterhin so bruchstückhaft sind, dass in ihnen Gewissheit und Ungewissheit miteinander verwoben sind. Schließlich ist die Suchbewegung eine zutiefst christliche, wie auch der katholische Theologe Gottfried Bachl feststellt, wenn er schreibt: „Der in seinem Selbstsein unerreichbare Initiator wirft sich in die Rätselgestalt und wird im Herzen des Menschen geboren, der sucht und findet, als die innerste Frucht seiner Lebenskraft."[36] Und so rückt erneut die eingangs benannte Grauzone in den Mittelpunkt des Interesses, denn hier – und nicht in den radikal-dogmatischen Positionen am Rand – treffen Suchende aufeinander und begegnen einander auf den Spuren der evangelischen und anderer Spiritualitäten.

4. Fazit

Die neuen Spiritualitäten stellen die evangelische Spiritualität nicht in Frage, aber vor Herausforderungen. Zugleich sind sie eine Einladung, sich in schöpferischer Weise das eigene Erbe noch einmal neu anzueignen, das um eine Tradition der Innerlichkeit, der eigenen Glaubenserfahrung, der persönlichen Meditation und des kontinuierlichen Gebets weiß. Von einer erneuten Aneignung dieser Linie, die sich im Leben der ebenfalls suchenden evangelischen Ordensgemeinschaften widerspiegelt, sich aber auch bis in die Aussagen Luthers zurückverfolgen lässt und ebenso im Bemühen von Bonhoeffer ihren Ausdruck findet, können zahlreiche Impulse für die Erneuerung von Gemeinden und der gesamten Kirche ausgehen. Die Herausforderung liegt allerdings darin, in diesem Prozess die Grenzziehungen ernst zu nehmen, welche evangelische Glaubensgewissheiten markieren, um dann in den erkennbaren Handlungsspielräumen eigene Formen der Spiritualität zu finden und zu leben. Damit fällt den „neuen Spiritualitäten"

---

[36] Zit. nach *Ebertz*, Wüste, 29.

insgesamt also die Aufgabe des störenden Korrektivs zu, das sehr pointiert zu einer Präzisierung und Vergewisserung der evangelischen Spiritualität einlädt.

Säkulare Spiritualität – ein Thema für und in Erziehungs- und Bildungskontexten?

Anmerkungen zu einer *Spiritual Literacy*

Ulrike Graf

1. Einleitung

Der Atheismus behindere in nichts, so konstatiert Comte-Sponville[1] in seinen philosophischen Überlegungen zur Frage, woran ein Atheist glaube, und bleibt dabei auch das Zeugnis eigener mystischer Erfahrungen nicht schuldig. Wenn Spiritualität auch frei von Religionen existiert und sie dem Menschen *existenzielle* Erfahrungen ermöglicht, zeigt sich in allgemeinen Bildungskontexten dann nicht eine Leerstelle im Bildungsauftrag? Denn dieser ist immer auf die Entwicklung der *Gesamt*persönlichkeit ausgerichtet.

Eine entsprechende Ergänzung des Kanons, wobei nicht gleich an ein eigenes Fach gedacht werden muss, erweitert die Diskussion um die Rolle von Religion als schulischem Unterrichtsfach. Die Frage nach einer säkularen Spiritualität, die frei von Religionsbindung existiert, gesellt sich zu der Entwicklung um die Einführung islamischer Studiengänge, die ein Studium des Islams mit dem Ziel der Lehramtsbefähigung ermöglicht; sie gibt sich auch mit einem Alternativfach wie Ethik da nicht einfach zufrieden, wo auf gelebte Praktiken gemeinschaftlicher Wertvergewisserung kognitiv verwiesen, ein Erfahrungsbereich aber noch nicht geöffnet wird. Säkulare Spiritualität thematisiert angesichts eines Bevölkerungsanteils von ca. 30 %, der keiner Religion angehört,[2] Fragen eines menschlichen Potenzials, für das die religiös nicht Gebundenen keine ausgewiesene Heimat im Bildungskontext haben. Könnte Schule nicht einem „spirituellen Analphabetismus"[3] entgegenwirken, indem sie im Sinne einer *Spiritual Literacy* einen Kompetenzerwerb anbietet, der Erfahrungsfelder der eigenen spirituellen Befähigungen öffnet? Denn die negative Religionsfreiheit muss nicht zur Folge haben, einen Erfahrungsbereich auszuklammern, dem sich in unserer westlichen Gesellschaft immer mehr Menschen über „spirituelle Importe" aus dem östlichen Kulturbereich öffnen.

---

[1] Vgl. *Comte-Sponville*, Atheist, 220.

[2] Forschungsgruppe Weltanschauungen in Deutschland (fowid), Religionszugehörigkeit Bevölkerung Deutschland, 2014, http://fowid.de/fileadmin/datenarchiv/Religionszugehoerigkeit/Religionszugehoerigkeit_Bevoelkerung_Deutschland_2014.pdf (Zugriff am 29.09.2015).

[3] *Steinmann*, Begriffsbestimmung, 38.

Der Begriff *Spiritual Literacy* ist dem Literacy-Begriff entlehnt, der in der letzten Dekade im Bildungsbereich den Kompetenzbegriff stark gemacht hat. Dieser weist darauf hin, dass es in Bildungsprozessen um den Erwerb des Umgangs mit Problemen geht, die dem Individuum in der vorliegenden Form neu sind und für deren Lösung es seine Kenntnisse, Fähigkeiten, Fertigkeiten, seinen Willen und seine Wertorientierung vernetzen und integrieren muss, um zu handeln. In diesem Sinn borgt sich der Begriff *Spiritual Literacy* den Gedanken, dass es auch im Bereich des Spirituellen nicht nur Wissen gibt, sondern Fähigkeiten erworben werden können, auch das *Volitive* beteiligt ist und Wertorientierungen bei der Praxis des Umgangs mit existenziellen Fragen eine Rolle spielen. Kaum beleuchtet ist bisher, inwiefern Aspekte der Selbstüberschreitung und der Thematisierung von Verbundenheit, die sich im Folgenden als Kernelemente von Spiritualität erweisen werden, einen Selbstwert darstellen, der eigene Räume in Bildungskontexten beanspruchen dürfte. Dabei darf es nicht um zusätzliche Leistungsbereiche gehen, sondern um die Erschließung von Erfahrungsräumen und dazugehörigen Reflexionen, die das Möglichkeits- und damit Entscheidungsspektrum der Lebensgestaltung und -entfaltung erweitert.

Der vorliegende Beitrag entstand im Rahmen eines interdisziplinären Seminarprojektes, in dem ein theologisches und erziehungswissenschaftliches Seminar an der Universität Osnabrück[4] sich der Frage aktueller Spiritualitäten stellte. Die Teilnehmer/innen des erziehungswissenschaftlichen Kurses studierten zum Teil katholische oder evangelische Theologie mit dem Ziel Lehramt, zum anderen Erziehungswissenschaft (ohne Lehramt) und/ oder bezeichneten sich persönlich als mehr oder weniger religiös, wobei die religiösen Kontexte sich nicht auf das Christliche beschränkten, oder als atheistisch.

Der Artikel richtet sich deshalb an Lehrkräfte und andere pädagogische Akteure in allgemeinen Bildungskontexten; ebenso könnte das Thema auch für Kinder- und Jugendarbeit in Feldern sozialer Arbeit, Schulpastoral sowie für Angebote „offener" Pastoralarbeit interessant sein.

Was *säkulare* Spiritualität bedeutet, wird nach einer kurzen gesellschaftlichen Analyse zur Relevanz von Spiritualität dargestellt, bevor die Dankbarkeit als ein Beispiel spiritueller Praxis ins Gespräch gebracht wird. Am Schluss des Beitrags werden die Argumente für die Bildungsrelevanz von Spiritualität anhand folgender Leitfrage gebündelt: Leitet sich aus der anthropologischen Konstante spiritueller Befähigung ein Recht auf spirituelle Bildung in allgemeinen Bildungskontexten ab?

---

[4] Kooperation mit Prof. Dr. Margit Eckholt, Professur für Domgatik und Fundamentaltheologie, im Sommersemester 2015.

2. Säkulare Spiritualität als Beitrag zu gegenwärtigen gesellschaftlichen Suchbewegungen?

Im öffentlichen Spiegel der gesellschaftlichen Bewegungen rund um die Frage der religiösen Diversität scheinen Kräfteverhältnisse deutlich zu werden, welche das identitäts- und sinnstiftende Potenzial einer gemeinschaftsbezogenen Bindung vor Augen führen. Ganz konkret halte ich es für möglich, dass ein Teil der Vorurteile gegenüber muslimischen Mitbürger/innen darin wurzelt, dass jemand ohne eine eigene entsprechende Verankerung sich fragt: Wenn mein Kollege im Ramadan fastet, darin für sich Sinn findet und Gemeinschaftserfahrungen teilt, was habe ich dem gegenüberzustellen? Wo liegt meine Zugehörigkeit, über die wir auf Augenhöhe reden könnten? Die Alternative muss kein religiöses Bekenntnis sein. Aber eine Zugehörigkeit, die geteilte Einstellungen, Orientierungen und Praktiken ermöglicht. Hier liegt die Stärke der spirituellen Traditionen religiöser Gemeinschaften. Sie bieten einen über Jahrhunderte gepflegten und aktualisierten Schatz an sprachlichen und symbolischen Ausdrucksformen sowie spirituellen Praktiken. Dass jeder Mensch auch eigene Zugänge finden kann, ist unserer Zeit und Gesellschaft mit ihrer großen Autonomiebetonung nicht fremd, offenbart aber zugleich die größere Gestaltungsaufgabe, die auch als Beanspruchung erlebt werden kann. Wo die Entlastungsfunktion von geteilten Traditionen nicht greift, kann die Balance von Autonomie und Verbundenheit angesichts heutiger Optionenvielfalt und Individualisierungsphänomene empfindlich gestört werden. Denn Zugehörigkeitsentscheidungen befreien vom ständigen Abwägen und verhelfen dazu, sich (kritisch) einlassen zu können.

Das „Jahrhundertgefühl transzendentaler Obdachlosigkeit", das wie eine Themenkonstante in Christa Wolfs Werk identifiziert wurde[5], hat in den letzten Jahren schon zu neuen Behausungsbewegungen geführt. Angebote von Yoga über Chi Gong bis Tai Chi erobern den Markt. In Form von Kursangeboten und damit Kurzbindungen werden Praktiken erprobt, die – oft ihrer philosophischen, kulturellen und spirituellen Wurzeln enthoben – zugänglich gemacht, als wohltuend erlebt und manchmal bis zu einem Körperkult oder einer Gesundheitsreligion entfremdet werden.

Aber auch religiöse Traditionen anderer Kulturen bereichern die spirituellen Angebote unserer Gesellschaft. Der Buddhismus verzeichnet viele Zentrumsgründungen in unseren Städten. Ebenso etablieren sich neue spirituelle Bewegungen, die Merkmale anderer religiöser Vergemeinschafts-

---

[5] Thomas Hartung, „Man versteht nicht, was man mit anderen teilt" (Christa Wolf): http://www.dr-thomas-hartung.de/?p=1285 (Zugriff am 01.10.2015).

prozesse zeigen (ein spiritueller Leiter, der sich entsprechend inszeniert; Etablierung von Ausbildungsstrukturen für spirituelle Praxisvermittlung; politische Reforminteressen).[6] Dabei spielen interreligiöse Kontakte im Sinn des Dialogs eine wichtige Rolle. Die positive wie negative Religionsfreiheit ermöglicht dabei eklektizistische individuelle „Patchwork-Praktiken", die der Einzelne für sich gestalten und variieren kann. Hinter dieses Recht kommen wir glücklicherweise nicht zurück. Mir scheint aus der Vielfalt an sinnbezogenen Bindungsmöglichkeiten in unserer Gesellschaft der Auftrag zu ergehen, Religion nicht mehr einfach einer nicht religiösen Lebensweise gegenüberzustellen. Vielmehr gilt es, einen Dialograum zwischen Menschen verschiedener spiritueller Orientierungen und Praxen zu eröffnen, sodass religiös wie säkular Spirituelle einander begegnen können. Schule mit ihrem allgemeinen, also alle (!) betreffenden Bildungsauftrag wäre ein geeigneter Ort, diesen gesellschaftlichen Prozess zu befördern.

Ausgangsbasis bilden dabei einerseits (auto-)biografische Einblicke, die zeigen, was Menschen möglich ist, und natürlich die interdisziplinäre Erforschung der Spiritualität, die sich sowohl in der Psychologie, der Philosophie und Forschungsbereichen wie den Bewusstseinswissenschaften finden. Nicht ausgeklammert werden dürfen dabei die Erkenntnisse aus der interdisziplinären Glücksforschung, die deutlich gemacht haben: Die Orientierung politischen Handelns an ökonomischen Indikatoren, wie dem Bruttosozialprodukt, bleiben hinter den Vorstellungen der Menschen über ein gelingendes Leben zurück. Neben einer zur gesellschaftlichen Teilhabe befähigenden materiellen Basis[7] benötigen Menschen auch Sinnerfahrungen und soziale Verbundenheit, um das zu erleben, was in der Glücksforschung *Well-being* genannt und im Deutschen in der Regel mit Lebenszufriedenheit übersetzt wird.[8] Religionszugehörigkeit zeigt sich in den qualitativen Studien ebenfalls als Glücksfaktor. Erklärbar – unbenommen eines kriterial nicht so leicht zu fassenden Mehrwerts – ist dies zum Teil sicher damit, dass religiös Praktizierende soziale Verbundenheit erleben, wenn sie regelmäßig Synagogen, Kirchen oder Moscheen besuchen, und auch, wenn sie sich in existenziellen Lebensfragen in einer Deutungsgemeinschaft beheimatet fühlen können.

Sowohl die gestiegene Präsenz des Themas Religion in der Gesellschaft wie die individuellen Suchbewegungen und die Erkenntnis, dass gelingendes Leben neben materieller Absicherung in Sinnerfahrungen und Verbundenheiten erfahren wird, macht das Potenzial der Spiritualität als einer dem

---

[6] Z. B. Academy of Inner Science, http://www.innerscience.info/de/ (Zugriff am 24.09.2015).
[7] Vgl. *Delhey*, Haben.
[8] Zusammenfassend: *Graf*, „Wert"haftigkeit.

Menschen mögliche und zugängliche Größe interessant. Was ist Spirituatlität?

3. Spiritualität als anthropologische Konstante – interdisziplinäre Zugänge

Spirituelles Leben findet sich in drei Feldern: bei Menschen, die ihre Spiritualität in der Gemeinschaft ihrer Religionszugehörigkeit praktizieren (religiöse Spirituelle); bei Angehörigen von Religionsgemeinschaften, die in Distanz zu ihr eine eigene Spiritualität leben („Religionsdistanzierte"[9]); und es gibt die „spirituellen Atheisten" (zu denen auch Agnostiker zählen), die frei von Religion Spiritualität praktizieren. Innerhalb dieser „exklusiv Spirituellen"[10] betone ich hier die „säkulare Spiritualität", um deutlich zu machen, dass es auch in einer Welt (bzw. einem Weltbild) reiner Immanenz spirituelles Lebens gibt und Spiritualität ein Thema nicht nur zwischen Religionen, sondern auch zwischen Menschen sein kann, die sowohl ihre positive als auch ihre negative Religionsfreiheit leben.

Religionsgeschichtlich scheint Spiritualität „chronologisch vorrangig"[11] zu sein, denn Religionen verdanken sich den, die Möglichkeiten bisheriger Religionen sprengenden, spirituellen Erfahrungen ihrer Gründer[12]. Außerdem kann davon ausgegangen werden, dass vor der Existenz der Hochreligionen vor ungefähr 3.000 Jahren über 70.000 Jahre hinweg spirituelle Erfahrungen gemacht wurden.[13]

Schon an dieser Stelle lässt sich fragen: Wenn Spiritualität individuell und unabhängig von Vergesellschaftungsformen möglich ist, haben dann nicht alle Menschen ein Recht auf die Erschließung dieses Potenzials, gerade wenn sie keiner Religionsgemeinschaft angehören oder in dieser keine Ausdrucksformen (mehr) finden?

Was ist (säkulare) Spiritualität?

Spiritualität wird verstanden als Praxis und Erfahrung der Offenheit bzw. des Sich-Öffnens und der Pflege von Verbundenheiten. Spirituelle Praxis kann geübt werden, spirituelle Erfahrungen geschehen. Als „Gipfelpunkt"

---

[9] In Anlehnung an den Begriff „kirchendistanziert" bei *Bucher*, Psychologie, 64.
[10] *Bucher*, Psychologie, 63 und 65.
[11] *Bucher*, Psychologie, 69.
[12] *James*, Vielfalt, 40 nach *Bucher*, Psychologie, 69.
[13] *Tacey*, ReEnchantment, nach *Bucher*, Psychologie 69.

spiritueller Erfahrungen gelten mystische Erlebnisse, die Menschen als pure Gegenwartserfahrung[14] und Einssein mit allem bei gleichzeitigem Verlust des Selbstbewusstseins beschreiben. Sie sind unverfügbar[15] und nicht „Ergebnis" von Übung. Ihrer gewahr werden kann der Mensch erst, wenn der Zustand beendet ist. Comte-Sponville geht so weit, die mystische Erfahrung als „hoffnungs-" und „furcht-losen"[16] Zustand zu bezeichnen, in dem es kein erlebbares Defizit gibt, das die Hoffnung auf Veränderung nähren und Auswege aus möglicher Furcht nötig machen würde.

Vielleicht liegt in dieser totalen Verbundenheit, dem Einssein mit allem, auch darin – das sei mit aller Vorsicht gesagt – die Größe der Erfahrung, dass die Fähigkeit des Menschen zur Selbstbezüglichkeit in diesem Moment „offline" ist; zudem fehlt jegliches Zeitgefühl, das seinerseits immer die Metaperspektive voraussetzt. Fazit der Erfahrungsqualität ist also: Mystische Erfahrungen sind dem Menschen möglich, sie sind unverfügbar, ein Widerfahrnis. Die Mitteilung darüber gelingt über narrative Annäherungen wie „Es trifft einen", „Ich finde mich darin vor". Sobald die Situation wahrgenommen wird, ist man draußen. Diese Qualität verbindet spirituelle Erfahrungen mit dem von Csikszentmihályi beschriebenen Phänomen des *Flow*[17], in dem der Mensch in völliger Hingabe an eine Tätigkeit sich selbst vergisst, also nicht mehr spürt, ob er hungrig ist, das Zeitgefühl verliert und dieses – nachgängig – als Glück erlebt. Der *Flow* ist ebenfalls nicht machbar, wohl sind Kriterien bekannt, die ihn eher wahrscheinlich machen. Dazu gehört, dass der Mensch in einem Fähigkeitenbereich gefordert ist, der seine bisherigen Leistungen übersteigt, zu dem er motiviert ist und der ihm die Möglichkeit bietet, sich zu überbieten und zu überschreiten. Damit ist gemeint, dass er etwas zustande bringt, was ihm auf diesem Niveau bisher noch nicht gelungen ist. In dem Aspekt, sich zu übersteigen, scheint das glücksspendende Moment zu liegen. Fallen spirituelle Erfahrungen „vom Himmel"? Das ist natürlich nicht auszuschließen. Spirituelle Erfahrungen müssen mit „Gnade" rechnen. Mystische Erfahrungen sind nicht machbar. Spirituelle Praxis scheint aber eine gute Voraussetzung dafür zu sein, das Sich-Öffnen zu üben. Und schon die Praxis vor jeder mystischen Erfahrung erleben Menschen als bereichernd.

Die Fähigkeit zu Offenheit liegt im Geist, der Teil der Natur ist.[18] Geist ist nach Comte-Sponville „eine Funktion, eine Potenz, ein Akt", der nicht be-

---

[14] Siehe auch *Hampe*, Leben.
[15] Vgl. *Comte-Sponville*, Atheist, 161, 166, 167.
[16] Ebd., 207 f.
[17] *Csikszentmihályi*, Flow.
[18] *Comte-Sponville*, Atheist, 163.

stritten werden kann, weil das Bestreiten den Geist bereits voraussetzt.[19] Die Beziehung zu etwas Unendlichem, Absolutem gilt dabei als „höchste Spitze des Geistes und zugleich dessen größte Amplitude"[20]. Da philosophisch gesehen „das große Ganze … kein Anderes hat"[21], bleibt Spiritualität immanent, wenn sie beschrieben wird als „unsere endliche Beziehung zum Unendlichen oder Unermesslichen, unsere zeitliche Erfahrung der Ewigkeit, unser relativer Zugang zum Absoluten"[22]. Während sich die Metaphysik mit dem Erfassen dieses Offenen, das der Geist ist, beschäftigt, „besteht [Spiritualität] darin, es zu erfahren, zu praktizieren, zu leben"[23]. Kurz gesagt ist „spirituelle[s] Leben … das Leben des Geistes" unter der Voraussetzung, dass es sich vom Ich lösen könne[24], ohne dass der Autor dabei in Transzendenzgrößen denkt, wohl aber in Größen der Selbst-Transzendenz, wobei die Spiritualität immanent bleibt, denn nach seiner atheistischen Position heißt es „Alles genügt – weil es nichts anders gibt"[25]. Dabei ist ebenfalls der Verwechslung von Spiritualität und Introspektion vorgebeugt.[26] Anliegen in Bildungskontexten könnte sein, nicht nur Wissen über diese Phänomene zu vermitteln, sondern auch Erfahrungen in einer in pädagogischen Kontexten adäquaten Weise anzubieten.

Kernaspekt der (religions-)psychologischen Studien zur Spiritualität von Bucher sind die Verbundenheit und Selbsttranszendenz als Fähigkeiten, „von sich absehen" und „sich mit anderen und anderem verbinden" zu können.[27] Bucher benennt vier Wirklichkeiten, mit denen der Mensch sich verbinden kann: die Natur und den Kosmos; die soziale Mitwelt; das Selbst in den Dimensionen von „Selbstverwirklichung" und Selbsttranszendenz sowie „ein höheres, geistiges Wesen, Gott".[28] Die letzten Begriffe weisen hier auf eine Wesenheit hin, die bei Comte-Sponville nicht vorausgesetzt ist, wenn er bei Atheisten davon ausgeht, dass diese die Wahrheit in einer Weise denken, die „weder uns noch sich selbst liebt".[29]

In diesem „breiten" Verständnis von Spiritualität, die nicht Teil einer Religion ist, sondern Religionen als spirituelle Erfahrungsräume umfasst, geht es um die Erfahrungsqualität dessen, „was existenziell unbedingt und

---

[19] Ebd., 160.
[20] Ebd., 161.
[21] Ebd., 164.
[22] Ebd., 240, siehe auch ebd., 161.
[23] Ebd., 161.
[24] Ebd., 234.
[25] Ebd., 236.
[26] Ebd., 233.
[27] *Bucher*, Psychologie, 40 (siehe auch 67, 69).
[28] Ebd., 40, Abb. 2.1.
[29] *Comte-Sponville*, Atheist, 239.

transzendent"[30] ist. Exklusiv Spirituelle sind oft von einer tiefen Ehrfurcht vor dem Leben erfüllt.[31] Hier deutet sich der Erfahrungshunger an, der Menschen in unserer Zeit und Gesellschaft antreibt. Nicht nur der Christ der Zukunft bzw. Gegenwart wird ein Mystiker sein oder er wird nicht sein,[32] auch der Mensch im Zeitalter des Analytischen und virtueller Lebenswelten sucht die ganzheitliche Erfahrung – nicht als Gegensatz, sondern als Komplementarität.

Verweist Spiritualität als Offenheit des Geistes darauf, dass der Mensch ein Potenzial besitzt, welches er nutzen kann und auch zu nutzen lernen kann, weil nur genutzte Potenziale den Menschen an seine Kräfte führen, betont die Verbundenheit einen Aspekt unserer Existenzialität als zugleich individuelle und soziale Wesen, die zwar autonom, aber nicht autark sind und deshalb angewiesen auf andere und anderes. Dies anzuerkennen, ja sogar dieser Angewiesenheit nachzuspüren und sich mit dem zu verbinden, was dem Leben und dem Wachstum dient, erfahren Menschen als Steigerung ihrer Lebenszufriedenheit. In unserer gegenwärtigen Gesellschaft lässt sich ein Streben nach Verbundenheit als wohl nötige Balance zur Autonomiebetonung ausmachen.[33] Soziales Eingebundensein macht Menschen glücklicher, so das Ergebnis ökonomischer Glücksforschungen.[34] Existenzielle Gegebenheiten anzuerkennen, befreit dazu, sie anzunehmen und dem gemäß – adäquat – zu handeln. Deshalb wurde als Beispielbereich für Spiritualität im nächsten Kapitel die Dankbarkeit gewählt, denn sie erweist sich als relationale Größe. Kann sie im Sinn einer *Spiritual-Literacy*-Bildung einen Beitrag zur spirituellen Alphabetisierung leisten? Vorher sollen im Hinblick auf die Frage der zu klärenden Bildungsrelevanz von Spiritualität empirische Ergebnisse zu Auswirkungen spirituellen Lebens zur Sprache kommen.

Empirische Erkenntnisse zur Spiritualität

Von großem Interesse für die Frage, inwiefern säkulare Spiritualität als Thema in allgemeinen Bildungskontexten etabliert werden könne, erweist

---

[30] *Stifoss-Hansen*, Religion nach *Bucher*, Psychologie, 68.
[31] *Binachi*, Ten Commandments nach *Bucher*, Psychologie, 68.
[32] vgl. Tagungsthema der Tagung „Der Christ der Zukunft wird ein Mystiker sein …" (Karl Rahner), welche vom 21.–23. Mai 2015 in der Akademie der Diözese Rottenburg-Stuttgart in Hohenheim stattfand.
[33] *Coca Cola Happiness Institut*, Megastress.
[34] *Frey/Frey Marti*, Glück.

sich das „Profiling" von Menschen, die spirituell leben.[35] Sie zeigen unter anderem höhere Werte bei der Ausprägung ihrer Phantasie, sind exzentrischer und offener für neue Erfahrungen; sie akzeptieren eher als andere Homosexualität und sind weniger fremdenfeindlich; ihre Bereitschaft für den interreligiösen Dialog ist stärker ausgeprägt, sie zeigen weniger Autoritarismus und weniger Orthodoxie. Spirituelle Menschen befinden sich innerhalb des Systems der Glaubensentwicklung nach Fowler auf der hohen Stufe des „verbindenden Glaubens", für die kennzeichnend ist, in interreligiöser Hinsicht das Verbindende zu betonen.[36]

Zwei Aspekte lassen sich diesbezüglich resümieren: Spirituelle zeigen eine größere Heterogenitätskompetenz und die personennahe Variable einer größeren Offenheit, die mit einer Disposition für Neugier und der Bereitschaft, neue Erfahrungen zu machen, verbunden ist. Der Aspekt, dass spirituelle Einstellungen als Persönlichkeitseigenschaft identifiziert werden konnten, erinnert an Howard Gardners Vorschlag, im Reigen der von ihm vorgeschlagenen multiplen Intelligenzen auch von einer spirituellen Intelligenz auszugehen.[37] Gefühle der Verbundenheit z. B. mit dem Kosmos scheinen gegenüber dem eher erlernten Brauch und Bedürfnis, zur Kirche zu gehen, eher genetisch disponiert zu sein.[38] Bucher merkt hier kritisch eine zu ausgedehnte Verwendung des Intelligenzbegriffes an, da dieser eher als Fähigkeit zur adaptiven Lösung von Problemen definiert sei als zur Erfassung von Verbundenheitsgefühlen.[39] Die Frage aber, inwieweit auch hier der Intelligenzbegriff dynamisch gesehen werden muss, wonach Intelligenzbereiche durch entwicklungsbegünstigende Erfahrungsbedingungen gefördert werden können, ist zu beachten. Denn als Disposition der Bewältigung von Anforderungen (wie oben beschrieben) scheinen spirituelle Menschen im Vorteil. Spiritualität sollte also nicht als „Schicksal" einem falsch verstandenen Begabungsbegriff zum Opfer fallen.

Ein solcher *Lern*moment leuchtete auf, als eine Studentin im Rahmen eines Seminars zum Thema „Glück" mit ihrem „täglichen Sonntag" aufwartete; sie nannte es „Dingsda-Zeit", in der sie jeden Abend zwischen 18 und 20 Uhr ein freies Zeitfenster in ihrem Stundenplan eingebaut habe, das auch nicht mit geplanten Freizeitaktivitäten belegt sei. Sie spare sich täglich Raum auf, in dem sie sich aktuell frage, was sie jetzt machen möchte; in dem sie sich funktionsfrei halte; in dem sie sich in dem begegnet, was noch in ihr

---

[35] Nach *Saucier/Skrzypinska*, Spiritual but not religious und *Streib*, More spiritual than religious nach *Bucher*, Psychologie, 64 f.

[36] *Fowler*, Stufen, 213 nach *Bucher*, Psychologie, 81.

[37] *Gardner*, Abschied vom IQ.

[38] *Kennedy*, Role, nach *Bucher*, Psychologie, 87.

[39] *Bucher*, Psychologie 50.

pulst, wenn die täglichen Pflichten ruhen. Was anderes ist – hier in säkularer Übersetzung – die Sonntagsidee, die ja auch in bekennend atheistischen Staaten nicht ausgemerzt werden konnte: sich selbst in seiner Existenz diesseits und jenseits von funktionalen Zusammenhängen zu erfahren?

Ausgangspunkt des Beitrags war die Frage, inwieweit Spiritualität in allgemeinbildenden Bildungskontexten ein Thema sein kann, ja mit der Begründung, ein menschliches Potenzial zu sein, werden muss, damit dem Recht auf Bildung, das immer die gesamte Persönlichkeit im Blick hat, Genüge getan wird. Ich plädiere dafür, weil Spiritualität nicht nur in Bekenntniskontexten anzutreffen ist, sondern auch das Leben atheistischer Menschen bereichert; weil sie nach der Definition Buchers einen Sehnsuchtsaspekt vieler Menschen in unseren westlichen Gesellschaften trifft, in der die Verbundenheit als Pol zur großen Autonomie und Optionenvielfalt ein wichtiges Balancegewicht darstellt; und auch weil die Spiritualität Teilthemen hat, die nicht nur in eigenen Bildungsräumen Platz finden können, sondern Aspekte von Klassenführung und fachlichem Unterricht bereichern können. Forschungen erweisen z. B. gelebte und geübte *Dankbarkeit* als Beitrag zu einem gelingenden Leben. Dankbarkeit ist eine Größe, die in religiösen wie säkularen Kontexten vertraut ist und im Folgenden in ihrem Potenzial diskutiert wird.

4. Dankbarkeit als Beispielbereich spiritueller Praxis – in säkularer wie religiöser Perspektive

Dankbarkeit ist eine relationale Größe. Der Mensch ist immer jemandem oder etwas gegenüber dankbar. Dankbarkeit ist ein Thema kultureller Praktiken und damit auch täglicher Erziehungspraxis. Sie changiert zwischen Höflichkeitsformen, mit denen emotionale Qualitäten von Freude und Zuwendung verbunden sind, sowie Höflichkeitsformeln, die bei äußerer Übereinkunft oder Pflicht bleiben, aber auch dem Menschen die Erfahrung öffnen können, wie es sein kann, sich dankend zuzuwenden. Ziel in Fragen von Erziehung zur Dankbarkeit wäre in jedem Fall eine Haltung dankbarer Zuwendung.

Eine Frage in erzieherischen Kontexten ist, ob und wie sich Dankbarkeit in symmetrischen bzw. asymmetrischen Beziehungsstrukturen unterscheidet; und auch, ob Dankbarkeit erwartet oder gar verlangt werden kann. Eine empfundene Dankbarkeit, die frei ist von Bringschuld, dürfte Menschen auf Augenhöhe begegnen lassen, befreit von „Vergeltungsgedanken", die einen Ausgleich schaffen wollen, und hierarchische Abhängigkeitsverhältnisse überwindend.

Eine Erfahrung in Angeboten zur Erinnerung dankbarer Momente und Begegnungen ist, dass eine besondere Atmosphäre entsteht, in der Verbundenheit, Nähe, Gewissheiten, Erdung und tiefe Freude spürbar ist. Oft hält diese auch an, wenn z. B. Menschen erzählen, dass sie eine Dankbarkeitsübung am Tag zuvor in den Abend hinein begleitet sowie am folgenden Morgen noch erfüllt hat. Der Dankbarkeit eignet die Erfahrung, beschenkt zu sein – ein Widerfahrnis, das sich dem „Homo-Faber-Tum", dem Machen, entzieht und welches das eigene Leben bereichert (hat). Dankbarkeit lebt auch davon, angenommen zu sein. Ich erinnere eine Person, die beim Formulieren eines Dankbarkeitsbriefes äußerte, diesen nicht an ihre Eltern zu adressieren, weil diese ihre Dankbarkeit nicht würden „nehmen" können. Den Dank eines anderen Menschen anzunehmen, bedeutet für den Bedankten die Erfahrung, etwas von Bedeutung gegeben haben zu können. Dieser wiederum erfährt eine Erfüllung auf besondere Weise auch (nur) dann, wenn es „ankommt". In einem solchen Verhältnis wird deutlich, dass wir Menschen zwar autonom, aber nicht autark sind, sondern angewiesen. Dies nicht als niederschmetternde Abhängigkeit zu erleben, sondern zu akzeptieren, befreit zur Dankbarkeit.

Auch innerhalb von Lebensentwicklungsaufgaben spielt Dankbarkeit eine Rolle. Erikson beschreibt in seinem psychosozialen Modell der Entwicklung des Menschen Entwicklungsstufen bis zum Lebensende. In der letzten Stufe der „Integrität versus Verzweiflung und Ekel" kann die Integration des eigenen Lebens im Rahmen der gegenwärtigen Bedeutung des vergangenen Lebens geschehen, was mit einer Akzeptanz des eigenen Lebens einhergeht.[40] Gerade bei sehr herausfordernden Lebensereignissen können Aussagen von Menschen nur mit Demut gehört werden – so wie die Äußerung einer Mutter, zu deren fünfköpfiger Familie eine Tochter mit Trisomie 21 und zusätzlichen gesundheitlichen Dauerpflegethemen gehört, die, nachdem sie die Aufgaben, die zu bewältigen waren, resümierte: „Wo wäre ich heute, wenn es Joy nicht gäbe?"

Traueranzeigen und Beerdigungen sind auch häufig ein Ort, an dem die Dankbarkeit für das, was der Verstorbene den Menschen, die bleiben, bedeutet hat, im Fokus steht. Nicht zuletzt ist der Trauerprozess ein Weg der Integration vom geteilten Leben und der Bedeutung des Verstorbenen und seines Tun und Lassens für die Hinterbliebenen, auf dem die Dankbarkeit wachsen kann. Aber auch andere Lebensereignisse wie Schulabschlüsse oder Hochzeiten erweisen sich als verdichtete Momente, an denen diejenigen, die erfolgreich etwas geleistet haben oder einen neuen eigenen Weg beschreiten, sich der Menschen und Dinge bewusst werden, die ihre eigene Kraft ge-

---

[40] *Erikson,* Identität.

tragen und beflügelt haben. Dankesworte an Eltern, Verwandte und Freunde gehören zu den entsprechenden Ritualen. Auch in Konflikten kann das Thema, von anderen etwas nehmen zu können, hilfreich sein. So bieten humanistische Konzepte in Konfliktmoderationsprozessen die Frage an, was der Betreffende vom Konfliktpartner schon hat nehmen können; was dieser schon geben konnte, das einmal hilfreich war. Das ist eine sensibel zu begleitende Frage, denn sie dient nicht dazu, das Problem kleinzureden oder gar den „Problembesitzer" ins Unrecht zu setzen. Vielmehr gilt es, das Feld all dessen, was die Konfliktpartner schon füreinander sein konnten, in seiner Vielfalt zu beleuchten, um im aktuellen Konflikt, der in der Regel den Blick verengt, eine Balance herzustellen und dadurch Lösungspotenziale zugänglich zu machen.

In der Sprache der Gestalttheorie[41] ist Dankbarkeit ein Ausdruck von „geschlossenen Gestalten". Offene bzw. geschlossene Gestalten beziehen sich auf (nicht) befriedigte Bedürfnisse des Menschen. Ein Beispiel: Entsteht Hunger, ist die Gestalt offen, da das Bedürfnis nach Essen gestillt werden muss. Wird dies möglich, indem adäquate Nahrung aufgenommen wird, ist die offene Gestalt in dem Moment geschlossen, in dem die Nahrung in den Körper integriert ist – also im Magen und der weiteren Verdauung, Ausscheidungen inbegriffen. Offene und geschlossene Gestalten gibt es in allen Bereichen menschlicher Bedürfnisse. Dankbarkeit ist insofern Ausdruck geschlossener Gestalten innerhalb der Bedürfnisbalance von Autonomie und Angewiesensein und des Bedürfnisses nach Verbundenheit. Denn wer dankbar ist, dessen Bedürfnis nach Verbundenheit und Annahme von Dingen, die ihm gut tun, ist gestillt.

Erwartete oder gar eingeforderte Dankbarkeit – „Sei dankbar!" – ist ein Widerspruch in sich. Denn sie würde bedeuten, dem anderen vorzuschreiben, was er erfahren soll; würde übersehen, dass jemand etwas gegeben hat, was der andere gerade nicht brauchte oder haben wollte. Dankbarkeit ist also eine Größe der Freiheit. In ihr liegt das Eingeständnis der und das Einverständnis mit der eigenen Angewiesenheit; in ihr werden Erfahrungen des Angewiesenseins realisiert, konkrete Gaben als Bereicherung erlebt und hierarchiefreie Verbindungen gepflegt, wo das Gegebene als dankbar Empfangenes thematisiert wird. Verbindungen des gegenseitigen Angewiesenseins werden im Danken als gelungen angenommen. Das beschenkt auch die Gebenden.

Die christliche Auffassung von Dankbarkeit bezieht sich auf das Schöpfungs- und Erlösungsgeschehen. Nach ihr ist Leben geschenkt, ist Leben verdankte Existenz, wobei es eine „Adresse" des Dankes gibt. Der

---

[41] Eine gut strukturierte Einführung bietet Hans Peter Dreitzel, siehe *Dreitzel*, Gestalt.

Mensch hat sich nicht selbst gemacht und kann zumindest nicht über seinen Lebensanfang bestimmen. Kinder werden von Gläubigen aller monotheistischen Religionen als Geschenk Gottes erfahren und angenommen. Auch „aufgegebene" Erfahrungen, bei denen Menschen herausgefordert sind, viel zur Lösung und Integration in ihr Leben investieren zu müssen, können zur Aufgabe der Annahme führen und diese wiederum zur Dankbarkeit. In dem Erlösungsgeschehen wurzelt die Zusage, befreit leben zu können. Als Teil der Schöpfung wie als Gegenüber zu ihr pflegen Christ/innen auch eine Schöpfungsspiritualität, in der sich der Dank an die gesamte Schöpfung ausdrückt – als Lebenszusammenhang des Menschen.

Alle Bemühungen um die Bewahrung der Schöpfung sind seit langem auch in nicht religiösen Kontexten ein Ausdruck der Gewissheit, dass wir diese Erde und das All nicht gemacht haben und auch nicht erneuern können; sondern dass diese Grundexistenzialien gegeben sind, woraus die Verpflichtung zur Erhaltung erwächst.

Forschungen zur Dankbarkeit zeigen, dass vor allem der Dankbarkeitsbesuch bei einem Menschen, der freundlich zu einem war und dem man nie angemessen gedankt hat, die größte Steigerung des Glücksempfindens auslöst, die einen Monat anhält.[42] Auch das Führen von Dankbarkeitstagebüchern bewirkte in den Studien von Emmons und McCullough eine starke Steigerung der Lebenszufriedenheit.[43] Ebenso haben Mitglieder einer Student/innen-Gruppe der Autorin dieses Beitrags beschrieben, dass sie bei einer analogen Praxis besser einschliefen. Seligman berichtet außerdem, dass Dankbarkeitsfeiern, bei denen Student/inn/en Dankbarkeitsbriefe geschrieben und die Adressat/inn/en eingeladen hatten, um den Brief in einer geschützten Öffentlichkeit zu lesen, sich zu einem Begegnungsraum von großer Nähe und emotionaler Bewegtheit entwickelten, in denen Verbundenheit spürbar war.[44]

Dankbarkeit zeigt sich also erstens als ein Thema, das in religiösen Kontexten relevant und in nicht religiösen „unverdächtig" erscheint, denn es ist auch in rein säkularen Zusammenhängen eine wichtige Größe; ihm eignet ein interreligiöses wie säkular-religiöses Verständigungspotenzial. Zweitens zeigen Forschungen, wie gut sie mit nicht unwesentlichen Effekten geübt zu werden vermag. Ein regelmäßiges Bedenken und Vergegenwärtigen, ja auch Vergegenständlichen von Dankbarkeitserfahrungen kann vielfältig angeregt werden.

---

[42] *Seligman*, Flourish, 385, A. 33.

[43] Robert Emmons/Michael McCullough, Counting blessings versus burdons. An experimental investigation of gratitude and subjective well-being in daily life (unveröffentlichtes Manuskript 2002), nach *Seligman,* Glücks-Faktor, 131, A. 113.

[44] *Seligman*, Glücks-Faktor, 127–131.

Ist die Thematisierung von Dankbarkeit z. B. im Deutschunterricht als Schreibanregung ein Kompetenztraining in *(Spiritual) Literacy*? Sind Dankbarkeitsfeiern in Schulklassen mit Menschen, die dazu eingeladen werden, übergriffig, weil es in der Schule um kognitiv messbare Lernergebnisse geht und solche privaten Dinge auch den privaten Räumen – und damit bei noch nicht volljährigen Schüler/inne/n – den Eltern vorbehalten bleiben müssen?

5. Zur Relevanz säkularer Spiritualität in allgemeinen Bildungskontexten

Zur Relevanz einer *Spiritual Literacy* in allgemeinen Bildungskontexten.

Die private Suche nach Ausdrucksformen für existenzielle Erfahrungen, die Bäumer/Plattig[45] ebenso konstatieren wie die gewachsene „Salonfähigkeit" spiritueller Themen in nicht religiösen Kontexten kann als Zeichen einer Sehnsucht nach neuen Sprachen für existenzielle, spirituelle Erfahrungen gelesen werden. Kaum beleuchtet ist bisher, inwiefern Aspekte der Selbstüberschreitung und der Thematisierung von Verbundenheit einen Selbstwert darstellen, der eigene Räume in Bildungskontexten beanspruchen dürfte. Was spricht also dafür, dem „spirituellen Analphabetismus" mit Angeboten zur *Spiritual Literacy* in allgemeinen Bildungskontexten zu begegnen?

Der Mensch ist zur (Selbst-)Transzendenz befähigt, Spiritualität gehört zu seinem Möglichkeitsspektrum und ist als solches Teil des Bildungsprozesses, in dem es immer um die Beziehung des Subjektes zu sich, der materiellen und sozialen Umwelt geht, wozu verschiedene Bereiche der Verbundenheitsachsen gehören, die Bucher in seinem Definitionsmodell zeichnet. Verbundenheit als zentrale Größe spirituellen Lebens ist konkret in folgenden Bereichen des schulischen Bildungskontextes relevant:

Verbundenheit und Sinn sind Motivations- und Interessensfaktoren, die in der Motivationspsychologie in ihrer leistungssteigernden Bedeutung für Lernprozesse beschrieben sind. Ganz konkret vermitteln sie die Bereitschaft, in ein Thema zu investieren und sich damit Zeiten und Räume der Beschäftigung mit Themen zu schaffen, die zu einer vertieften Aneignung führen können. Jeder kennt das: Für ein Hobby stehen selbst Jugendliche

---

[45] *Bäumer/Plattig*, „Säkulare Frömmigkeit",153–155

mitten in der Nacht auf, um sich zu engagieren und sich z. B. in Wett-kämpfen für eine Sache und eine Mannschaft einzusetzen.

Verbundenheit führt dazu, dass der Mensch seine Freiheit an eine Sache bindet. Das ist weit über kleine Übungsaufgaben und Hobbies hinaus der Weg, sich in der Welt zu platzieren, sich zu zeigen, sich zu engagieren und damit (mit)zugestalten. Partizipation ist das Kernelement menschlicher Gemeinschaften und demokratischer Gesellschaften. Alles, was dazu bei-trägt, trifft die Basis des Bildungsauftrages in unserer Gesellschaft.

Darüber hinaus ist Hingabe an eine Sache nicht nur ein Türöffner für Flow-Erfahrungen[46], die der Erfahrung von „reiner" Gegenwart vielleicht am nächsten kommt und Menschen als glückssteigernd erleben; sie ist auch ein Wachstumsfeld für einen Bereich, dessen Begriff erst allmählich wieder an Attraktivität zu gewinnen scheint: dem Dienen. Nicht zuletzt, und damit schließt sich der Kreis zur Motivation, beschreiben Lehrkräfte Folgendes: Haben sie gelernt, bei der Vorbereitung von Themen die subjektive Be-deutung im Leben der Schüler/innen zu erschließen, geben sie Raum für das, was die Kinder und Jugendlichen mit dem Thema verbindet, sind diese bei der Sache.[47] Das reduziert Aufmerksamkeitsprobleme, steigert die Bereit-schaft der Auseinandersetzung und schafft eine produktive Lernatmo-sphäre, die ihrerseits als eine zentrale Größe guten Unterrichts erwiesen ist.

Dabei ist pädagogisch zu bedenken: Verbundenheit ist ein Bedürfnis und ein Faktor höherer Lebenszufriedenheit. Er ist kein Primärwert, denn ob sich jemand Gruppen sozialen Engagements zugehörig fühlt oder seine Zugehörigkeit über menschenrechtsfeindliche Gruppen erkauft, wie die aktuelle weltpolitische Lage in ihren menschenrechtsfeindlichen Bewegun-gen deutlich macht (z. B. der so genannte „IS", Pegida) muss zentraler Gegenstand der Reflexion bleiben.

In didaktischer Hinsicht ist das Thema Verbundenheit ebenfalls virulent: Z. B. gibt es keine Erziehung zur *Sustainability*, ohne dass die Beziehung zur Natur und Umwelt mit ins Spiel gebracht würde mit dem Ziel, diese auf-zubauen. So weit, so unstrittig.

Aber die Bedeutung spiritueller Praktiken und Erfahrungen für die ei-gene Lebensbewältigung ist noch unterbetont. Bewegungen wie das Glück im pädagogischen Raum[48], die Achtsamkeitsbewegung[49] und Themen wie

---

[46] *Csikszentmihályi*, Flow.
[47] Aus einer noch in Auswertung befindlichen Studie der Autorin.
[48] Siehe: *Fritz-Schubert/Saalfrank/Leyhausen*, Praxisbuch; *Voss*, Glücklichsein. Klasse 5–7; dies.,
    Glücklichsein Klasse 8–11; *Graf*, „Wert"haftigkeit; *Graf*, Glück.
[49] Siehe: *Kaltwasser*, Achtsamkeit.

Lebenskompetenzen[50] sind bereits Felder, die in ihren Modell- und Projektformen Aspekte, die zur Spiritualität gehören, einsetzen. Es ist natürlich Neuland, wenn Themen von Spiritualität auch im fachlichen Lernen Eingang finden können und sollen. Daher ist es notwendig, Aspekte einer *Spiritual Literacy* in die Qualifizierung pädagogischen Fachpersonals auf eine Weise einzuführen, die den Umgang mit den Themen der Spiritualität schult. Weiterbildungskonzepte in Konzepten humanistischer Pädagogik tun dies in ihren Angeboten. Im universitären Raum bleiben diese Themen im Moment dem Engagement einzelner überlassen. Erste Auswertungen zum Glück als Thema im pädagogischen Raum liegen vor.[51] Dabei können kritische Aspekte nicht verschwiegen werden.

Widerspruchsfelder

Zunächst einmal sind die rechtlichen Rahmenbedingungen zu diskutieren. Wenn Spiritualität zu den Begabungsbereichen gehört, ist sie für den Bildungsbereich relevant, da dieser der Förderung der Gesamtpersönlichkeit mit all ihren Fähigkeiten und Begabungen dient. Gleichzeitig kann Spiritualität in den Verdacht geraten, übergriffig zu sein, zählen Bereiche der weltanschaulichen Orientierung doch in den Bestimmungsbereich der Eltern. Hier wäre darauf zu achten, dass Spiritualität als Erfahrungsraum frei von inhaltlicher Bestimmung bleiben muss.

Zweitens bietet die Offenheit für Erfahrungen, die angeregt werden, Entwicklungspotenzial; andererseits lauert das Entwicklungsrisiko, unbedacht in die „therapeutische Falle" zu geraten, denn Erfahrungsübungen können Schüler/innen unter Umständen in Kontakt mit unbearbeiteten Themen („offenen Gestalten") führen.

Drittens ist zu bedenken, ob Lehrkräfte zu diesen Themenbereichen verpflichtet werden können, auch wenn sie zu den anthropologischen Konstanten gehören. Denn die Öffnung für diese Themen und erst recht adäquate Praktiken fallen in den Privatbereich der Lehrkräfte.

---

[50] Siehe: *Graf*, Zum Glück.
[51] Vgl. *Graf* „Wert"haftigkeit; *Graf*, Glück.

6. Ausblick

„Nicht an Gott zu glauben ist kein Grund, sich eines Teils seiner Menschlichkeit zu berauben – und vor allem nicht dieses Teils [der Spiritualität]"[52]. Aus theologischer Sicht liefert der sich selbst als Atheisten bezeichnende Philosoph Comte-Sponville hier fast ein innerchristliches Argument, könnte man das Zitat auch als radikale Inkarnationsaussage lesen. Doch das ist Deutung aus christlicher Perspektive. Die Relevanz spiritueller Erfahrungen, die Menschen in Selbsttranszendierungen und Verbundenheiten führen, ihnen damit Wachstumsprozesse eröffnen und sie Sinn erleben lassen, liegt darin, ein verbindendes Element des Menschlichen zu sein – ob religiös gedeutet oder säkular erfahren. Das demokratische Recht auf positive wie negative Religionsfreiheit eröffnet strukturell den Raum für eine gleichberechtigte, dialogische Begegnung auf der Ebene gemeinsamer Verankerungserfahrungen in existenziellen Fragen. Dabei dürfte säkulare Spiritualität nicht zur „Quasireligion" umgedeutet werden. Vielmehr wäre das Ziel, dass sie von möglichst Vielen als menschliche Möglichkeit entdeckt werden könnte und diese Entdeckung nicht dem Zufall der lebensweltlichen Begegnung mit dem Thema überlassen bliebe. Schule könnte hier ihren Auftrag, die ganze Person in den Bildungsangeboten anzusprechen, vervollständigen, wenn sie Themen einer säkularen Spiritualität konkreter werden ließe. Sie würde einen neuen Bildungs"raum" öffnen – ähnlich der Erfahrung, die eine Studentin der Erziehungswissenschaft im angesprochenen Projekt machte. Sie studierte nicht Theologie, ist auch nicht religiös. Sie fand in der ganzheitlichen Auseinandersetzung auf der Tagung zum Thema Exerzitium in der etymologischen Bedeutung des Wortes *ex arce ire* – aus der Burg hinausgehen – eine Sprache für eigene Erfahrungen und gleichzeitig einen Impuls, immer wieder Wachstumsprozessen entgegen zu gehen; eine gute Voraussetzung, um Schüler/innen auf ihren Wegen ganzheitlicher Entwicklung zu begleiten.

---

[52] *Comte-Sponville*, Atheist 159 f.

Literaturverzeichnis

Aka, Christine, „Ich bin meine eigene Sekte." Volkskundliche Religionsforschung und Patchwork-Spiritualität, in: R.-E. Mohrmann (Hg.), Alternative Spiritualität heute, Münster – New York – München – Berlin 2010, 9–18.

Amery, Carl, Causa finalis oder der Dritte Bund, in: M. Albus (Hg.), Das Christentum am Ende der Moderne, Düsseldorf [1]1996, 34–42.

Anselm von Canterbury, Proslogion. Lateinisch-Deutsche Ausgabe. hrsg. v. F. Salesius Schmitt, Stuttgart 1962.

Aristoteles, Metaphysik. Nach der Übersetzung von H. Bonitz bearb. v. H. Seidl (Philosophische Schriften in sechs Bänden 5), Darmstadt 1995.

Aristoteles, Nikomachische Ethik, hrsg. v. E. Rolfes (Philosophische Bibliothek Hamburg 5), Hamburg 1985.

Arndt, Andreas (Hg.), Ludwig Feuerbach: Das Wesen des Christentums (Klassiker auslegen 52), Berlin 2015.

Arnoldsheimer Konferenz, Religionen, Religiosität und christlicher Glaube. Eine Studie, hrsg. im Auftrag der VELKD und der AFK, Gütersloh 1991.

Assmann, Jan, Monotheismus und Kosmotheismus. Ägyptische Formen eines „Denkens des Einen" und ihre europäische Rezeptionsgeschichte (Sitzungsberichte der Heidelberger Akademie der Wissenschaften, Philosophisch-Historische Klasse 1993, 2.), Heidelberg 1993.

Augustinus, Aurelius, Confessiones. Bekenntnisse. Lateinisch und deutsch. Eingeleitet, übersetzt und erläutert von Joseph Bernhart, München [4]1980.

Augustinus, Aurelius, Tractatus in epistolam Ioannis ad Parthos. Patrologia Latina XXXV, Sp. 1978–2062.

Augustinus, Aurelius, Vom Gottesstaat (De civitate Dei). Vollständige Ausgabe in einem Band. Buch 1 bis 10. Buch 11 bis 22. Aus dem Lateinischen von W. Thimme. Eingl. u. komm. v. C. Andresen. München [2]2011.

Bacq, Philippe, Für eine Erneuerung vom Ursprung her. Auf dem Weg zu einer zeugenden Pastoral, in: R. Feiter/H. Müller (Hg.), Frei geben. Pastoraltheologische Impulse aus Frankreich, Ostfildern 2012, 31–55.

Baecker, Dirk, Mit dem eigenen Leben Zeugnis ablegen. Kirche in der nächsten Gesellschaft (unveröff. Manuskript zum Vortrag in der Evangelischen Hochschule Ludwigsburg, 22. Januar 2014).

Baecker, Dirk, Studien zur nächsten Gesellschaft, Frankfurt a. M. 2007.

Baier, Karl (Hg.), Handbuch Spiritualität. Zugänge, Traditionen, interreligiöse Prozesse, Darmstadt 2006.

Baier, Karl, Spiritualitätsforschung heute, in: Ders. (Hg.), Handbuch Spiritualität. Zugänge, Traditionen, interreligiöse Prozesse, Darmstadt 2006, 11–45.

Baier, Karl, Unterwegs zu einem anthropologischen Begriff der Spiritualität, in: Ders. (Hg.), Spiritualität und moderne Lebenswelt, Wien 2006, 21–42.

Bärsch, Claus-Ekkehard/Berghoff, Peter/Sommerschmidt, Reinhardt (Hg.), Wer Religion verkennt, erkennt Politik nicht. Perspektiven der Religionspolitologie, Würzburg 2005.

Batlogg, Andreas R., Die Mysterien des Lebens Jesu bei Karl Rahner. Zugang zum Christusglauben (Innsbrucker theologische Studien 58), Innsbruck 2001.

Bauer, Christian, Paradoxalität, in: S. Gärtner/T. Kläden/B. Spielberg (Hg.), Praktische Theologie in der Spätmoderne. Herausforderungen und Entdeckungen, Würzburg 2014, 101–106.

Bäumer, Regina/Plattig, Michael, „Säkuklare Frömmigkeit". Ein Zwischenruf, in: T. Dienberg u. a. (Hg.), Säkulare Frömmigkeit. Theologische Beiträge zu Säkularisierung und Individualisierung, Münster 2013, 147–156.

Beaumont, Keith, Blessed John Henry Newman. Theologian and spiritual guide for our time, San Francisco CA 2010.

Beck, Ulrich, Der eigene Gott. Von der Friedensfähigkeit und dem Gewaltpotential der Religionen, Frankfurt a. M. 2008.

Beese, Dieter, Spiritualität in der Postmoderne. Ein Statement aus evangelischer Perspektive, online unter: http://ev-kirche-hiltrup.de/fileadmin/Downloads/beese/Spiritualitaet_in_der_Postmoderne_271108.pdf (Zugriff am 02.09.2015).

Beierwaltes, Werner, Platonismus im Christentum (Philosophische Abhandlungen 73), Frankfurt a. M. ³2014.

Beierwaltes, Werner, Das wahre Selbst. Studien zu Plotins Begriff des Geistes und des Einen, Frankfurt a. M. 2001.

Benedikt XVI., Ansprache: Tag der Reflexion des Dialogs und des Gebets für Frieden und Gerechtigkeit auf der Welt „Pilger der Wahrheit, Pilger des Friedens", in: R. A. Siebenrock/J.-H. Tück (Hg.), Selig, die Frieden stiften. Assisi – Zeichen gegen Gewalt, Freiburg i. Br. – Basel – Wien 2012, 248–252.

Benedikt XVI., Die Ökologie des Menschen. Die großen Reden des Papstes, München 2012.

Berger, Peter L., Nach dem Niedergang der Säkularisierungstheorie, Münster 2013, online unter: http://www.uni-muenster.de/imperia/md/content/religion_und_moderne/preprints/peter_l._berger_niedergang_der_s__kularisierungstheorie.pdf, 2 (Zugriff am 03.08.2015).

Berger, Peter L., Sehnsucht nach Sinn. Glauben in einer Zeit der Leichtgläubigkeit, Frankfurt a. M. – New York 1994 (amerik. Originalausgabe 1992).

Berger, Peter L./Berger, Brigitte/Kellner, Hansfried, The Homeless Mind. Modernization and Consciousness, New York 1973.

Bertelsmann-Stiftung (Hg.), Religionsmonitor 2008, Gütersloh 2007.

Bethge, Eberhard, Dietrich Bonhoeffer, Reinbek bei Hamburg 1976.

Beyer, Peter (Hg.), Religion im Prozess der Globalisierung, Würzburg 2001.

Biemer, Günter, Die Wahrheit wird stärker sein. Das Leben und Werk Kardinal Newmans (Internationale Cardinal Newman Studien 17), Frankfurt a. M. 2009.

Binachi, Eugene C., The Ten Commandments of ecological spirituality, in: D. Rivers (Hg.), Turning toward life. An invitation to explore reverence for life as a spiritual path, Oakland 2006, 77–88.

Blaschke, Olaf, Säkularisierung und Sakralisierung im 19. Jahrhundert, in: K. Gabriel/ C. Gärtner/D. Pollack (Hg.), Umstrittene Säkularisierung. Soziologische und historische Analysen zur Differenzierung von Religion und Politik, Berlin 2012, 439–459.

Blumenberg, Hans, Lebenszeit und Weltzeit, Frankfurt a. M. 2005.

Bochinger, Christoph, „New Age" und moderne Religion. Religionswissenschaftliche Analysen, Gütersloh 1994.

Bochinger, Christoph/Engelbrecht, Martin/Gebhardt, Winfried, Die unsichtbare Religion in der sichtbaren Religion – Formen spiritueller Orientierung in der religiösen Gegenwartskultur, Stuttgart 2009.

Böckenförde, Ernst-Wolfgang, Recht, Staat, Freiheit. Studien zur Rechtsphilosophie, Staatstheorie und Verfassungsgeschichte, Frankfurt a. M. [2]1992.

Boethius, Trost der Philosophie. Lateinisch-deutsch, hrsg. u. übers. v. E. Gegenschatz/O. Gigon. Eingeleitet und erläutert v. O. Gigon, München 1981.

Bolz, Norbert, Die Wirtschaft des Unsichtbaren. Spiritualität – Kommunikation – Design – Wissen: die Produktivkräfte des 21. Jahrhunderts, München 1999.

Bonhoeffer, Dietrich, Widerstand und Ergebung. Briefe und Aufzeichnungen aus der Haft, hrsg. v. C. Gremmels/E. Bethge (Werke 1945, Bd. 8), Gütersloh 1998.

Bonhoeffer, Dietrich an Karl Barth (19.09.1936), in: O. Dudzus/J. Henkys (Hg.), Illegale Theologenausbildung: Finkenwalde, 1935–1937 (DBW, 14), München 1996, 234–239.

Bonhoeffer, Dietrich, Brief vom 30.04.1944, in: E. Bethge, (Hg.), Widerstand und Ergebung. Briefe und Aufzeichnungen aus der Haft, München 1966, 176–183.

Bonhoeffer, Dietrich, Nach zehn Jahren, in: E. Bethge (Hg.), Widerstand und Ergebung. Briefe und Aufzeichnungen aus der Haft, München 1966, 10–14.

Bourdieu, Pierre, Die Auflösung des Religiösen, in: Ders. (Hg.), Rede und Antwort, Frankfurt a. M. 1992, 231–237.

Breul, Wolfgang (Hg.), Der radikale Pietismus. Perspektiven der Forschung, Göttingen 2010.

Bröckling, Ulrich/Krasmann, Susanne/Lemke, Thomas, Gouvernementalität der Gegenwart. Studien zur Ökonominierung des Sozialen, Frankfurt a. M. 2000.

Brockman, John, Die dritte Kultur. Das Weltbild der modernen Naturwissenschaft. Aus dem Amerikanischen übertragen von Sebastian Vogel, München 1995.

Buber, Martin, Gottesfinsternis. Betrachtungen zur Beziehung zwischen Religion und Philosophie, in: Ders., Schriften zur Philosophie (Werke 1), München 1962, 503–603.

Bucher, Anton A., Psychologie der Spiritualität. Handbuch, Weinheim – Basel [2]2014.

Bucher, Rainer, ... wenn nichts bleibt, wie es war. Zur prekären Zukunft der katholischen Kirche, Würzburg 2012.

Budde, Achim, Gemeinsame Tagzeiten. Motivation – Organisation – Gestaltung, Stuttgart 2013.

Buddhadāsa, Bhikkhu, I and Mine, Bangkok 2007.

Buddhadāsa, Bhikkhu, Handbook for Mankind, Surat Thani 2005.

Buddhadāsa, Bhikkhu, Ānāpānasati. Die sanfte Heilung der spirituellen Krankheit, München 2002.

Buddhadāsa, Bhikkhu, Heartwood of the Bodhi Tree. The Buddha's Teaching on Voidness, Boston 1994.

Buddhadāsa, Bhikkhu, The Prison of Life 1988, unter: http://www.suanmokkh.org/archive/arts/ret/prison1.htm (Zugriff am 20.06.2015).

Bultmann, Rudolf, Neues Testament und Mythologie (1941), in: H.-W. Bartsch (Hg.), Kerygma und Mythos I, Hamburg 1951, 15–53.

Camus, Albert, Der Mythos des Sisyphos, übersetzt. v. V. v. Wroblewsky, Reinbek bei Hamburg [18]2014.

Casanova, José, Die religiöse Lage in Europa, in: H. Joas/K. Wiegand (Hg.), Säkularisierung und die Weltreligionen, Frankfurt a. M. 2007, 322–357.

Certeau, Michel de, GlaubensSchwachheit, Stuttgart 2009 (französische Ausgabe: La faiblesse de croire. Texte établi et présenté par Luce Giard, Paris 1987).

Certeau, Michel, de, Eine rätselhafte Gestalt, in: Ders. (Hg.), GlaubensSchwachheit, Stuttgart 2009, 29–31.

Certeau, Michel de, Eine Tradition lesen: Der Mensch im Gebet, ein Baum aus Gesten, in: Ders. (Hg.), GlaubensSchwachheit, Stuttgart 2009,33–40.

Certeau, Michel de, Eine Tradition lesen: Kulturen und Spiritualitäten, in: Ders. (Hg.), GlaubensSchwachheit, Stuttgart 2009, 41–60.

Certeau, Michel de, L'Etranger ou l'union dans la différence. Nouvelle édition établie et présentée par Luce Giard, Paris 1991.

Certeau, Michel de, La Fable mystique. XVIe – XIIe siècle, Paris 1982 (dt. Ausgabe: Mystische Fabel. 16. bis 17. Jahrhundert. Aus dem Französischen von M. Lauble, Berlin 2010).

Chenu, Marie-Dominique, Les signes de temps, in: NRTH 87 (1965), 29–39.

Chesterton, Gilbert K., The Blue Cross, in: Ders., The Penguin Complete Father Brown, London 1981, 9–23.

Clausen, Johann Hinrich, Zurück zur Religion. Warum wir vom Christentum nicht loskommen, München 2006.

Coca Cola Happiness Institut (Hg.), Der Megastress unserer Gesellschaft und ihr Potenzial für Lebensfreude. Coca Cola Happiness Studie, Berlin 2014.

Comte-Sponville, André, Woran glaubt ein Atheist? Spiritualität ohne Gott, Zürich 2008.

Congar, Yves M.J., Für eine dienende und arme Kirche, Mainz 1965.

Congar, Yves, M.J., Christus in Frankreich, in: Ders., Priester und Laien. Im Dienst am Evangelium, Freiburg – Basel – Wien 1965, 221–233.

Corbí, Marià, Hacia una espiritualiad laica sin creencias, sin religiones, sin dioses, Barcelona 2007.

Csikszentmihályi, Mihály, Flow. Das Geheimnis des Glücks. übers. v. A. Charpentier, Stuttgart [12]2005.

Dahlke, Rüdiger, Krankheit als Symbol. Handbuch der Psychosomatik, München 1996.

Dalferth, Ingolf U./Hunziker, Andreas, Seinkönnen. Der Mensch zwischen Möglichkeit und Wirklichkeit, Tübingen 2011.

Dalferth, Ingolf U./Stoellger, Philipp (Hg.), Gott nennen. Gottes Namen und Gott als Name (Religion in philosophy and theology 33), Tübingen 2008.

Delhey, Jan, Haben, Lieben, Sein. Was ist dem Glück förderlich? Soziologische Anmerkungen, in: Forschung und Lehre 11 (2013), 890–891.

Descartes, René, Discours de la Méthode. Von der Methode des richtigen Vernunftgebrauchs und der wissenschaftlichen Forschung, hrsg. v. L. Gäbe, Hamburg 1964.

Dethlefsen, Thorwald, Schicksal als Chance. Das Urwissen zur Vollkommenheit des Menschen, München [35]1992.

Dethlefsen, Thorwald/Dahlke, Rüdiger, Krankheit als Weg. Deutung und Bedeutung der Krankheitsbilder, München 1990.

Dosse, François, Michel de Certeau – marcheur blessé, Paris 2002.

Dreitzel, Hans Peter, Gestalt und Prozess. Eine psychotherapeutische Diagnostik oder: Der gesunde Mensch hat wenig Charakter (Reflexive Sinnlickeit II), Bergisch-Gladbach 2004.

Ebertz, Michael N., Die Wüste lebt. Spiritualität statt Frömmigkeit? in: M. Jepsen (Hg.), Evangelische Spiritualität heute. Mehr als ein Gefühl. Stuttgart 2004, 13–32.

Eckholt, Margit, „Stimme der Stimmlosen" – Befreiung im Dienst des Friedens. Neue interkulturelle Dynamiken der Theologie der Befreiung, in: F. Gmainer-Pranzl/S. Lassak/B. Weiler (Hg.), Theologie der Befreiung heute, Salzburg 2016 (in Vorbereitung).

Eckholt, Margit, Ein Papst des Volkes. Die lateinamerikanische Prägung von Papst Franziskus, in: Theologisch-praktische Quartalschrift 163 (2015), 4–19.

Eckholt, Margit, „… bei mir erwächst die Theologie aus der Pastoral". Lucio Gera – ein „Lehrer in Theologie" von Papst Franziskus, in: Stimmen der Zeit 232 (2014), 157–172.

Eckholt, Margit, Glauben im bewegten Raum der Stadt. Neue Verortungen der Theologie im Gespräch der Kulturwissenschaften, in: G. Bausenhart/M. Eckholt/L. Hauser (Hg.), Zukunft aus der Geschichte Gottes. Theologie im Dienst an einer Kirche für morgen. Für Peter Hünermann, Freiburg i. Br. – Basel – Wien 2014, 341–369.

Eckholt, Margit, Mystik und Mission. Auf der Suche nach neuen Formen der Gottesrede, in: B. Fresacher (Hg.), Neue Sprachen für Gott. Aufbrüche in Medien, Literatur und Wissenschaft, Ostfildern 2010, 99–122.

Eckholt, Margit, Nicht ohne Dich. Der verletzte Wanderer und der fremde Gott. Eine Annäherung an Michel de Certeau SJ, in: H.-P. Schmitt (Hg.), Der dunkle Gott. Gottes dunkle Seiten, Stuttgart 2006, 34–62.

Eckholt, Margit, Poetik der Kultur. Bausteine einer interkulturellen dogmatischen Methodenlehre, Freiburg i. Br. 2002.

Eißler, Friedmann, Art. Reiki, in: Materialdienst der EZW 4 (2014), 153–157.

Elias, Norbert, Die Gesellschaft der Individuen, Frankfurt a. M. 2003.

Elias, Norbert, Über den Prozeß der Zivilisation. Soziogenetische und psychogenetische Untersuchungen. Wandlungen des Verhaltens in den weltlichen Oberschichten des Abendlandes, Bd. 1, Frankfurt a. M. 1997.

Emcke, Carolin, Das Eigene, in: Süddeutsche Zeitung am Wochenende, 17./18.01. 2015, Nr. 13, 5.

Endreß, Martin, „Postsäkulare Kultur"? Max Webers Soziologie und Habermas' Beitrag zur De-Säkularisierungsthese, in: A. Bienfait (Hg.), Religionen verstehen. Zur Aktualität von Max Webers Religionssoziologie, Wiesbaden 2011, 123–149.

Erikson, Erik H., Identität und Lebenszyklus. Drei Aufsätze. Sonderausg. zum 30-jährigen Bestehen der Reihe Suhrkamp-Taschenbuch Wissenschaft, Frankfurt a. M. 2003.

Erikson, Erik H., Wachstum und Krisen der gesunden Persönlichkeit, in: Ders. (Hg.), Identität und Lebenszyklus, Frankfurt a. M. 1973 [1959], 55–122.

Faivre, Antoine, Esoterik im Überblick. Geheime Geschichte des abendländischen Denkens, Freiburg i. Br. 2001.

Feige, Andreas, Zu Stellenwert und Kontext des Toleranz-Ideals im Lebensentwurf Jugendlicher in Deutschland. Sozialwissenschaftlich-empirische Befunde, in: Glaube und Lernen 26, 1 (2011), 64–83.

Feige, Andreas, Jugend und Religion, in: H.-H. Krüger/C. Grunert (Hg.), Handbuch Kindheits- und Jugendforschung, Wiesbaden 2010, 917–931.

Feige, Andreas/Gennerich, Carsten, Lebensorientierungen Jugendlicher. Alltagsethik, Moral und Religion in der Wahrnehmung von Berufsschülern in Deutschland, Münster – New York – München – Berlin 2008.

Feiter, Reinhard/Müller, Hadwig, Frei geben. Pastoraltheologische Impulse aus Frankreich, Ostfildern 2012.

Figl, Johannes, Die Mitte der Religionen. Idee und Praxis universalreligiöser Bewegungen, Darmstadt 1993.

Fowler, James W., Stufen des Glaubens. Die Psychologie der menschlichen Entwicklung und die Suche nach Sinn. Gütersloh 1991.

Frey, Bruno S./Frey Marti, Claudia, Glück. Die Sicht der Ökonomie (Kompaktwissen CH 13), Zürich – Chur 2010.

Fritz-Schubert, Ernst/Saalfrank, Wolf-Thorsten/Leyhausen, Malte (Hg.), Praxisbuch Schulfach Glück. Grundlagen und Methoden, Weinheim – Basel 2015.

Fuchs, Ottmar, Religionskritik als praktisch-theologische Aufgabe, in: ZMR 98 (2014), 241–253.

Fuchs, Ottmar, Wir müssen gar nichts tun, sondern dürfen anders sein, um das Richtige tun zu können, in: εὐangel. Magazin für missionarische Pastoral (2014), online unter: http://www.euangel.de/ausgabe-1–2014/neue-spiritualitaet-und-christentum/wir-muessen-gar-nichts-tun-sondern-duerfen-anders-sein-um-das-richtige-tun-zu-koennen/ (Zugriff am 05.10.2014).

Fuchs, Ottmar, Wer's glaubt, wird selig … Wer's nicht glaubt, kommt auch in den Himmel, Würzburg 2012.

Fuchs, Ottmar, Es geht nichts verloren. Ottmar Fuchs im Gespräch mit Rainer Bucher und Rainer Krockauer, Würzburg 2010.

Füssel, Kuno, Die Zeichen der Zeit als *locus theologicus*, in: Freiburger Zeitschrift für Philosophie und Theologie 30 (1983), 259–274.

Gabriel, Karl, Das 19. Jahrhundert: Zeitalter der Säkularisierung oder widersprüchliche Entwicklung, in: K. Gabriel/C. Gärtner/D. Pollack (Hg.), Umstrittene Säkularisierung. Soziologische und historische Analysen zur Differenzierung von Religion und Politik, Berlin 2012, 417–438.

Gabriel, Karl, Religionspluralität in westeuropäischen Gesellschaften als Herausforderung für die christlichen Kirchen, in: J. Könemann/A. Loretan (Hg.), Religiöse Vielfalt und der Religionsfrieden. Herausforderung für die christlichen Kirchen, Zürich 2009, 15–30.

Gabriel, Karl, Einleitung, in: K. Gabriel (Hg.), Religiöse Individualisierung oder Säkularisierung. Biographie und Gruppe als Bezugspunkte moderner Religiosität, Gütersloh 1996, 9–13.

Gabriel, Karl, Jugend, Religion und Kirche im gesellschaftlichen Modernisierungsprozess, in: K. Gabriel/H. Hobelsberger (Hg.), Jugend, Religion und Modernisierung, Opladen 1994, 53–73.

Gabriel, Karl/Gärtner, Christel/Münch, Maria-Theresia/Schönhöffer, Peter, Solidarität mit Osteuropa. Praxis und Selbstverständnis christlicher Mittel- und Osteuropagruppen. Motive christlichen Solidaritätshandelns, Bd. 2, Mainz 2002.

Gardner, Howard, Abschied vom IQ. Die Rahmentheorie der vielfachen Intelligenzen, Stuttgart [2]1998.

Gärtner, Christel, Religiöse Identität und Wertbindungen von Jugendlichen in Deutschland, in: C. Wolf/M. Koenig (Hg.), Religion und Gesellschaft. Sonderheft 53 der Kölner Zeitschrift für Soziologie und Sozialpsychologie, Wiesbaden 2013, 211–233.

Gärtner, Christel, Der Zusammenhang von Religion und Generation, in: K.-S. Rehberg (Hg.), Die Natur der Gesellschaft. Verhandlungen des 33. Kongresses der Deutschen Gesellschaft für Soziologie in Kassel 2006, Frankfurt a. M. 2008, CD-ROM: 2396–2407.

Gärtner, Christel, Egotaktiker mit spontanen Solidaritätsverpflichtungen? Zur Wahrnehmung jugendlicher Engagementbereitschaft in der Jugendforschung, in: H. J. Große Kracht (Hg.), Solidarität institutionalisieren. Arenen, Aufgaben und Akteure christlicher Sozialethik. Festschrift für Karl Gabriel zum 60. Geburtstag (Beiträge aus dem Institut für Christliche Sozialwissenschaften 50), Münster 2003, 97–111.

Gärtner, Christel, Eugen Drewermann und das gegenwärtige Problem der Sinnstiftung. Eine religionssoziologische Fallanalyse, Frankfurt a. M. 2000.

Gärtner, Christel, Sinnsuche und das Phänomen der neuen religiösen Bewegung, in: Sociologia Internationalis 38, 1 (2000), 87–113.

Gärtner, Christel/Ergi, Zehra, The Relation of Religious Identity and National Heritage among Young Muslims in Germany, in: F.-V. Anthony/H.-G. Ziebertz (Hg.), Religious Identity and National Heritage. Empirical-Theological Perspectives, Leiden – Boston 2012, 73–90.

Gebhardt, Winfried/Hitzler, Ronald/Pfadenhauer, Michaela (Hg.), Events. Soziologie des Außergewöhnlichen, Opladen 2000.

Gerhardt, Volker, Der Sinn des Sinns. Versuch über das Göttliche, München 2014, ²2015.

Gerlitz, Peter, Art. Reiki, in: Lexikon neureligiöser Gruppen, Szenen und Weltanschauungen. Orientierungen im religiösen Pluralismus, hrsg. v. H. Baer/H. Gasper u. a., Freiburg – Basel – Wien 2015, 1064–1067.

Glock, Charles, Religion in Sociological Perspective, Belmont 1973.

Glock, Hans-Johann, Art. Sagen/Zeigen, in: Ders. (Hg.), Wittgenstein-Lexikon, Darmstadt 2000, 305–311.

Gräb, Wilhelm/Charbonnier, Lars (Hg.), Individualisierung – Spiritualität – Religion. Transformationsprozesse auf dem religiösen Feld in interdisziplinärer Perspektive, Berlin – Münster 2008.

Graf, Friedrich Wilhelm, Die Wiederkehr der Götter. Religion in der modernen Kultur, Bonn 2004.

Graf, Ulrike, „Zum Glück" in der Schule sein? Lebenskompetenzen als Unterrichtsfach, in: Public Health Forum 89, 4 (2015) im Druck.

Graf, Ulrike, Was geht das Glück die Pädagogik an? Glück als Thema der Lehrer/innen-Bildung, in: E. Fritz-Schubert/W.-T. Saalfrank/M. Leyhausen, (Hg.), Praxisbuch Schulfach Glück. Grundlagen und Methoden, Weinheim – Basel 2015, 52–83.

Graf, Ulrike, Von der „Wert"haftigkeit des Glücks. Überlegungen zu einer saluto-genetischen Orientierung in Unterricht und Lehrerbildung, in: E. Naurath u. a. (Hg.), Wie sich Werte bilden, Osnabrück 2013, 263–284.

Grochowina, Nicole, „Die Hütte Gottes bei den Menschen". Traditionslinien evangelischer Ordensspiritualität, in: ProOriente Jahrbuch (2012), 124–134.

Grom, Bernhard, Hoffnungsträger Esoterik? Regensburg 2002.

Großbölting, Thomas, Der verlorene Himmel. Glaube in Deutschland seit 1945, Bonn 2013.

Guggenberger, Wilhelm, Niklas Luhmanns Systemtheorie. Eine Herausforderung der christlichen Gesellschaftslehre (Innsbrucker theologische Studien 51), Innsbruck – Wien 1998.

Guhl-Popat, Unmesha u. a., Reiki – Wer heilt denn hier?, in: Connection 11 (1996), 43–46.

Habermas, Jürgen, Glauben und Wissen. Friedenspreisrede 2001, in: Ders. (Hg.), Zeitdiagnosen. Zwölf Essays, Frankfurt a. M. 2003, 249–262.

Hafner, Johann E., Selbstdefinition des Christentums. Ein systemtheoretischer Zugang zur frühchristlichen Ausgrenzung der Gnosis, Freiburg i. Br. 2003.

Hahn, Alois, Sinn und Sinnlosigkeit, in: H. Haferkamp/M. Schmid (Hg.), Sinn, Kommunikation und soziale Differenzierung. Beiträge zu Luhmanns Theorie sozialer Systeme, Frankfurt a. M. 1987, 155–164.

Halik, Tomáš, Geduld mit Gott. Die Geschichte des Zachäus heute, Freiburg i. Br. 2014.

Halík, Tomáš, SpielArten des Atheismus oder Der Glaube als Kunst, mit dem Paradox des Geheimnisses zu leben, in: Lebendige Seelsorge 65 (2014), 285–288.

Hampe, Michael, Das vollkommene Leben. Vier Meditationen über das Glück, München 2009.

Hanegraaff, Wouter J., New Age Religion and Western Culture. Esotericism in the Mirror of Secular Thought, Leiden u. a. 1996.

Heelas, Paul/Woodhead, Linda, Spiritual Revolution. Why Religion is Giving Way to Spirituality, Malden – Oxford – Carlton 2005.

Heidegger, Martin, Sein und Zeit. Fünfzehnte, an Hand der Gesamtausgabe durchgesehene Auflage mit den Randbemerkungen aus dem Handexemplar des Autors im Anhang, Tübingen [15]1979.

Heller, Birgit, Spiritualität versus Religion/Religiosität?, in: B. Heller/A. Heller, Spiritualität und Spiritual Care. Orientierungen und Impulse, Bern 2014, 45–68.

Hero, Markus, Von der Kommune zum Kommerz? Zur institutionellen Genese zeitgenössischer Spiritualität, in: R.-E. Mohrmann (Hg.), Alternative Spiritualität heute, Münster – New York – München – Berlin 2010, 35–53.

Hero, Markus/Krech, Volkhard, Die Pluralisierung des religiösen Feldes in Deutschland. Empirische Befunde und systematische Überlegungen, in: G. Pickel/K. Sammet (Hg.), Religion und Religiosität im vereinigten Deutschland. Zwanzig Jahre nach dem Umbruch, Wiesbaden 2011, 27–41.

Hilberath, Bernd J./Scharer, Matthias, Kommunikative Theologie. Grundlagen – Erfahrungen – Klärungen (Kommunikative Theologie 15), Ostfildern ²2012.

Hitzler, Roland, Individualisierung des Glaubens. Zur religiösen Dimension der Bastelexistenz, in: A. Honer u. a. (Hg.), Diesseitsreligion. Zur Deutung der Bedeutung moderner Kultur. Festschrift für H.-G. Soeffner, Konstanz 1999, 351–368.

Hochschild, Michael, Neuzeit der Orden. Kursbuch für Himmelsstürmer, Münster 2005.

Hödl, Hans Gerald, Alternative Formen des Religiösen, in: J. Figl (Hg.), Handbuch Religionswissenschaft. Religionen und ihre zentralen Themen, Innsbruck 2003, 485–524.

Hoff, Gregor M., Ein anderer Atheismus. Spiritualität ohne Gott?, Kevelaer 2015.

Höffe, Otfried (Hg.), Immanuel Kant. Zum ewigen Frieden (Klassiker lesen 3), Berlin ³2011.

Höhn, Hans-Joachim, Praxis des Evangeliums – Partituren des Glaubens. Wege theologischer Erkenntnis, Würzburg 2015.

Höllinger, Franz/Tripold, Thomas, Ganzheitliches Leben. Das holistische Milieu zwischen neuer Spiritualität und postmoderner Wellness-Kultur, Bielefeld 2012.

Hölscher, Lucian, Die Religion des Bürgers. Bürgerliche Frömmigkeit und Protestantische Kirche im 19. Jahrhundert, in: Historische Zeitschrift 250, 3 (1990), 595–630.

Horkheimer, Max/Adorno, Theodor W., Dialektik der Aufklärung. Philosophische Fragmente, Frankfurt a. M. 2012.

Hoyer, Birgit, Seelsorge auf dem Land. Räume verletzbarer Theologie, Stuttgart 2011.

Hummel, Reinhart, Wie gehen die Kirchen des Westens mit dem Synkretismus der Menschen um?, in: Materialdienst der EZW 2 (1999), 33–40.

Hünermann, Peter, Bernhard Welte als Fundamental-Theologe. Die Bedeutung des philosophischen Werkes von Bernhard Welte für die Theologie, in: G. Bausenhart/M. Böhnke/D. Lorenz (Hg.), Phänomenologie und Theologie im Gespräch. Impulse von Bernhard Welte und Klaus Hemmerle, Freiburg i. Br. 2013, 516–535.

Hünermann, Peter, Dogmatische Prinzipienlehre. Glaube – Überlieferung – Theologie als Sprach- und Wahrheitsgeschehen, Münster 2003.

Identity Foundation, Spiritualität in Deutschland, online unter: http://www.kleine-spirituelle-seite.de/tl_files/template/pdf/studie_spiritualitaet_in_deutschland.pdf; http://zelos.zeit.de/bilder/2006/15/aktuell/Studie_Spiritualitaet.pdf (Zugriff am 17.05.2015).

Ignatius von Loyola, Geistliche Übungen), übersetzt von Peter Knauer, Würzburg 2008.

Ignatius von Loyola, Geistliche Übungen, in: P. Knaur (Hg.), Ignatius von Loyola. Briefe und Unterweisungen (Deutsche Werkausgabe I), Würzburg 1993.

Jacobs, Helmut C., Der Schlaf der Vernunft. Goyas Capricho 43 in Bildkunst, Literatur und Musik, Basel 2006.

Jagodzinski, Wolfgang/Dobbelaere, Karl, Der Wandel kirchlicher Religiosität in Westeuropa, in: J. Bergmann/A. Hahn/T. Luckmann (Hg.), Religion und Kultur. Sonderheft 33 der Kölner Zeitschrift für Soziologie und Sozialpsychologie, Opladen 1993, 68–91.

James, William, Die Vielfalt religiöser Erfahrung. Eine Studie über die menschliche Natur, Frankfurt a. M. 1997.

Jepsen, Maria (Hg.), Evangelische Spiritualität heute. Mehr als ein Gefühl. Stuttgart 2004.

Joas, Hans, Glaube als Option. Zukunftsmöglichkeiten des Christentums, Freiburg – Basel – Wien 2012.

Joas, Hans, Braucht der Mensch Religion? Über Erfahrungen der Selbsttranszendenz, Freiburg i. Br. [2]2004.

Joest, Christoph, Spiritualität evangelischer Kommunitäten. Altkirchlich-monastische Tradition in evangelischen Kommunitäten heute, Göttingen 1995.

Kaltwasser, Vera, Achtsamkeit in der Schule. Stille-Inseln im Unterricht: Entspannung und Konzentration, Weinheim – Basel 2008.

Kant, Immanuel, Beantwortung der Frage: Was ist Aufklärung?, in: W. Weischedel (Hg.), Immanuel Kant- Schriften zur Anthropologie, Geschichtsphilosophie, Politik und Pädagogik (Werke in sechs Bänden 6) [Unveränderter Nachdruck der Sonderausgabe von 1998], Darmstadt 2011, 51–63.

Kardinal Jorge Mario Bergoglio, Rede vor den Kardinälen vor der Papstwahl, online unter: http://www.adveniat.de/presse/papst-franziskus/rede-im-vorkonklave.html (Zugriff am 03.09.2015).

Kaufmann, Franz-Xaver, Religion und Modernität. Sozialwissenschaftliche Perspektiven, Tübingen 1989.

Kennedy, James E., The role of religion, spirituality, and genetics in paranormal belief, in: Sceptical Inquirer 28 (2004), 39–42.

Keul, Hildegund, Inkarnation – Gottes Wagnis der Verwundbarkeit, in: ThQ 192 (2012), 216–232.

King, Vera, Die Entstehung des Neuen in der Adoleszenz. Individuation, Generativität und Geschlecht in modernisierten Gesellschaften, Opladen 2002.

Kippenberg, Hans G., Gewalt als Gottesdienst. Religionskriege im Zeitalter der Globalisierung, München 2008.

Kirchenkanzlei der EKD, Evangelische Spiritualität. Überlegungen und Anstöße zur Neuorientierung, Gütersloh 1979.

Knoblauch, Hubert, Populäre Spiritualität, in: R.-E. Mohrmann (Hg.), Alternative Spiritualität heute, Münster – New York – München – Berlin 2010, 19–34.

Knoblauch, Hubert, Populäre Religion. Auf dem Weg in eine spirituelle Gesellschaft, Frankfurt – New York 2009.

Knoblauch, Hubert, Soziologie der Spiritualität, in: K. Baier (Hg.), Handbuch Spiritualität. Zugänge, Traditionen, interreligiöse Prozesse, Darmstadt 2006, 91–111.

Knoblauch, Hubert, Populäre Religion. Markt, Medien und die Popularisierung der Religion, in: A. Honer u. a. (Hg.), Diesseitsreligion. Zur Deutung der Bedeutung moderner Kultur. Festschrift für H.-G. Soeffner, Konstanz 1999, 201–222.

Körner, Bernhard, Orte des Glaubens – loci theologici. Studien zur theologischen Erkenntnislehre, Würzburg 2014.

Körner, Bernhard, Melchior Cano, De Locis theologicis. Ein Beitrag zur Theologischen Erkenntnislehre, Graz 1994.

Körner, Reinhard, Weisheit – die Spiritualität des Menschen, Leipzig 2004.

Körtner, Ulrich, Wiederkehr der Religion? Das Christentum zwischen neuer Spiritualität und Gottvergessenheit, Gütersloh 2006.

Kramer, Bernd, Erleuchtung gefällig? Ein esoterischer Selbstversuch, Berlin 2013.

Kraml, Martina, Dissertation gestalten im Raum der Möglichkeiten. Eine theologiedidaktische Studie zu Dissertationsprozessen mit besonderer Aufmerksamkeit auf die Entwicklung empirischer Forschung, Innsbruck 2013.

Kraus, Hans-Joachim, Reich Gottes, Reich der Freiheit. Grundriss Systematischer Theologie, Neunkirchen-Vluyn 1975.

Krech, Volkhard, Kleine Religionsgemeinschaften in Deutschland – Eine religionssoziologische Bestandsaufnahme, in: H. Lehmann (Hg.), Religiöser Pluralismus im vereinten Europa. Freikirchen und Sekten, Göttingen 2005, 116–144.

Krech, Volkhard, Religionssoziologie, Bielefeld 1999.

Krech, Volkhard, Zwischen Historisierung und Transformation von Religion, in: V. Krech/H. Tyrell (Hg.), Religionssoziologie um 1900, Würzburg 1995, 313–349.

Kreiner, Armin, Das wahre Antlitz Gottes – oder was wir meinen, wenn wir Gott sagen, Freiburg i. Br. – Basel –Wien 2006.

Kretschmann, Winfried/Wodtke-Werner, Verena, Wieviel Religion verträgt der Staat, Stuttgart 2014

Kristeva, Julia, Zehn Prinzipien für den Humanismus des 21. Jahrhunderts. Vortrag an der Universität Rom III am 26. Oktober 2011 unter Teilnahme der Delegation der Humanisten und des Kardinals Ravasi, in: R. A. Siebenrock/J.-H. Tück (Hg.), Selig, die Frieden stiften. Assisi – Zeichen gegen Gewalt, Freiburg i. Br. – Basel – Wien 2012, 241–247.

Kurfer, Tobias, Unter Gurus. Ein Trip in die Welt der Esoterik, Frankfurt a. M. 2014.

Lesch, Harald, Was hat das Universum mit mir zu tun?, in: G. M. Hoff (Hg.), Weltordnungen. Im Auftrag des Direktoriums der Salzburger Hochschulwochen als Jahrbuch herausgegeben, Innsbruck – Wien 2009, 69–103.

Lévinas, Emmanuel, Die Spur des Anderen. Untersuchungen zur Phänomenologie und Sozialphilosophie. Übers., hrsg. u. eingeleitet v. W. N. Krewani, Freiburg i. Br. ⁶2012.

Liedhegener, Antonius, Säkularisierung als Entkirchlichung. Trends und Konjunkturen in Deutschland von der Mitte des 19. Jahrhunderts bis zur Gegenwart, in: K. Gabriel/C. Gärtner/D. Pollack (Hg.), Umstrittene Säkularisierung. Soziologische und historische Analysen zur Differenzierung von Religion und Politik, Berlin 2012, 481–531.

Luczyn, David, Esoterik-Führer. Ein aktueller Leitfaden durch das Esoterik-Labyrinth, Niedertaufkirchen 1993.

Luhmann, Niklas, Die Religion der Gesellschaft, unter Mitarbeit v. A. Kieserling, Frankfurt a. M. ²2002.

Luther, Martin, Von der Freiheit eines Christenmenschen, in: WA 7, 20–39.

Luther, Martin, Kirchenpostille, in: WA 10-I, 1–728.

Luther, Martin, Das XIV. und XV. Kapitel S. Johannes ausgelegt und gepredigt, in: WA 45, 465–733.

Luther, Martin, Vorrede zum 1. Bande der Wittenberger Ausgabe der deutschen Schriften, in: WA 50, 657–661.

Maier, Hans, „Politische Religionen". Ein Konzept des Diktaturvergleichs, in: H. Lübbe (Hg.), Heilserwartung und Terror. Politische Religionen des 20. Jahrhunderts (Schriften der Katholischen Akademie in Bayern 152), Düsseldorf 1995, 94–112.

Manemann, Jürgen, Kritik des Anthropozäns. Plädoyer für eine neue Humanökologie, Bielefeld 2014.

Martin, Ariane, Sehnsucht – der Anfang von allem. Dimensionen zeitgenössischer Spiritualität, Ostfildern 2005.

Marxer, Fridolin, Die inneren geistlichen Sinne. Ein Beitrag zur Deutung ignatianischer Mystik, Freiburg i. Br. 1963.

Matthes, Joachim, Auf der Suche nach dem ‚Religiösen'. Reflexionen zu Theorie und Empirie religionssoziologischer Forschung, in: Sociologia Internationalis 30 (1992), 129–142.

Mbiti, John S., Afrikanische Religion und Weltanschauung, Berlin 1974.

McLeod, Hugh, Religious Socialisation in Post-War Britain, in: K. Tenfelde (Hg.), Religiöse Sozialisation im 20. Jahrhundert. Historische und vergleichende Perspektiven, Essen 2010, 249–263.

McLeod, Hugh, The Religious Crisis of the 1960 s, Oxford 2007.

Mead, George Herbert, Mind, Self, and Society from the Standpoint of a Social Behaviorist, Chicago 1962.

Meesmann, Hartmut, Das verzauberte Leben. Spirituelle Menschen und das »Mehr« des Alltags – eine Herausforderung für Theologie und Glauben, in: Publik-Forum 11 (2015), 34–36.

Melloni, Javier, The Exercises of St Ignatius Loyola in the Western Tradition, New Malden 2000.

Mischell, Patricia L., Techniken des Positiven Denkens, in: D. v. Weltzien (Hg.), Das große Praxisbuch der Esoterik, München 1992, 428–434.

Moltke, Helmuth J. v./Moltke, Freya, Abschiedsbriefe Gefängnis Tegel September 1944 – Januar 1945, München 2011.

Monod, Jacques, Zufall und Notwendigkeit, München 1979.

Muck, Otto, Rationalität und Weltanschauung. Philosophische Untersuchungen, Innsbruck – Wien 1999.

Müller, Klaus, Gottes Dasein denken. Eine philosophische Gotteslehre für heute, Regensburg 2001.

Müller, Klaus/Striet, Magnus (Hg.), Dogma und Denkform. Strittiges in der Grundlegung von Offenbarungsbegriff und Gottesgedanke (ratio fidei 25), Regensburg 2005.

Nelson, Geoffrey K., Der Drang zum Spirituellen. Über die Entstehung religiöser Bewegungen im 20. Jahrhundert, Freiburg i. Br. 1991.

Nikolaus von Kues, De pace fidei. Der Friede im Glauben, hrsg. v. Cusanus-Institut (Textauswahl in deutscher Übersetzung 1), Trier 2003.

Nipperdey, Thomas, Religion und Gesellschaft: Deutschland um 1900, in: Historische Zeitschrift 246, 3 (1988), 591–615.

Nüchtern, Michael, Die Kritik an der wissenschaftlichen Medizin und die Attraktivität der westlichen „alternativen" Heilmethoden, in: Concilium 34 (1998), 487–495.

Oertel, Holger, „Gesucht wird: Gott?" Jugend, Identität und Religion in der Spätmoderne, Gütersloh 2004.

Oevermann, Ulrich, Die Soziologie der Generationsbeziehungen und der Generationen aus strukturalistischer Sicht und ihre Bedeutung für die Schulpädagogik, in: R.-T. Kramer/W. Helsper/S. Busse (Hg.), Pädagogische Generationsbeziehungen, Opladen 2001, 78–126.

Oevermann, Ulrich, Ein Modell der Struktur von Religiosität. Zugleich ein Strukturmodell von Lebenspraxis und von sozialer Zeit, in: M. Wohlrab-Sahr (Hg.), Biographie und Religion. Zwischen Ritual und Selbstsuche, Frankfurt a. M. – New York 1995, 27–102.

Oevermann, Ulrich, Genetischer Strukturalismus und das sozialwissenschaftliche Problem der Erklärung der Entstehung des Neuen, in: S. Müller-Doohm (Hg.), Jenseits der Utopie. Theoriekritik der Gegenwart, Frankfurt a. M. 1991, 267–336.

Oevermann, Ulrich/Franzmann, Manuel, Strukturelle Religiosität auf dem Wege zur religiösen Indifferenz, in: M. Franzmann/C. Gärtner/N. Köck (Hg.), Religiosität in der säkularisierten Welt. Theoretische und empirische Beiträge zur Säkularisierungsdebatte in der Religionssoziologie, Wiesbaden 2006, 49–81.

Otto, Rudolf, Das Heilige. Über das Irrationale in der Idee des Göttlichen und sein Verhältnis zum Rationalen. Mit einer Einführung zu Leben und Werk Rudolf Ottos von Jörg Lauster und Peter Schüz und einem Nachwort von Hans Joas, München 2014.

Palaver, Wolfgang E. A./Stöckl, Kristina (Hg.), Aufgeklärte Apokalyptik: Religion, Gewalt und Frieden im Zeitalter der Globalisierung (Edition Weltordnung, Religion, Gewalt 1), Innsbruck 2007.

Pannenberg, Wolfhart, Theologie und Philosophie. Ihr Verhältnis im Lichte ihrer gemeinsamen Geschichte, Göttingen 1996.

Pannenberg, Wolfhart, Was ist der Mensch? Die Anthropologie der Gegenwart im Lichte der Theologie (Kleine Vandenhoeck-Reihe 1139), Göttingen [8]1995.

Pannenberg, Wolfhart, Anthropologie in theologischer Perspektive, Göttingen u. a. 1983.

Papst Franziskus, Apostolisches Schreiben EVANGELII GAUDIUM über die Verkündigung des Evangeliums in der Welt von heute, 24. November 2013, hrsg. v. Sekretariat der Deutschen Bischofskonferenz, Bonn 2013.

Pascal, Blaise, Über die Religion und über einige andere Gegenstände (Pensées). Neudruck der fünften, vollständig neu bearbeiteten und textlich erweiterten Auflage von 1954. Zählung der Fragmente nach Léon Brunschvicg, Heidelberg [8]1978.

Peale, Norman Vincent, Grundlagen für eine positive Geisteshaltung, in: D. v. Weltzien (Hg.), Das große Praxisbuch der Esoterik, München 1992, 421–427.

Peng-Keller, Simon, Geistbestimmtes Leben. Spiritualität, Zürich [2]2014.

Peng-Keller, Simon, Theologie der Spiritualität als Hermeneutik des geistlichen Lebens, in: Geist und Leben 84,3 (2011), 236–249.

Peng-Keller, Simon, Einführung in die Theologie der Spiritualität, Darmstadt 2010.

Platon, Politeia. Griechisch und deutsch, hrsg. v. G. Eigler, (Werke in acht Bänden 4 [Sonderausgabe]), Darmstadt 1990.

Plotin, Selbsterkenntnis und Erfahrung der Einheit. Enneade V 3. Text, Übersetzung, Interpretation und Erläuterungen von Werner Beierwaltes, Frankfurt a. M. 1991.

Pöhlmann, Matthias, Im Kraftstrom göttlicher Energien. Erscheinungsformen und Hintergründe moderner Esoterik, in: R. Hempelmann/ders. (Hg.), Esoterik als Trend, Phänomene – Analysen – Einschätzungen (EZW-Texte 198), Berlin 2008.

Polak, Regina, Lebendige Spiritualität durch kontemplative Schriftauslegung? Eine praktisch-theologische Kriteriologie zum Exegese-Modell Ludger Schwienhorst-Schönbergers, in: L. Schwienhorst-Schönberger/K. Baier/R. Polak (Hg.), Text und Mystik. Zum Verhältnis von Schriftauslegung und kontemplativer Praxis (Wiener Forum für Theologie und Religion, 6), Göttingen 2013, 141–204.

Polak, Regina, Spiritualität – neuere Transformationen im religiösen Feld, in: Wilhelm Gräb/Lars Charbonnier (Hg.), Individualisierung – Spiritualität – Religion.

Transformationsprozesse auf dem religiösen Feld in interdisziplinärer Perspektive, Münster 2008, 89–109.

Polak, Regina, Lebenshorizonte und Ethik, in: C. Friesl/I. Kromer/R. Polak (Hg.), Lieben. Leisten. Hoffen. Österreichische Jugendwertestudie 1990–2006, Wien 2008, 126–213.

Polak, Regina, Religion kehrt wieder. Handlungsoptionen in Kirche und Gesellschaft, Religion im Leben der Österreicher/innen, Band 2, Ostfildern 2006.

Polak, Regina (Hg.), Megatrend Religion? Neue Religiositäten in Europa, Ostfildern 2002.

Polak, Regina/Jäggle, Martin, Gegenwart als locus theologicus. Für eine migrationssensible Theologie im Anschluss an Gaudium et spes, in: J.-H. Tück (Hg.), Erinnerung an die Zukunft. Das Zweite Vatikanische Konzil, Freiburg – Basel – Wien 2012, 570–598.

Polak, Regina/Schachinger, Christoph, Stabil in Veränderung. Konfessionsnahe Religiosität in Europa, in: R. Polak (Hg.), Zukunft. Werte. Europa. Die Europäische Wertestudie 1990–2010: Österreich im Vergleich, Wien 2011, 191–219.

Polak, Regina/Zulehner, Paul M., Theologisch verantwortete Respiritualisierung. Zur spirituellen Erneuerung der christlichen Kirchen, in: P. M. Zulehner (Hg.), Spiritualität – mehr als ein Megatrend. Gedenkschrift für Kardinal DDr. Franz König, Ostfildern 2004, 204–227.

Pollack, Detlef, Rückkehr des Religiösen? Studien zum religiösen Wandel in Deutschland und Europa II, Tübingen 2009.

Pollack, Detlef, Die Wiederkehr des Religiösen. Eine neue Meistererzählung der Soziologen, in: Herder Korrespondenz, Renaissance der Religion. Mode oder Megathema?, Freiburg i. Br. 2006, 6–11.

Pollack, Detlef/Tucci, Irene/Ziebertz, Hans-Georg (Hg.), Religiöser Pluralismus im Fokus quantitativer Religionsforschung, Wiesbaden 2012.

Pollack, Detlef/Müller, Olaf, Die religiöse Entwicklung in Ostdeutschland nach 1989, in: G. Pickel/K. Sammet (Hg.), Religion und Religiosität im vereinigten Deutschland. Zwanzig Jahre nach dem Umbruch, Wiesbaden 2011, 125–144.

Rahner, Hugo, Die „Anwendung der Sinne" in der Betrachtungsmethode des hl. Ignatius von Loyola, in: Ders., Ignatius von Loyola als Mensch und Theologe, Freiburg i. Br. 1964, 344–369.

Rahner, Karl, Not und Segen des Gebets, in: Ders., Der betende Christ: geistliche Schriften und Studien zur Praxis des Glaubens (Sämtliche Werke 7), Freiburg i. Br. – Basel – Wien 2013, 39–116.

Rahner, Karl, Erfahrungen eines katholischen Theologen, in: Ders. Erneuerung des Ordenslebens. Zeugnis für Kirche und Welt (Sämtliche Werke 25), Freiburg i. Br. – Basel – Wien 2008, 47–57.

Rahner, Karl, Gotteserfahrung heute, in: Ders., SW 23, Freiburg – Basel – Wien 2006, 138–149.

Rahner, Karl, Theologische Analyse der Gegenwart als Situation des Selbstvollzugs der Kirche, in: Ders., SW 16 (1995), 255–316.

Rahner, Karl, Grundkurs des Glaubens. Einführung in den Begriff des Christentums, Freiburg – Basel – Wien [11]1980, (1999 in Gesammelte Werke 26).

Rahner, Karl, Frömmigkeit früher und heute, in: Ders., Schriften zur Theologie, Bd. VII, Zur Theologie des geistlichen Lebens, Einsiedeln 1971, 11–31.

Ratzinger, Joseph, Was die Welt zusammenhält. Vorpolitische moralische Grundlagen eines freiheitlichen Staates, in: J. Habermas/J. Ratzinger (Hg.), Dialektik der Säkularisierung: Über Vernunft und Religion (2005), Freiburg – Basel – Wien [8]2011, 39–60.

Ratzinger, Joseph/Benedikt XVI., Der Gott des Glaubens und der Gott der Philosophen. Ein Beitrag zum Problem der theologia naturalis, Leutesdorf 2005.

Referat für Weltanschauungsfragen der Erzdiözese Wien (Hg.), Jesus Christus der Spender lebendigen Wassers. Überlegungen zu New Age aus christlicher Sicht, (Werkmappe Nr. 88/2003), Wien 2003. Englisches Original: Päpstlicher Rat für die Kultur/Päpstlicher Rat für den Interreligiösen Dialog (Hg.), Jesus Christ the Bearer of the Water of Life. A Christian reflection on the „New Age", Vatikanstadt 2003.

Reiner, Hans, Gut, das Gute, das Gut, in: R. Joachim u. a. (Hg.), Historisches Wörterbuch der Philosophie, Basel 1971–2007, Bd. III, Sp 937–972.

Religion Monitor, Understanding common ground. Special Study of Islam, 2015. An overview of the most important findings: http://www.bertelsmann-stiftung.de/ fileadmin/files/Projekte/51_Religionsmonitor/Religionmonitor_Spe- cialstudy_Islam_2014_Overview_20150108.pdf (Zugriff am 17.05.2015).

Richardson, Louise, Was Terroristen wollen. Die Ursachen der Gewalt und wie wir sie bekämpfen können (Original 2006), Lizenzausgabe BpB, Bonn – Frankfurt a. M. 2007.

Riesebrodt, Martin, Cultus und Heilsversprechen. Eine Theorie der Religionen, München 2007.

Rosa, Hartmut, Identität und kulturelle Praxis. Politische Philosophie nach Charles Taylor, Frankfurt a. M. – New York 1998.

Ruff, Mark Edward, Die Transformation der katholischen Jugendarbeit im Erzbistum Köln 1945–1965, in: K. Tenfelde (Hg.), Religiöse Sozialisation im 20. Jahrhundert. Historische und vergleichende Perspektiven, Essen 2010, 59–73.

Rulands, Paul, Selbstmitteilung Gottes in Jesus Christus: Gnadentheologie, in: A. R. Batlogg u. a. (Hg.), Der Denkweg Karl Rahners: Quellen, Entwicklungen, Perspektiven, Mainz [2]2004, 161–196.

Runggaldier, Edmund, Philosophie der Esoterik, Stuttgart 1996.

Sander, Hans-Joachim, Weniger ist mehr und Gott steckt in den Details. Der Gottesraum in Lebenswenden und seine urbane Feier, in: Theologie der Gegenwart 56, 4 (2013), 272–287.

Sander, Hans-Joachim, Von den Sklavenhäusern, Pharaonen und Fleischtöpfen der Kirche, in: Lebendige Seelsorge 62 (2011), 320–325.

Sander, Hans-Joachim, Pastoralkonstitution über die Kirche in der Welt von heute, in: P. Hünermann/B. J. Hilberath (Hg.), Herders Theologischer Kommentar zum Zweiten Vatikanischen Konzil, Bd. IV, Freiburg i. Br. u. a. 2005, 581–886.

Saucier, Gerard/Skrzypinska, Katarzyna, Spiritual but not religious? Evidence for two independent dispositions, in: Journal of Personality 74 (2006), 1257–1292.

Schadewaldt, Wolfgang, Die Anfänge der Philosophie bei den Griechen. Die Vorsokratiker und ihre Voraussetzungen (Suhrkamp Taschenbuch Wissenschaft 218), Frankfurt a. M. 1979.

Schärtl, Thomas, Atheismus und Agnostizismus als Fremdprophetie, in: R. A. Siebenrock/J.-H. Tück (Hg.), Selig, die Frieden stiften. Assisi – Zeichen gegen Gewalt, Freiburg i. Br. – Basel – Wien 2012, 149–181.

Schlosser, Marianne/Steinmetz, Karl-Heinz, Wissenschaft sucht Weisheit. Überlegungen zu einer Theologie der Spiritualität, in: M. Jäggle u. a. (Hg.), Vorwärtserinnerungen. 625 Jahre Katholisch-Theologische Fakultät der Universität Wien, Göttingen 2009, 327–344.

Schmidt-Leukel, Perry, „Den Löwen brüllen hören". Zur Hermeneutik eines christlichen Verständnisses der buddhistischen Heilsbotschaft (Münchener Universitätsschriften Katholisch-Theologische Fakultät 23), Paderborn – München 1992.

Schmidt-Salomon, Michael, Hoffnung Mensch. Eine bessere Welt ist möglich, München ²2015.

Schneiders, Sandra, Approaches to the Study of Christian Spirituality, in: A. Holder (Hg.), The Blackwell Companion to Christian Spirituality, Oxford 2011, 15–33.

Schuller, Robert H., Es gibt eine Lösung für jedes Problem, München ²1991.

Schulze, Gerhard, Die Erlebnisgesellschaft. Kultursoziologie der Gegenwart, Frankfurt a. M. – New York 1992.

Schüßler, Michael, Spekulativer Realismus bei Quentin Meillassoux. Eine Provokation theologischen Denkens nach der Postmoderne, erscheint in ThQ 195,4 (2015), 361–378.

Schüßler, Michael, Kirche aus den Ereignissen des Evangeliums heute: http://freigeben.de/kirche-aus-den-ereignissen-des-evangeliums-heute/ (Zugriff am 05.08.2015).

Schüßler, Michael, Liquid Church als Ereignis-Ekklesiologie. Über Verflüssigungsprozesse in Leben, Lehre und Kirche, in: PThI 34, 2 (2014), 25–43.

Schüßler, Michael, Mit Gott neu beginnen. Die Zeitdimension von Theologie und Kirche in ereignisbasierter Gesellschaft, Stuttgart 2013.

Schüßler, Michael, Das unentdeckte Land. Pastoraltheologie aus der Differenz von Foucault und Luhmann, in: PthI 26 (2006), 190–217.

Schütz, Christian (Hg.), Praktisches Lexikon der Spiritualität, Freiburg i. Br. 1992.

Schwöbel, Christoph, Der Geist Gottes und die Spiritualität des Menschen, in: Ders., Christlicher Glaube im Pluralismus. Studien zu einer Theologie der Kultur, Tübingen 1999.

Seckler, Max, Theologie als Glaubenswissenschaft, in: *W. Kern/H. J. Pottmeyer/ders.* (Hg.), Traktat Theologische Erkenntnislehre. Reflexion auf Fundamentaltheologie (Handbuch der Fundamentaltheologie 4), Freiburg i. Br. 1988, 179–241.

Seligman, Martin E. P., Flourish – wie Menschen aufblühen. Die positive Psychologie des gelingenden Lebens, übers. v. S. Schuhmacher, München 2012.

Seligman, Martin E. P., Der Glücks-Faktor. Warum Optimisten länger Leben, Köln 2003.

Siebenrock, Roman A., „Zeichen der Zeit". Zur Operationalisierung des christlichen Bekenntnisses vom Heilswillen Gottes, in: Zeitschrift für Katholische Theologie 136 (2014), 46–62.

Siebenrock, Roman A./Tück, Jan-Heiner (Hg.), Selig, die Frieden stiften. Assisi – Zeichen gegen Gewalt, Freiburg – Basel – Wien 2012.

Siebenrock, Roman A., Pacem in terris – Der Urimpuls Johannes XXIII. Die theologische Grundlegung der Haltung der Kirche gegenüber allen Menschen guten Willens und ihre Vertiefung bei Paul VI., in: Ders./J.-H. Tück (Hg.), Selig, die Frieden stiften. Assisi – Zeichen gegen Gewalt, Freiburg i. Br. – Basel – Wien 2012, 53–69.

Siebenrock, Roman A., Vom biografisch eingefleischten Geist. Systematische Zugänge zur christlichen Spiritualitat heute, in: Salzburger Theologische Zeitschrift 14 (2010), 5–18.

Siebenrock, Roman A., Wahrheit, Gewissen und Geschichte. Eine systematisch-theologische Rekonstruktion des Wirkens John Henry Kardinal Newmans (Internationale Cardinal-Newman-Studien 15), Sigmaringendorf 1996.

Siegers, Pascal, Alternative Spiritualitäten. Neue Formen des Glaubens in Europa: eine empirische Analyse, Frankfurt a. M. – New York 2012.

Sloterdijk, Peter, Weltfremdheit, Frankfurt a. M. 2009.

Soboth, Christian (Hg.), „Aus Gottes Wort und eigener Erfahrung gezeiget". Erfahrung – Glauben, Erkennen und Handeln im Pietismus (Beiträge zum III. internationalen Kongress für Pietismusforschung 2), Halle 2009.

Sobrino, Jon, Spiritualität und Nachfolge Jesu, in: I. Ellacuría/ders. (Hg.), Mysterium Liberationis (Grundbegriffe der Theologie der Befreiung, Bd. 2), Luzern 1996, 1087–1114.

Soeffner, Hans-Georg, Gesellschaft ohne Baldachin. Über die Labilität von Ordnungskonstruktionen, Weilerswist 2000.

Soeffner, Hans-Georg, Das „Ebenbild" in der Bilderwelt – Religiosität und die Religionen, in: W. M. Sprondel (Hg.), Die Objektivität der Ordnungen und ihre kommunikative Konstruktion, Frankfurt a. M. 1994, 291–317.

Solignac, Aimé, Art. Spiritualität, in: J. Ritter u. a. (Hg.), Historisches Wörterbuch der Philosophie, Bd. IX, Basel 1971–2007, 1416–1422.

Sölle, Dorothee, Gott denken. Einführung in die Theologie, Stuttgart 1990.

Spadaro, Antonio, Das Interview mit Papst Franziskus, online unter: http://www.stimmen-der-zeit.de/zeitschrift/online_exklusiv/details_html?k_beitrag=3906433 (Zugriff am 28. 01. 2015).

Spinoza, Benedictus de, Ethik. Aus dem Lateinischen übers. v. J. Stern, Köln ³1987.

Steffensky, Fulbert, Spiritualität. Warum ich das Wort nicht mehr hören kann, in: Publik Forum 12 (2014), 32–35.

Steffensky, Fulbert, Nachwort zu einem Leben, in: W. Grünberg/W. Weiße (Hg.), Zum Gedenken an Dorothee Sölle (Hamburger Universitätsreden, Neue Folge 8), Hamburg 2004, 101–108.

Stein, Edith, Selbstbildnis in Briefen II. Zweiter Teil 1933–1942 (Edith-Stein-Gesamtausgabe. Biographische Schriften 3), hrsg. v. Internationales Edith Stein Institut Würzburg (in Zusammenarbeit mit H.-B. Gerl-Falkowitz), Freiburg – Basel – Wien, 2000.

Steinmann, Ralph Marc, Zur Begriffsbestimmung von Spiritualität – eine experimentelle, integrativ-abgleichende Gegenüberstellung von zwei Definitionen, in: A. Büssing/N. Kohls (Hg.), Spiritualität transdisziplinär. Wissenschaftliche Grundlagen im Zusammenhang mit Gesundheit und Krankheit, Berlin–Heidelberg 2011, 37–51.

Stifoss-Hansen, Hans, Religion *and* spirituality: What a European ear hears, in: The International Journal for Psychology of Religion 9 (1999), 25–33.

Stolz, Jörg/Könemann, Judith/Schneuwly Purdie, Mallory/Engelberger, Thomas/ Krüggeler, Michael, Religion und Spiritualität in der Ich-Gesellschaft, Zürich 2014.

Streib, Heinz, More spiritual than religious. Changes in the religious field require new approaches, in: Ders. u. a. (Hg.), Lived Religion – Conceptual, empirical and practical theological approaches, Leiden 2008, 53–67.

Streib, Heinz/Gennerich, Carsten, Jugend und Religion. Bestandsaufnahmen, Analysen und Fallstudien zur Religiosität Jugendlicher, Weinheim – München 2011.

Stuckrad, Kocku von, Was ist Esoterik? Kleine Geschichte des geheimen Wissens, München 2004.

Surin, Jean-Joseph, Correspondance. Texte établi, présenté et annoté par Michel de Certeau. Préface de Julien Green, Paris 1966.

Susin, Luíz Carlos, Die Stadt, die Gott will. Ein Platz und ein Tisch für alle, in: M. Eckholt/S. Silber (Hg.), Glauben in Mega-Citys. Transformationsprozesse in lateinamerikanischen Großstädten und ihre Auswirkungen auf die Pastoral, Ostfildern 2014, 275–287.

Tacey, David, ReEnchantment. The new Australian spirituality, Sydney 2000.

Taylor, Charles, Ein säkulares Zeitalter, Berlin 2012.

Taylor, Charles, A Secular Age, Cambridge u. a. 2007.

Taylor, Charles, Die Formen des Religiösen in der Gegenwart, Frankfurt a. M. 2002.

Taylor, Charles, Das Unbehagen an der Moderne, übersetzt v. J. Schulte, Frankfurt a. M. 1995.

Taylor, Charles/Casanova, José/McLean, George F. (Hg.), Church and People. Disjunctions in a Secular Age (Cultural Heritage and Contemporary Change Series VIII. Christian Philosophical Studies 1), Washington, D. C. 2012.

Theobald, Christoph, Le christianisme comme style. Une manière de faire de la théologie en postmodernité, Paris 2007.

Tietz, Christiane, Dietrich Bonhoeffer. Theologe im Widerstand, München 2013.

Troeltsch, Ernst, Die Soziallehren der christlichen Kirchen und Gruppen, Bd. 2, Tübingen 1994 (1912).

Trojanov, Ilija, Der überflüssige Mensch. Unruhe bewahren, Wien – St. Pölten 2013.

Utsch, Michael/Klein, Constantin, Religion, Religiosität, Spiritualität. Bestimmungsversuche für komplexe Begriffe, in: C. Klein/H. Berth/F. Balck (Hg.), Gesundheit – Religion – Spiritualität. Konzepte, Befunde und Erklärungsansätze, Weinheim – München 2011, 25–45.

Vattimo, Gianni, Glauben – Philosophieren, Stuttgart 1997.

Verweyen, Hansjürgen, Gottes letztes Wort. Grundriß der Fundamentaltheologie, Regensburg ⁴2002.

Vigil, José María, Theologie des religiösen Pluralismus. Eine lateinamerikanische Perspektive, hrsg. v. U. Winkler, Innsbruck – Wien 2013, 358–405.

Vigil, José María, Teología de la Liberación, nuevos paradigmas y Vida Religiosa, in: Aportes de la Vida Religiosa a la Teología Latinoamericana y del Caribe. Hacia el futuro. Memorias Congreso CLAR 50 años. Una Vida Religiosa Místico-profética al Servicio de la Vida, Bogotá 2010, 574–603.

Voss, Anne Katrin, Glücklichsein – Wie geht das? Klasse 8–11, Hamburg 2015.

Voss, Anne Katrin, Glücklichsein – Wie geht das? Klasse 5–7, Hamburg 2014.

Weber, Max, Richtungen und Stufen religiöser Weltablehnung. Der Sinn einer rationalen Konstruktion der Weltablehnungsmotive, in: J. Winkelmann (Hg.), Max Weber. Soziologie – Weltgeschichtliche Analysen – Politik. Mit einer Einleitung von Eduard Baumgarten, Stuttgart 1956, 441–483.

Weinberg, Steven, Die ersten drei Minuten. Der Ursprung des Universums, München 1991.

Wendel, Saskia, Vielfältige Sichtweisen des All-Einen. Facetten des Mystikbooms, in: Herder Korrespondenz 54, 4 (2000), 192–196.

Weß, Paul, Glaube aus Erfahrung und Deutung. Christliche Praxis statt Fundamentalismus, Salzburg 2010.

White, Dominic OP, Cosmos Dance, online unter: https://lostknowledgeofchrist.wordpress.com/ (Zugriff am 09. 10. 2015).

Willers, Ulrich, Glaubenszugang angesichts der säkularen Welt oder Glauben heute zur Sprache bringen, in: G. Bausenhart/M. Eckholt/L. Hauser (Hg.), Zukunft aus der Geschichte Gottes. Theologie im Dienst an einer Kirche für morgen. Für Peter Hünermann, Freiburg i. Br. – Basel – Wien 2014, 372–436.

Wittgenstein, Ludwig, Philosophische Untersuchungen, Frankfurt a. M. 1977.

Wohlrab-Sahr, Monika, Religion und Religionslosigkeit als Dimension generationellen Wandels. Theoretische Überlegungen und empirische Umsetzung, in: E. Barlösius/H.-P. Müller/S. Sigmund (Hg.), Gesellschaftsbilder im Umbruch. Soziologische Perspektiven in Deutschland, Opladen 2001, 313–339.

Wuchterl, Kurt, Kontingenz oder das Andere der Vernunft. Zum Verhältnis von Philosophie, Naturwissenschaft und Religion, Stuttgart 2011.

Ziebertz, Hans-Georg/Hermans, Chris/Riegel, Ulrich, Interkulturalität, Identität und Religion, in: H.-G. Ziebertz (Hg.), Gender in Islam und Christentum. Theoretische und empirische Studien, Berlin 2010, 79–92.

Ziebertz, Hans-Georg/Riegel, Ulrich, Letzte Sicherheiten: Eine empirische Studie zu Weltbildern Jugendlicher, Gütersloh – Freiburg i. Br. 2008.

Ziebertz, Hans-Georg/Kalbheim, Boris/Riegel, Ulrich, Religiöse Signaturen heute. Ein religionspädagogischer Beitrag zur empirischen Jugendforschung, Gütersloh – Freiburg i. Br. 2003.

Zimmerling, Peter, Evangelische Spiritualität. Wurzeln und Zugänge, Göttingen [2]2010.

Zulauf, Silvia, Unternehmen und Mythos. Der unsichtbare Erfolgsfaktor, Wiesbaden [2]2009.

Zulehner, Paul M., Wiederkehr der Religion?, in: H. Denz (Hg.), Die europäische Seele. Leben und Glauben in Europa, Wien 2002, 23–41.

Zulehner, Paul M., Kehrt die Religion wieder? Religion im Leben der Menschen 1970–2000, Ostfildern 2001.

Abkürzungsverzeichnis

Apg	Apostelgeschichte
apl.	außerplanmäßig
BpB	Bundeszentrale für politische Bildung
DDR	Deutsche Demokratische Republik
Dtn	Deuteronomium
DV	Dei verbum, Dogmatische Konstitution des Zweiten Vatikanischen Konzils über die göttliche Offenbarung, promulgiert im November 1965.
EKD	Evangelische Kirche Deutschland
Eph	Epheser
EZW	Evangelische Zentralstelle für Weltanschauungsfragen
fowid	Forschungsgruppe Weltanschauungen in Deutschland
FWF	Fond zur Förderung wissenschaftlicher Forschung
Gal	Galater
Gen	Genesis
GS	Gaudium et spes, Pastoralkonstitution des Zweiten Vatikanischen Konzils über die Kirche in der Welt von Heute, promulgiert im November 1965.
IQ	Intelligenzquotient
IS	Islamischer Staat
Joh	Johannes
KAB	Katholische Arbeitnehmer-Bewegung
Kol	Kolosser
Kor	Korinther
Lev	Levitikus
Mk	Markus
Mt	Matthäus
Na	Nostra aetate, Erklärung des Zweiten Vatikanischen Konzils über das Verhältnis der Kirche zu den nichtchristlichen Religionen, promulgiert im Oktober 1965.
NRTH	Nouvelle revue théologique
Offb	Offenbarung
OFM	Franziskaner (Ordo Fratrum Minorum)
OP	Dominikaner (Ordo Fratrum Praedicatorum)
Ps	Psalm
PThI	Pastoraltheologische Informationen
RGKW	Forschungszentrum „Religion/Gewalt/Kommunikation/Weltordnung" der Universität Innsbruck.
Röm	Römer

SW	Sämtliche Werke
SZ	Süddeutsche Zeitung
Thess	Thessalonicher
TZI	Themenzentrierte Interaktion
ThQ	Theologische Quartalschrift
Tim	Timotheus
VELKD	Vereinigte Evangelisch-Lutherische Kirche Deutschland
WA	Weimarer Ausgabe, kritische Gesamtausgabe sämtlicher Schriften Martin Luthers.
Weish	Weisheit

Autoren und Autorinnen

Farina Dierker, M.A., wissenschaftliche Mitarbeiterin an der Professur für Dogmatik und Fundamentaltheologie am Institut für Katholische Theologie der Universität Osnabrück.

Margit Eckholt, Dr. theol., Professorin für Dogmatik und Fundamentaltheologie am Institut für Katholische Theologie der Universität Osnabrück.

Gabi Erne, Performance-Künstlerin, Playing Artist und Kunstpädagogin aus Marburg.

Christel Gärtner, Dr. phil., Professorin (apl.) und Mentorin an der Graduiertenschule im Exzellenzcluster „Religion und Politik der Kulturen der Vormoderne und Moderne" an der Universität Münster.

Ulrike Graf, Dr. paed., Professorin für Pädagogik des Grundschulalters am Institut für Erziehungswissenschaft der Universität Osnabrück.

Isabella Grath, Studierende der Erziehungswissenschaft an der Universität Osnabrück.

Schwester Nicole Grochowina, PD Dr. phil., Schwester der evangelischen Christusbruderschaft Selbitz, Privatdozentin für Neuere Geschichte an der Universität Erlangen-Nürnberg.

Reinhard Hempelmann, Dr. theol., Leiter der EZW in Berlin, zuständig für das Referat „Grundsatzfragen, Strömungen des säkularen und religiösen Zeitgeistes, Evangelikalismus und pfingstlich-charismatisches Christentum" und Lehrbeauftragter an der Theologischen Fakultät der Universität Leipzig.

Samuel Jambrek, Masterstudent „Theologie und Kultur" an der Universität Osnabrück.

Teresa, Peter, Dr. theol., Projektleiterin des FWF-Projekts „Doing Spiritual Theology" (dt.: Die Praxis Spiritueller Theologie) an der Katholisch-Theologischen Fakultät der Universität Innsbruck.

Regina Polak, Dr. theol., Assoziierte Professorin am Institut für Praktische Theologie an der Katholisch-Theologischen Fakultät der Universität Wien (Spirituelle Theologie im interreligiösen Prozess).

Pater Helmut Schlegel OFM, Leiter von Heilig Kreuz – Zentrum für christliche Meditation und Spiritualität in Frankfurt/M-Bornheim.

Michael Schüßler, Dr. theol., Professor für Praktische Theologie an der Katholisch-Theologischen Fakultät der Universität Tübingen.

Roman A. Siebenrock, Dr. theol., Professor für Dogmatik an der Katholisch-Theologischen Fakultät der Universität Innsbruck.

Verena Wodtke-Werner, Dr. theol., Direktorin der Akademie der Diözese Rottenburg-Stuttgart, zuständig für das Referat „Theologie – Kirche – Gesellschaft".

Namensregister

Stichwortregister